마케터의 파이썬

마케터의 파이썬

정희석 지음

> 단순 지루한
> 업무는
> 이제 끝!

e 비즈북스

마케터는 데이터 분석가가 아닙니다.
개발자도 아닙니다.
파이썬의 모든 것을 알 필요는 없습니다.

프롤로그

아무도 마케터인 당신에게 파이썬을 배우라고 하지 않았지만 꽤 강하게 압박을 느낄 수 있다. '나는 마케터니까', '프로그래밍은 개발자가 하는 것이니까', '파이썬은 데이터 분석가가 하는 일이니까' 등의 이유로 파이썬을 배워야 하는 것인지 고민할 수도 있다. 특히 트렌드에 밝아야 하는 마케터로서 고민은 더욱 깊어질 수밖에 없다.

파이썬 관련 강의와 도서는 많다. 하지만 마케터와 파이썬을 연결할 수 있는 것은 찾을 수 없었다. 파이썬 정보는 사방에 널려 있지만 그 내용은 너무 어렵다. 파이썬 전문가가 아닌 마케터는 파이썬이 어려워 백이면 백 포기한다. 문과 출신인 필자도 처음 파이썬을 배울 때 개발자 출신인 강사의 강의는 도저히 알아들을 수 없었다. 프로그래밍을 모르는 사람도 쉽게 할 수 있다고 소개되어 있었지만 실제로는 굉장히 어려웠다.

필자는 강의를 하면서 마케터에게 필요한 파이썬은 마케터가 직접 알려줘야 한다는 것을 깨달았다. 마케터는 데이터 분석가도, 개발자도 아니다. 파이썬의 모든 것을 알 필요는 없다. 이 책은 파이썬에 관심 있는 마케터가 파이썬에 쉽게 접근하고 실무에 적용할 수 있도록 도움을 주는 데 목적이 있다. 책에 나오는 모든 예제는 마케팅 실무에서 접할 수 있는 데이터로 구성했다.

당신이 마케터라면 반드시 파이썬을 배우자. 새로운 트렌드를 준비하는 마케터가 되자. 파이썬으로 데이터를 분석할 수 있는 마케터, 보고서를 자동화할 수 있는 마케터는 강력하다. 이 책이 당신의 길잡이가 되어줄 것이다.

이 책에 대하여

이 책의 목표

누구나 파이썬과 데이터 분석에 입문할 수 있다. 하지만 이 분야는 첫 허들이 높다. 그 이유는 두 가지이다. 첫째, 용어가 너무 생소하다. 둘째, 프로그래밍에 적응하는 데 시간이 필요하다. 현업에서 개발자와의 커뮤니케이션도 원활하지 않은데 언어를 배우려니 그 어려움은 굉장하다. 하지만 첫 허들을 안정적으로 뛰어넘으면 다음은 한결 쉽다. 이 책은 첫 허들을 뛰어넘으려는 사람에게 알맞은 책이다.

필자는 이 책을 다음의 사람에게 권한다.

첫째, 파이썬을 배우고 싶은 마케터 혹은 직장인이다. 직장을 다니면서 파이썬을 배울 시간이 없지만 많이 사용되고 있으며 앞으로도 유망한 언어인 파이썬을 배우고 싶다면 이 책을 권한다. 시중에 파이썬 정보가 많이 있지만 대부분의 책과 강의는 개발자의 시선과 데이터 과학자의 시선으로 구성되어 있다. 마케터나 일반 직장인이 읽기에는 어렵다. 이 책을 통해 파이썬에 대한 궁금증을 풀길 바란다.

둘째, 파이썬을 처음 접하는 사람이다. 필자는 문과를 졸업했고 국비 지원 학원 출신이다. 파이썬을 처음 접했을 때의 그 답답함과 좌절감을 누구보다 잘 알고 있다. 이 책은 파이썬을 처음 접했을 때의 나 자신을 기억하며 집필했다.

셋째, 마케터와 협업하는 개발자이다. 마케터의 현업에서 필요한 내용을 개발로 구현했다. 평소 마케터와 커뮤니케이션하는 데 어려움이 있거나 세세한 니즈를 개발하고 싶다면 이 책의 예제가 도움이 될 것이다.

이 책을 다 읽고 난다면 파이썬과 프로그래밍이 무엇인지 감을 잡을 수 있다. 이 책이 홀로서기 하는 데 큰 도움이 되기를 바란다.

이 책을 사용하는 방법

이 책의 순서는 파이썬 실력 상승에 맞춰 점진적으로 구성했다. 파이썬을 처음 접할 경우 앞에서부터 차근차근 익히기를 권한다. 마케터가 현업에서 진행할 만한 업무를 예제로 구성했다. 원하는대로 변형하여 자신의 업무에 사용할 수 있다. 파이썬을 다루는 실력이 늘면 자신의 의도대로 발전시켜 코딩할 수 있을 것이다.

이 책은 파이썬을 배우기 위한 첫 허들을 넘는 것이 주요 목표이다. 크롤링 혹은 효율적인 자동화를 원한다면 이 책에서 다루는 수준 이상의 프로그래밍을 공부해야 한다. 파이썬 공부를 적은 시간 공부해서는 어렵다. 파이썬에 열정이 있고 이 책을 통해 첫 허들을 넘은 사람이라면 시중에 나와 있는 정보를 이해하고 직접 구현할 수 있을 것이다.

코드 예제 활용 방법

이 책의 코드와 예시는 실무에서 접할 수 있는 상황을 코드로 풀어 쓴 것이다. 독자의 프로그램이나 문서에 코드를 차용해도 된다. 하지만 이 책의 예제 및 코드를 저작물로 만드는 경우에는 허가가 필요하다. 아울러 인용할 때는 책 제목, 저자, 출판사를 넣어 출처를 밝혀야 한다. 허가가 필요하다면 필자의 메일(junghs214@gmail.com)로 연락해 주기를 바란다.

코드 예제 다운로드 방법

코드 예제는 e비즈북스 출판사 홈페이지에서 다운로드받을 수 있다. 경로는 다음과 같다.

- e비즈북스 출판사 홈페이지(ebizbooks.co.kr)의 메인 화면 〉 독자공간 〉 자료실

목차

프롤로그 / 5

이 책에 대하여 / 6

Chapter 01 마케터의 파이썬 … 15

1.1 파이썬, 어디까지 배워야 할까? … 16
- 1.1.1 파이썬에 입문한 마케터가 느끼는 허들 … 16
- 1.1.2 데이터 분석가와 개발자, 마케터의 파이썬 … 17
- 1.1.3 마케터의 실무와 파이썬 … 19

1.2 마케터의 파이썬 입문 … 20
- 1.2.1 파이썬을 배우는 마케터의 자세 … 20
- 1.2.2 엑셀의 한계와 파이썬의 필요성 … 21
- 1.2.3 엑셀과 파이썬 … 22

Chapter 02 개발 환경 세팅 … 25

2.1 아나콘다를 사용한 파이썬 설치하기 … 26
2.2 주피터 노트북으로 개발 시작하기 … 32
- 2.2.1 아나콘다 내비게이터 실행하기 … 32
- 2.2.2 주피터 노트북의 구성 … 33
- 2.2.3 주피터 노트북 워밍업 … 35

Chapter 03 파이썬의 기본　　　　　　　　　　　　　　　　45

3.1 숫자와 문자 … 46

3.2 자료형이란? … 49

3.3 파이썬 기본 함수 … 53
　3.3.1 파이썬의 기본 함수 … 54
　3.3.2 출력 함수 print와 입력 함수 input … 55
　3.3.3 변수 … 58
　실습 예제 … 65

3.4 메서드 (함수) … 68
　3.4.1 리스트와 딕셔너리 자료구조 … 70
　실습 예제 … 80

Chapter 04 판다스　　　　　　　　　　　　　　　　　　85

4.1 마케터의 업무를 도와줄 판다스 라이브러리 … 86
　4.1.1 판다스를 사용하기 위한 기본 코딩 … 87
　4.1.2 판다스로 파이썬에 엑셀 데이터 가져오기 … 88
　4.1.3 read_excel, read_csv 함수의 공통 매개변수 … 93

4.2 데이터프레임 만들기 … 98
　4.2.1 인덱스 지정하기 … 99
　4.2.2 칼럼 순서 지정하기 … 100
　4.2.3 인덱스 다루기 … 100

4.3 데이터프레임 인덱싱하기 ··· **103**

    4.3.1 iloc 인덱서 ··· **104**

    4.3.2 loc 인덱서 ·· **109**

    4.3.3 iloc, loc 인덱서를 이용해 값을 변환하기 ····························· **114**

    4.3.4 칼럼명으로 데이터프레임 열 선택하기 ································· **117**

    4.3.5 불리언으로 데이터 선택하기 ··· **117**

4.4 데이터프레임 함수 사용하기 ·· **121**

    4.4.1 데이터프레임 제공 함수 ·· **121**

    4.4.2 데이터프레임 기본 함수 ·· **129**

    4.4.3 concat과 merge로 데이터 합치기 ······································ **134**

4.5 데이터프레임 내보내기 ··· **145**

    4.5.1 xlsx, xls 파일 ··· **145**

    4.5.2 csv 파일 ·· **147**

4.6 시리즈 자료 구조 ·· **149**

    4.6.1 데이터 처리에 효과적인 시리즈 ·· **151**

    4.6.2 시리즈 만들기 ··· **155**

    4.6.3 시리즈 함수 ·· **161**

    4.6.4 시리즈의 문자열 함수 ··· **165**

    4.6.5 시리즈 문자열을 인덱싱하고 슬라이싱하기 ··························· **169**

Chapter 05 조건문 if와 반복문 for 171

5.1 if문 172
5.1.1 의사 결정과 if문 172
실습 예제 186

5.2 for문 190
5.2.1 for문의 구조 192
5.2.2 for문을 활용하여 데이터 정리하기 193
5.2.3 for문 이해하기 198
5.2.4 range 함수와 for문 202
5.2.5 중첩 for문 206
5.2.6 continue, break와 for문 209
실습 예제 211

Chapter 06 매체 보고서 입력 자동화: 모듈과 매체 보고서 작성 221

6.1 마케터의 광고 성과 측정 기준, '일 단위' 222
6.1.1 datetime 자료형을 사용하여 시간 데이터 출력하기 222
6.1.2 datetime과 문자열을 교환하는 strftime과 strptime 225
6.1.3 기간을 표현하는 timedelta 227
실습 예제 229

6.2 엑셀 서식을 보존하는 파이썬 프로그래밍 231
6.2.1 openpyxl과 엑셀 파일의 구조 232
6.2.2 데이터 입력 및 엑셀 파일로 내보내기 237

6.3 파이썬으로 매체 보고서 작성하기 **238**

    6.3.1 웹 사이트의 검색 광고 데이터를 자동화하기 **239**

    6.3.2 concat 함수로 데이터 합치기 **246**

    6.3.3 openpyxl을 사용한 데이터 내보내기 **247**

6.4 파이썬으로 광고 효과 리포트 작성하기 **250**

    6.4.1 리포팅 주제 ① 주요 모니터링 광고 그룹 효율 체크 **250**

    6.4.2 리포팅 주제 ② 고효율 광고 그룹 데이터 추출 **253**

Chapter 07 데이터 시각화와 고객 데이터 분석   **255**

7.1 데이터 시각화 **256**

    7.1.1 시리즈 자료 구조를 사용한 시각화 **257**

7.2 고객 데이터 분석 **266**

    7.2.1 데이터셋 다운로드하기 **266**

    7.2.2 데이터 탐색하기 **269**

    7.2.3 데이터 시각화하기 **274**

7.3 파이썬을 사용한 고객 데이터 분석 **280**

    7.3.1 직업별 현황 **280**

    7.3.2 특정 고윳값이 있는 데이터만 추출 **284**

    7.3.3 요일별 가입자 및 비가입자 수 통계 **287**

    7.3.4 가입 여부에 따른 평균 컨택 횟수 비교 **289**

    7.3.5 연령대별 고객 통계 **290**

    7.3.6 같은 상품을 새로운 고객에게 마케팅하기 **297**

Chapter 08 네이버 오픈API 사용하기 305

8.1 네이버 오픈API란? 306
8.1.1 HTTP의 작동 방식 306
8.1.2 네이버 오픈API 사용을 위한 사용자 등록 과정 307
8.1.3 파이썬으로 네이버 오픈API 사용하기 312
8.1.4 네이버 오픈API로 일일 보고서 만들기 318

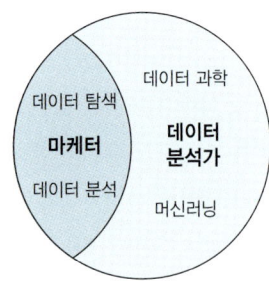

그림 1-2 마케터와 데이터 분석가의 파이썬 활용 영역

하지만 마케터는 어떠한가? 머신러닝을 하는 포지션이 아니다. 업무 시간에 수학 계산을 할 일도 없다. 마케팅 캠페인을 전개하고 캠페인 결과 데이터로 마케팅이 효과가 있었는지 파악하는 것이 데이터와 관련한 마케터의 주 업무이다. 더하여 고객 데이터를 분석하여 마케팅 캠페인의 성과를 증진시키는 데 사용할 수 있다. 즉 마케터는 머신러닝이나 수학을 위한 파이썬을 배울 필요가 없다. 대신 데이터 분석가처럼 파이썬으로 빅데이터를 자르고 붙이면서 자신이 원하는 대로 가공할 수 있고, 파이썬에서 제공하는 다양한 테크닉으로 기술통계량을 추출하거나 피벗 테이블pivot table로 데이터의 행간에서 인사이트를 발견할 수 있으면 된다.

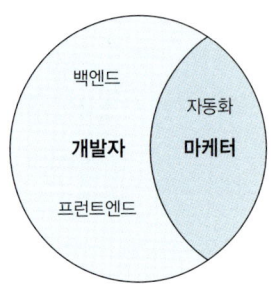

그림 1-3 개발자와 마케터의 파이썬 활용 영역

개발자는 서버와 관련된 백엔드backend와 브라우저의 출력을 담당하는 프런트엔드frontend를 다룬다. 백엔드는 통신 규약, 데이터베이스 구조, 서버 운영, 보안의 영역을 포괄하며, 프런트엔드는 자바스크립트JavaScript, HTML, CSS 언어 사용부터 UI, UX 구현까지 그 범위가 넓다. 개발자가 사용하는 파이썬은 백엔드를 담당한다. 이를 위해 플라스크flask나 장고Django, pyqt5와 같은 백엔드 개발에 효율적인 웹 프레임워크web framework를 사용한다. 개발자의 영역은 데이터 분석가의 영역보다 더 마케터와 겹치는 부분이 없다. 마케터 업무 중 백엔드와 겹치는 업무가 있을까? 마케터가 서버를 구축해야 할까? 데이터의 중요성이 아무리 높아졌다 해도 서버 지식이 전무한

Chapter 01

마케터의 파이썬

1.1 파이썬, 어디까지 배워야 할까?

파이썬은 우리 일상 어디에나 있다. 4차 산업을 이끄는 빅데이터, AI를 비롯하여 컴퓨터 공학, 바이오, 웹 프로그래밍 등 프로그래밍 언어가 필요한 분야의 대부분에서 사용한다. 해외 유수의 대학에서는 프로그래밍 교양 수업이 늘어났으며, 국내 대학도 1학년 필수 교양 수업으로 파이썬을 지정하기도 했다. 얼마 지나지 않아 파이썬을 배운 마케터가 물밀 듯이 쏟아져 나올 것이다.

1.1.1 파이썬에 입문한 마케터가 느끼는 허들

수많은 데이터가 매체에서, CRM(customer relationship management)에서 쏟아져 나온다. 이런 변화에 마케터는 데이터를 분석하고 인사이트를 뽑아낼 수 있는 능력을 요구받는다. 거스를 수 없는 시대적 흐름이다. 개발자나 데이터 분석가에게 이러한 업무를 요청하는 것은 최선의 방법이 아니다. 끊임없이 쏟아져 나오는 데이터를 자신이 원하는 형태로 가공해서 소비자에게 다가가고 싶은 것이 마케터이다.

대부분 마케터는 파이썬을 배우기 위해 습득해야 할 방대한 프로그래밍 언어의 양에서 질렸을 것이다. 파이썬을 쉽게 알려준다고 해도 무슨 이야기를 하는 것인지 이해할 수 없다. 초보 마케터로서 처음 마케팅에 입문했을 때도 CTR, CPC, ROAS 등 어려운 용어가 당신을 당황하게 만들었을 것이다. click through rate, cost per click, returns on ads spending의 약어인 마케팅 관련 용어들은 영어를 통해 그 뜻을 쉽게 유추할 수 있지만, 파이썬에서 쓰는 용어는 프로그래밍 지식에 기반해 초보 마케터로서 첫발을 내딛을 때와 비교가 안 될 정도로 어렵다.

누구나 새로운 영역을 마주할 때 어려움을 느끼지만 그 허들이 너무 높아서 도저히 극복할 수 없다고 생각되면 좌절감을 느끼고 포기하기에 이른다. 당장은 어려움을 느낄지라도 포기하지 않고 파이썬을 배운다면 언젠가는 파이썬을 하는 마케터가 될 것이다. 하지만 굉장히 비효율적이다. 파이썬이란 목적지에 다다르기 위해 모든 정거장에 정차하는 전철을 탈 필요는 없다. 마케터의 직무를 위한 몇몇 주요 정거장에만 정차하면 된다. 마케터를 위한 파이썬 로드맵은 따로 있다. 그 근거는 무엇인가? 그것은 파이썬이 현재 어떤 업무에서, 어떻게 쓰는지 알아보는 것에서 시작할 수 있다.

1.1.2 데이터 분석가와 개발자, 마케터의 파이썬

파이썬은 주로 개발자와 데이터 분석가가 사용한다. 개발자나 데이터 분석가와 포지션이 다르지만 수많은 데이터를 다루는 업무에서 겹치는 부분이 존재해 마케터는 개발자와 데이터 분석가에게 데이터 관련 업무를 아웃소싱해왔다. 마케터인 당신이 개발자나 데이터 분석가에게 업무를 요청해본 경험이 있다면 결과가 생각했던 바와 달라 실망한 적이 있을 것이다. 마케터가 파이썬을 잘 모르듯이 개발자나 데이터 분석가는 마케팅 지식이 없어 아무리 마케터가 원하는 포인트를 짚어줘도 이해하지 못할 가능성이 높다.

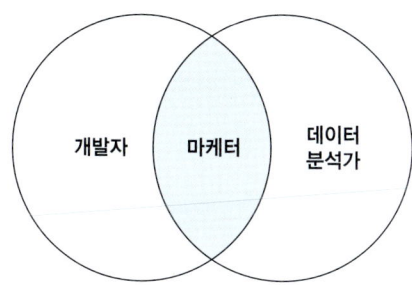

그림 1-1 개발자와 마케터, 데이터 분석가의 파이썬 활용 영역

마케터도 업무 효율성을 높이기 위해 직접 파이썬의 기능 중 일부를 사용할 수 있다. 마케터가 직접 파이썬을 사용함으로써 결과물을 만들어낸다는 것은 자신의 의도를 100% 구현하여 내가 원하는 데이터, 내가 원하는 자동화를 이룩할 수 있다는 것을 뜻한다. 물론 기본적으로 파이썬 코딩을 이해하려는 노력이 필요하지만 파이썬에 대해 모두 알지 않아도 원했던 결과물을 보장할 수 있다. [그림 1-1]에서 확인할 수 있듯이 마케터가 활용하는 파이썬은 개발자나 데이터 분석가가 활용하는 파이썬과 '일부' 겹친다. 즉 그들이 활용하는 파이썬에 대해 모두 배울 필요는 없다. 마케터는 마케터의 업무를 해결하는 선에서 배우면 된다.

데이터 분석가가 사용하는 파이썬은 벡터vector와 행렬, 선형대수학 연산을 하고 머신러닝machine learning, 딥 러닝deep learnin 알고리즘을 사용하여 분류 모델과 예측 모델을 만드는 것이다. 이를 위해 파이썬에 대한 기본 지식을 겸비하고 데이터 모델링을 할 수 있어야 한다.

마케터에게 서버의 주요 권한을 줄 회사는 없다. 마케터가 알아야 할 것은 데이터베이스와 서버가 아니다. 마케터의 파이썬이란 개발자가 자동화된 시스템을 만드는 것처럼 마케팅을 위한 자동화를 실현하는 데 목적이 있다. 필자는 비전공자가 쉽게 활용할 수 있으면서도 효과적으로 업무를 수행할 수 있는 주피터 노트북jupyter notebook으로 파이썬을 설명하고자 한다.

1.1.3 마케터의 실무와 파이썬

마케터는 프로그래밍을 모른다. 특정 업무를 기계처럼 반복적으로 수행한다. 한 번쯤은 반복하는 업무를 기계에 맡길 수 없을까 하고 생각한 적이 있을 것이다. 파이썬을 배우면 컴퓨터에 맡길 수 있다. 개발자처럼 파이썬의 모든 것을 배우지 않더라도, 파이썬의 기본과 제어문을 익히는 것만으로 하루의 일부를 소비해야 하는 마케터의 업무를 자동화할 수 있다.

파이썬을 통해 마케팅 실무에서 다음과 같은 일을 효율적으로 할 수 있다.

- 데이터 분석 측면
    - 데이터 가공 및 처리
    - 데이터 시각화
    - 기술통계량 추출을 통한 데이터 분석
- 자동화 측면
    - 일일 마케팅 보고서 자동화
    - 반복적인 엑셀 사무 자동화

파이썬 실력을 계속 발전시키면 다음과 같은 일도 처리할 수 있다.

- 웹 크롤링을 통한 마케팅 데이터 수집
- 매체 API 활용
    - 광고 소재 대량 등록, 수정, 삭제
    - 광고 리포트 자동 생성
    - 데이터베이스와 파이썬 연동
    - 이메일, SMS 보내기

1.2 마케터의 파이썬 입문

프로그래밍을 처음 접할 경우 내 뜻대로 코딩이 진행되지 않는 경우가 허다하다. 코딩은 단시간에 되지 않아 지치지 않고 계속 지속하는 힘이 필요하다. 파이썬을 배우려는 마케터라면 다음 세 가지 사항을 꼭 명심하자.

1.2.1 파이썬을 배우는 마케터의 자세

첫째, 암기보다 몸으로 익히자. 암기가 아니라 경험이 실력 향상의 지름길이다. 고등학교 영어 시간을 생각해보면 선생님의 말씀을 하나하나 받아 적고 영어 단어를 외웠을 것이다. 어려서부터 공부할 때 늘 암기했고, 성인이 된 후에도 새로운 지식을 배울 때면 학생 때의 습관처럼 암기했다.

하지만 파이썬을 배울 때는 암기하려고 하지 말자. 파이썬 공부는 영어 시간이 아니라 체육 시간과 같다. 머리로 암기하는 것이 아닌 손으로 반복해 코딩을 해야 한다. 그렇게 파이썬을 익히다 보면 어느 순간 필요한 함수를 자유롭게 입력하는 자신을 볼 수 있다. 개발자도 함수를 외워서 개발하지 않는다. 즉 경험이 중요하다. 이는 마케터가 파이썬을 배울 때도 적용된다. 마케터의 업무 영역은 한정되어 있다. 코딩을 하며 맞닥뜨리는 문제 상황을 파이썬으로 하나씩 해결해 가는 경험을 계속 쌓아가다 보면 같은 상황이 되면 이전과 같은 코딩을 할 것이고 그 결과 코딩 시간은 점점 단축된다.

둘째, 모르는 것은 일단 넘어가자. 마케터가 프로그래밍을 이해하기 위해서는 시간이 필요하다. 엑셀은 사용자 친화적이라서 프로그래밍을 모르는 사람도 쉽게 접근할 수 있다. 사용자가 원하는 기능을 잘 정리해 상단 버튼으로 배치했고, 함수를 사용할 때도 함수 마법사가 어떤 정보를 입력해야 하는지 친절히 알려준다. 하지만 파이썬을 비롯한 프로그래밍의 경우 엑셀에 비해 굉장히 불친절하고 새롭게 이해해야 할 개념도 많다.

생소한 파이썬을 정복하기 위해 안간힘을 다해 버둥거리지 말자. 잘 모르는 부분은 이런 부분이 있다는 것 정도로 이해하고 넘어가자. 파이썬에 대한 모든 것을 빠르게 이해하고 실무에 적용하겠다는 마인드는 오히려 자신을 지치게 한다. 차근차근 배워도 전공자가 아니므로 막히는 부분은 계속 나온다. 막힐 때마다 해당 내용을 이해하기 위해 노력하는 것도 실력 향상을 위한 좋은 태도이지만 노력해도 이해가 안 되는 경우는 일단 넘어가자.

셋째, 구글링(구글 검색)을 생활화하자. 아무리 숙련된 개발자도 구글링을 피할 수 없다. 파이썬을 배운다는 것은 구글링을 생활화한다는 것과 같다. 개발 과정에서 오류는 당연히 발생한다. 아무리 많은 시간을 쏟아도 프로그래밍에 진도가 나가지 않는다면 좌절하지 말고 이미 많은 사람이 당신과 같은 문제를 겪었다는 것을 기억하자. 구체적인 수치나 생각의 방향은 다를지 몰라도 프로그램을 발전시키는 데는 구조가 같으므로 구글링으로 문제를 해결할 수 있다.

구글링을 하다 보면 스택 오버플로(stackoverflow.com)라는 사이트가 눈에 들어온다. 많은 개발자가 궁금증을 해결하기 위해 사이트에 질문을 올려놓았고, 문제를 해결한 개발자가 해결을 위한 코드나 조언을 남긴다. 스택 오버플로 같은 사이트를 참고해 파이썬으로 개발하다 막히는 부분을 해결할 수 있다.

1.2.2 엑셀의 한계와 파이썬의 필요성

독일의 철학자 루트비히 비트겐슈타인은 "나의 언어의 한계는 나의 세계의 한계를 뜻한다"라고 말했다. 사람의 사고는 언어에 지배된다. 마케터의 사고는 엑셀에 지배된다. 엑셀이 친숙하다는 이유로 빅데이터 시대인 지금 엑셀을 고집하는 것은 곧 한계를 뜻한다.

필자가 근무하던 회사에서는 실적이 떨어지는 일이 생기면 전년 및 전월 대비 마케팅 데이터를 취합해서 보고했다. 고객의 문의가 하루에 3천 개 이상 있어 월 단위, 분기 단위 데이터를 합치면 4만 개, 16만 개가 넘는 숫자였다. 엑셀만 아는 한 마케터는 이때마다 수많은 데이터를 계속 붙여야 했고, `VLOOKUP` 함수로 수치를 가져올 수 있는 구조가 아닌 데이터라면 잘라내기와 붙여넣기 과정을 일일이 손으로 해결해야 했다. 많은 시간이 걸렸고 업무 리소스의 대부분을 할애했다. 물론 완성된 데이터의 정확성도 담보할 수 없었다. 게다가 하루하루 데이터가 쏟아져 나오는 데이터를 차곡차곡 엑셀로 모아 정리했는데, 마케터에게 유의미한 데이터로 가공하는 과정이 필요했다. 이러한 포지션을 맡은 마케터는 하루 30분에서 한 시간씩 반복 작업을 계속할 수밖에 없었다. 엑셀만 아는 마케터는 하루의 일부를 소모해야 했지만 필자는 파이썬을 통해 모두 자동화해 업무의 효율성을 높였다.

마케터가 관리해야 하는 데이터가 많지 않거나 몇몇 마케팅 지표 혹은 몇몇 SQL 칼럼만을 고려한다면 파이썬은 필요하지 않다. 하지만 관리하는 데이터가 많을 경우 파이썬은 필수라는 것을 명심하자.

1.2.3 엑셀과 파이썬

엑셀의 함수를 사용해서 데이터를 처리할 때와 파이썬의 함수를 사용해서 데이터를 처리할 때는 어떻게 다른지 알아보자.

엑셀의 함수를 쓰기 위해서는 먼저 등호를 쓰고 그 뒤에 함수 이름을 쓴다. 그리고 괄호를 열면 엑셀의 함수 마법사가 어떤 값을 넣어야 하는지 알려준다. 마케터는 이 과정에 매우 익숙하다. 그렇다면 파이썬은 어떠한가? 엑셀과 파이썬의 함수 사용법은 비슷하다.

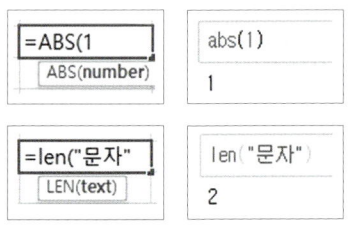

그림 1-4 엑셀(좌)과 파이썬(우)의 ABS(위)와 LEN(아래) 함수 비교

먼저 엑셀의 경우를 살펴보자. 엑셀의 함수 중 절댓값을 출력하는 ABS 함수가 있다. 이 함수를 사용하기 위해 [그림 1-4]처럼 먼저 등호(=)를 입력한 뒤 ABS(1)을 입력해보자. 입력한 값에 해당하는 절댓값 1이 출력된다. LEN 함수는 문자의 길이를 출력하는 함수다. [그림 1-4]의 하단처럼 =len("문자")를 입력해보자. 큰따옴표 속 문자의 길이에 대한 결괏값을 얻을 수 있다. 결과로 2가 나온다. 여기서 1이나 "문자"를 인수 혹은 전달인자라고 하는데 프로그래머가 쓰는 용어이므로 당장은 기억하지 않아도 된다. 단 ABS 함수의 인수는 숫자(number)이고 LEN 함수의 인수는 텍스트(text)라는 점을 알아두자.

이제 파이썬을 알아보자. 절댓값을 얻고 싶을 때 파이썬도 엑셀과 동일하게 ABS 함수를 사용한다. 이때 파이썬은 등호를 사용하지 않고 함수 이름을 입력한 후 괄호 안에 원하는 숫자를 입력한다. 문자의 길이 역시 LEN 함수를 사용한다. 과정은 엑셀의 LEN과 동일하다. 길이를 얻고 싶은 문자를 큰따옴표 안에 쓰고 괄호를 닫으면 해당 단어의 결괏값이 나온다.

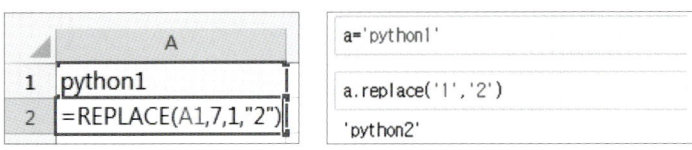

그림 1-5 엑셀(좌)과 파이썬(우)의 replace 함수 비교

하지만 REPLACE 함수는 어떤지 [그림 1-5]를 보자. 엑셀은 replace 함수를 쓸 때 함수명을 먼저 쓰고 인수를 채워가는 방식이다. 원시적인 방법으로 1을 2로 바꾸기 위해 python1에서 1이 몇 번째 문자인지 찾아서 2로 바꿔주는 작업을 사람이 일일이 입력해야 한다. 하지만 파이썬은 먼저 변수(a)에 대하여 값('python1')을 할당한다(a='python1'). 다음 단계에서 변수(a) 다음에 마침표(.)를 쓰고 replace 함수를 작성한다. 그리고 '1'이라는 숫자를 '2'로 바꾸기 위해 파이썬의 파라미터로 1과 2를 입력한다(a.replace('1', '2')). 그 결과 'python1' 값이 'python2'로 변경된 것을 확인할 수 있다. a.replace에서 마침표의 기능에 대해서는 자세하게 설명하면 길어지니 이런 방식으로 함수를 사용할 수 있다는 것만 기억해두자. 참고로 엑셀의 substitute 함수가 파이썬의 replace 함수와 유사한 방식으로 작동한다.

처음 등장한 변수라는 개념과 이를 이용한 함수 사용법 때문에 벌써 머리가 복잡할 수 있다. 파이썬 함수에는 무엇이 있고 어떻게 써야 하는지 배우기 위해 당장 인터넷을 찾고 싶은 마음이 생길 수 있다. 하지만 파이썬 입문 단계에서는 '파이썬도 엑셀처럼 함수를 쓰는구나. 하지만 같은 함수라도 다르게 쓰기도 하는구나' 정도로 이해하고 넘어가자. 파이썬은 당장 이해하기보다 지치지 않고 지속하는 힘이 필요하다.

Chapter 02

개발 환경 세팅

2.1 아나콘다를 사용한 파이썬 설치하기

파이썬은 공식 홈페이지(www.python.org)에서 다운로드해 간단하게 설치할 수 있다. 하지만 이렇게 파이썬을 설치하면 파이썬이 제공하는 기본 기능만 설치된다. 대부분 마케터가 엑셀 프로그램 하나만 다루어 왔듯이 파이썬을 할 때도 '파이썬 하나만 설치하면 되는 것 아닌가?'라고 생각할 수 있다. 물론 파이썬 자체로 해결할 수 있는 많은 프로젝트가 있지만 파이썬이 지금처럼 트렌디한 이유는 서드 파티(third party)가 굉장히 많다는 점이다. 서드 파티란 파이썬을 직접 만들지는 않았지만 이해관계자(회사, 단체, 개인)가 파이썬을 기반으로 만든 기능을 말한다. 이를 통해 파이썬은 부가 기능을 갖추고 더 많은 일을 처리할 수 있다. 다양한 서드 파티를 사용하여 데이터 분석, 시각화, 머신러닝, 크롤링 등을 할 수 있다.

서드 파티는 종류도 많고 개수도 많다. 파이썬의 사용자가 여러 서드 파티를 일일이 찾기 어렵고 설치하는 데도 많은 시간이 필요하다. 하지만 이를 한 번에 해결할 수 있는 아나콘다(anaconda)라는 소프트웨어가 있다. 아나콘다는 데이터 과학과 관련된 서드 파티를 한 번의 설치로 제공한다. 즉 파이썬은 물론 주요 서드 파티도 한 번에 설치할 수 있다.

지금부터 아나콘다를 내려받기 위해 아나콘다 사이트(anaconda.com/products/individual)에 접속하자.

Anaconda Installers

Windows	MacOS	Linux
Python 3.8	Python 3.8	Python 3.8
64-Bit Graphical Installer (466 MB)	64-Bit Graphical Installer (462 MB)	64-Bit (x86) Installer (550 MB)
32-Bit Graphical Installer (397 MB)	64-Bit Command Line Installer (454 MB)	64-Bit (Power8 and Power9) Installer (290 MB)

그림 2-1 아나콘다 설치를 위한 운영 체제 선택하기

스크롤을 해서 화면을 내려 운영 체제 윈도우(Windows), 맥(MacOS), 리눅스(Linux) 세

가지 중 선택한다. 자신의 운영 체제에 맞는 것을 선택해 파이썬 버전 중 최신 버전을 선택하여 다운로드받은 후 설치한다.

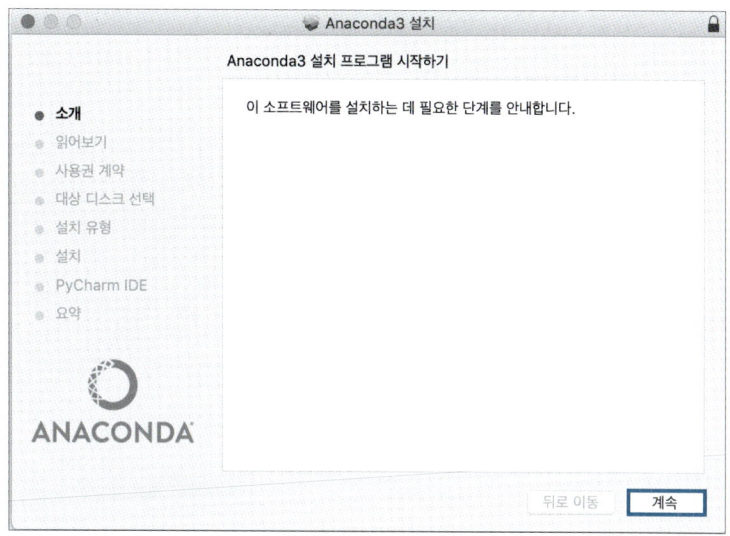

그림 2-2 맥에서 아나콘다 설치하기

맥은 간단하다. 하단에 나타난 [계속]만 누르면 설치가 완료된다. 윈도우는 조금 다르다. 이제 윈도우 버전을 보자.

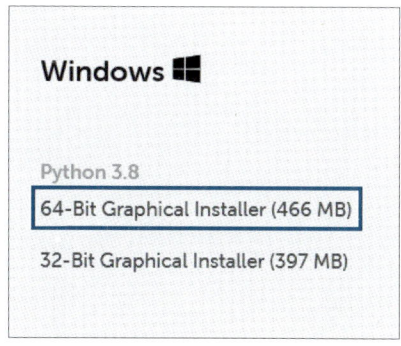

그림 2-3 윈도우에서 아나콘다 설치하기 ①

운영 체제 윈도우의 파이썬 버전 중 가장 최신 버전을 선택하여 다운로드받은 후 설치한다. 여기서는 집필 당시 가장 최근 버전이었던 파이썬 3.8 버전을 다운받겠다. 64비트와 32비트 중 '64-Bit Graphical Installer(466MB)'를 선택했다.

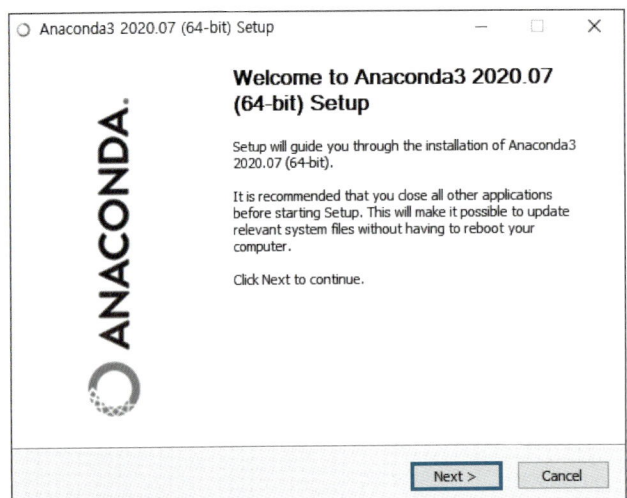

그림 2-4 윈도우에서 아나콘다 설치하기 ②

다운로드받은 파일을 실행하면 나타나는 첫 화면이다. 계속 아나콘다를 설치하기 위해 하단의 [Next] 버튼을 눌러 진행한다.

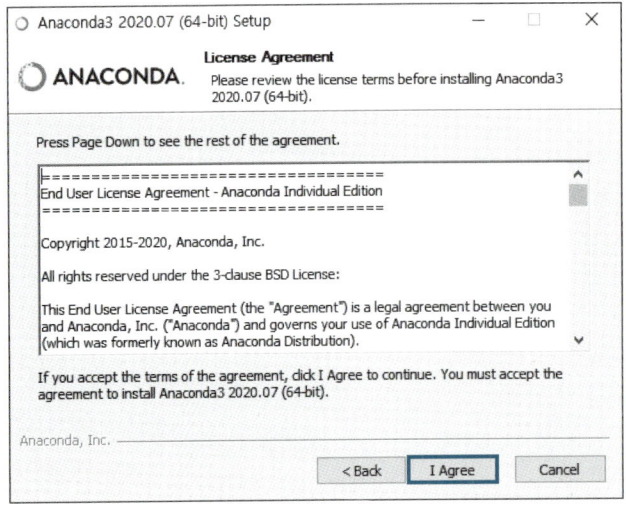

그림 2-5 윈도우에서 아나콘다 설치하기 ③

사용권 계약에 대해 설명하는 부분이다. 동의를 뜻하는 [I Agree] 버튼을 눌러 계속 진행한다. 자신의 컴퓨터 환경에 맞춰 하나의 옵션을 선택하는 창이 나타난다.

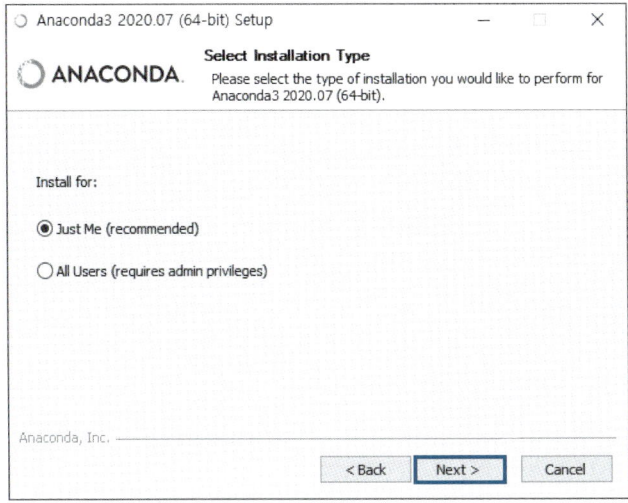

그림 2-6 윈도우에서 아나콘다 설치하기 ④

하나의 옵션을 선택한 후 [Next] 버튼을 눌러 설치를 진행한다. 'Just Me(recommended)'는 'C:\Users\사용자명\Anaconda3'에, 'All Users(requires admin privileges)'는 'C:\ProgramData\Anaconda3'에 아나콘다가 설치된다.

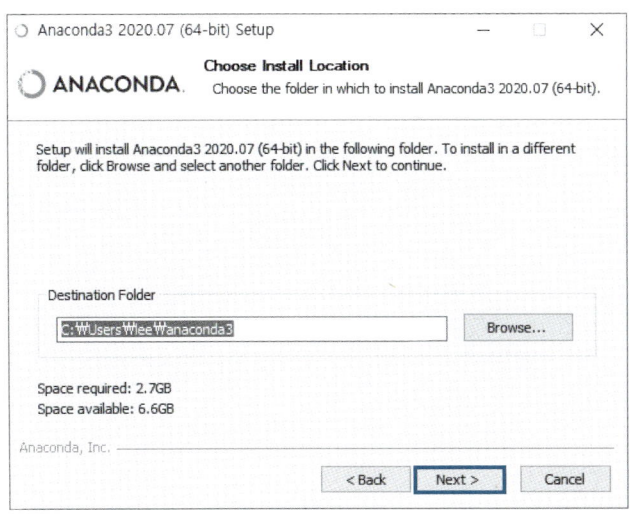

그림 2-7 윈도우에서 아나콘다 설치하기 ⑤

설치 경로를 설정하는 화면이다. [Next] 버튼을 눌러 진행할 수 있다. 경로에 한글로 된 폴더명이 있을 경우 오류가 날 수 있으니 한글 경로는 사용하지 않는 것이 좋다. 특히 윈도우 사용자명의 이름이 한글로 설정되었는데 이전 단계에서 'Just Me'를 체크했다면 오류가 날 수 있다.

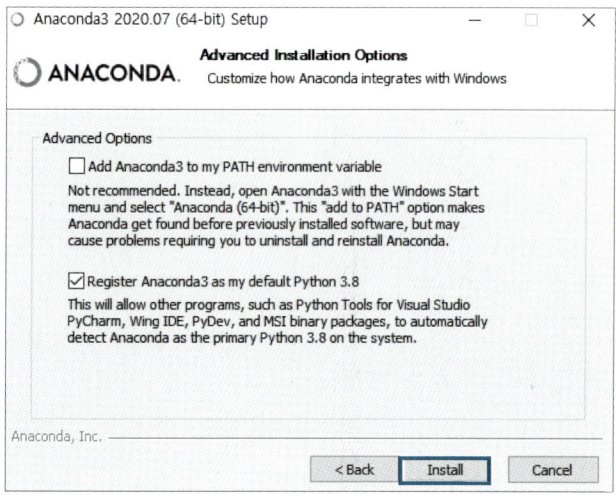

그림 2-8 윈도우에서 아나콘다 설치하기 ⑥

설치 옵션을 선택하는 화면이다. 첫 번째 항목 'Add Anaconda3 to my PATH environment variable'은 컴퓨터의 환경 변수에 아나콘다 추가 여부를 묻는 옵션이다. 두 번째 항목인 'Register Anaconda3 as my default Python 3.8'은 아나콘다로 설치할 파이썬을 기본 파이썬으로 사용할 것인지 묻는 옵션이다. 두 번째만 체크하고 [Install] 버튼을 누른다.

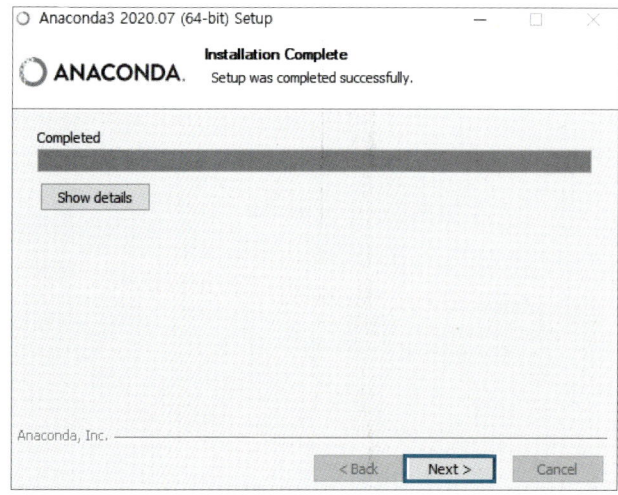

그림 2-9 윈도우에서 아나콘다 설치하기 ⑦

설치가 진행되는 화면이다. 설치가 끝난 후 하단의 [Next] 버튼을 누르자.

그림 2-10 윈도우에서 아나콘다 설치하기 ⑧

파이썬 개발 도구인 파이참^{PyCharm}을 소개하는 화면이다. [Next] 버튼을 눌러 진행하자.

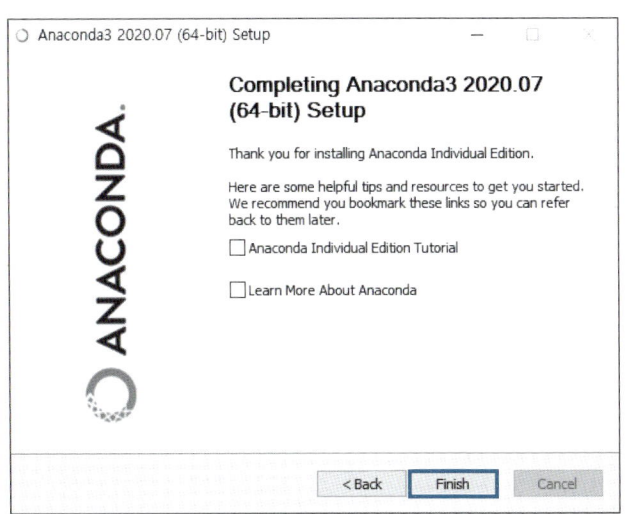

그림 2-11 윈도우에서 아나콘다 설치하기 ⑨

[Finish] 버튼을 누르면 설치가 완료된다.

2.2 주피터 노트북으로 개발 시작하기

본격적인 코딩에 앞서 파이썬을 사용할 수 있는 통합 개발 환경Integrated Development and Learning Environment(IDLE)을 구축해야 한다. 아나콘다는 주피터 노트북이라는 개발 환경을 기본적으로 제공하며 아나콘다를 설치하면 주피터 노트북도 PC에 설치된다.

주피터 노트북은 웹 브라우저에서 실행되어 파이참, 스파이더spyder, 비주얼 스튜디오 코드visual studio code, 서브라임 텍스트sublime text 등의 개발 환경보다 친숙하고 다루기 쉽다. 마케터는 웹 브라우저를 사용하여 실무를 진행하는 일이 많다. 주피터 노트북은 개별적인 소프트웨어가 아닌 웹 브라우저 탭 중 하나에서 실행돼 업무를 보며 코딩할 때도 상당히 편리하고 메뉴도 간결하게 구성돼 입문자에게 친절하다. 참고로 주피터 노트북은 다른 브라우저보다 구글 크롬chrome과 잘 호환된다. 주로 사용하는 브라우저를 크롬으로 설정하면 마케터의 업무 진행에서도, 파이썬 코딩에서도 더욱 편리하게 사용할 수 있다. 이해가 안 된다면 html 문서를 여는 프로그램을 크롬으로 설정해도 된다.

2.2.1 아나콘다 내비게이터 실행하기

주피터 노트북을 실행하기 위해서는 먼저 아나콘다 내비게이터Anaconda Navigator를 실행해야 한다.

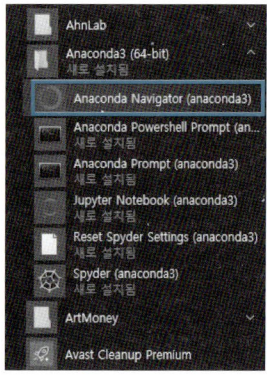

그림 2-12 윈도우

그림 2-13 맥

윈도우에서는 '시작 〉 Anaconda3 〉 Anaconda Navigator'에서 찾을 수 있고, 맥은 응용 프로그램에서 Anaconda Navigator를 찾을 수 있다.

2.2.2 주피터 노트북의 구성

아나콘다 내비게이터를 실행시키면 주피터 노트북 아이콘을 찾을 수 있다.

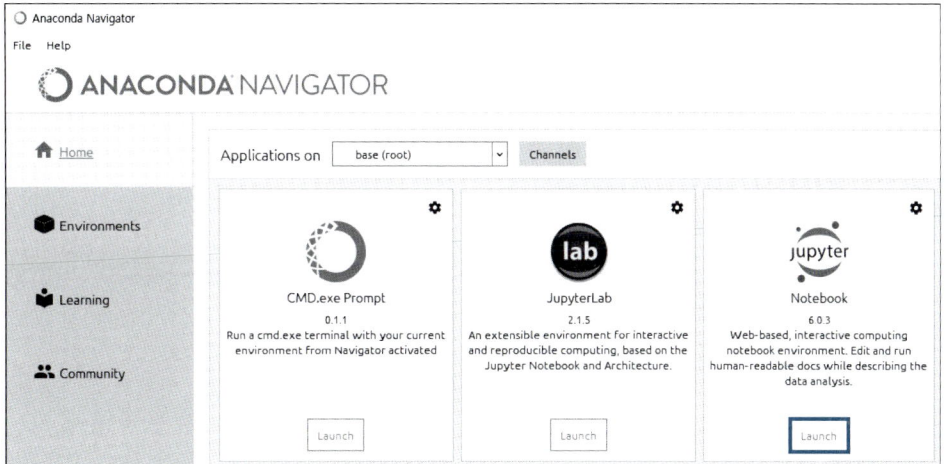

그림 2-14 주피터 노트북 실행시키기 ①

하단의 [Launch] 버튼을 누르면 실행된다.

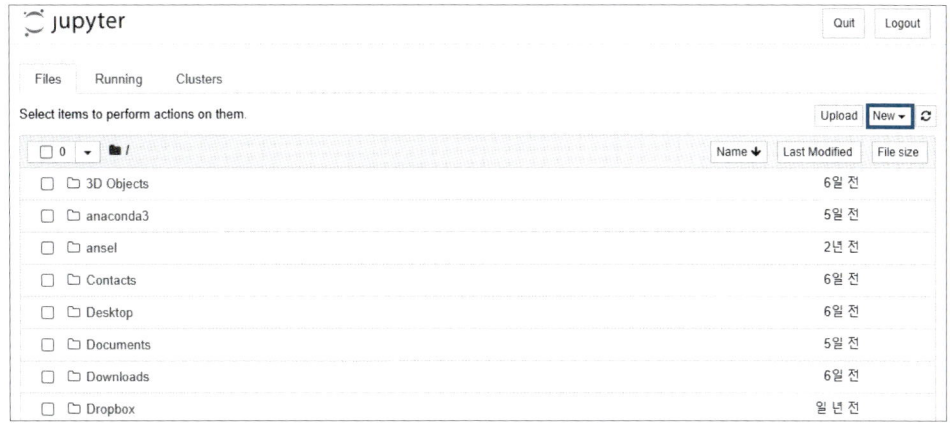

그림 2-15 주피터 노트북 실행시키기 ②

화면의 오른쪽 상단에 있는 [New] 버튼을 누른다.

그림 2-16 주피터 노트북 실행시키기 ③

메뉴창이 뜬다. 여러 항목 중 'Python 3'를 선택하면 파이썬 코드를 입력하는 새로운 노트북을 만들 수 있다.

주피터 노트북은 크게 메뉴 바, 툴 바, 셀로 구성되어 있다.

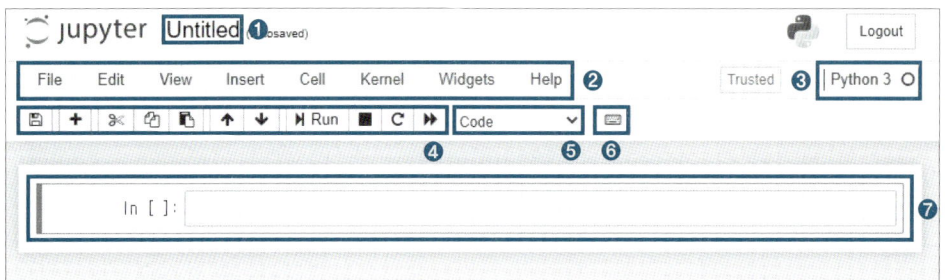

그림 2-17 주피터 노트북의 구성

❶ **제목:** 새로운 노트북을 만들면 기본적으로 'Untitled'로 설정된다. 원하는 제목으로 바꾸고 싶다면 'Untitled'을 클릭하여 수정할 수 있다.

❷ **메뉴:** 주피터 노트북이 제공하는 기능 모음이다.

❸ **진행 표시등:** 실행 대기 상태일 경우 빈 원을 보여주며, 파이썬 코드가 실행되면 검정색 원으로 변한다.

❹ **툴 바:** 자주 사용되는 기능의 아이콘 모음이다.

❺ **셀 타입 콤보 박스:** 셀 타입을 지정할 수 있다. 파이썬 코드를 작성할 때는 'Code'로 지정한 후 사용한다.

❻ **단축키 창:** 각종 단축키를 확인할 수 있다.

❼ **셀:** 파이썬 코드의 입력 및 출력을 할 수 있다. 엑셀에서도 '셀cell'이라고 하듯 주피터 노트북에서도 '셀'이다. 셀에는 서로 다른 기능을 수행하는 '편집 모드edit mode'와 '명령 모드command mode'가 있다. 편집 모드는 셀의 내용을 편집하는 모드이다. 셀의 내부를 클릭하거나 명령 모드일 때 엔터enter를 누르면 편집 모드로 변한다. 편집 모드일 때는 셀의 테두리가 초록색이다. 명령 모드는 셀을 복사, 삭제, 추가 등을 할 수 있는 모드이다. 셀의 외부를 클릭하거나 편집 모드일 때 ESC를 누르면 명령 모드가 된다. 명령 모드일 때 셀의 테두리는 파란색이다.

2.2.3 주피터 노트북 워밍업

셀 작업을 할 때 사용하는 주요 명령어와 단축키는 [표 2-1]을 참고하자. 특히 저장은 'File > Save and Checkpoint' 혹은 단축키 Ctrl+S 두 가지 방법을 통해 할 수 있다. 사용자가 수동으로 저장하지 않더라도 웹 브라우저에서 작업이 진행되는 동안 2분에 한 번씩 자동으로 저장되는 기능을 제공한다.

표 2-1 셀 작업의 주요 명령어와 단축키

모드	작업 내용	단축키
공통	셀 실행	Alt + Enter 현재 셀을 실행 후 다음 셀을 생성한다.
		Shift + Enter 현재 셀 실행 후 다음 셀을 선택한다. 다음 셀이 없을 경우 새로운 셀을 생성한다.
		Ctrl + Enter 현재 셀을 실행한다.
	저장	Ctrl + S
편집 모드	주석 처리	Ctrl + /
	셀 분할	Ctrl + Shift + −
	실행 취소	Ctrl + Z
	재실행	Ctrl + Y

명령 모드	셀 타입 변경	코드: Y, 마크다운: M
	셀 삭제	DD
	잘라내기	X
	복사하기	C
	붙여넣기	V
	셀 삭제 취소	Z
	셀 추가	위 추가: a, 아래 추가: b

1 셀 실행하기

셀을 실행해보자.

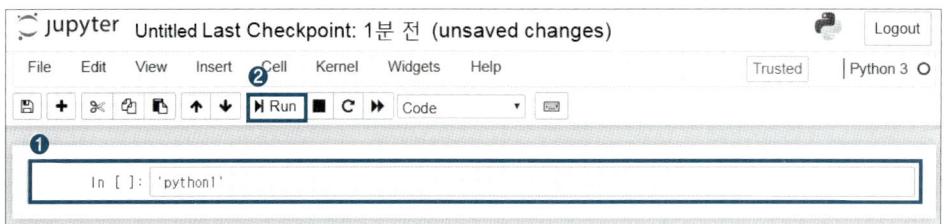

그림 2-18 셀 실행하기 ①

셀에 'python1'을 입력하고(❶) 툴 바의 ▶Run 을 클릭해(❷) 셀을 실행시켜보자.

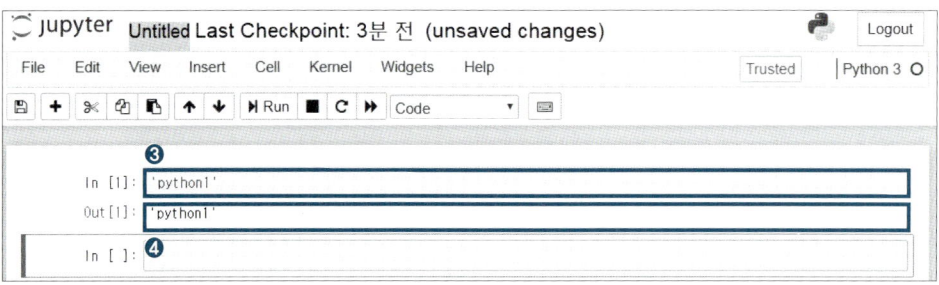

그림 2-19 셀 실행하기 ②

'In' 셀에 '[1]'이 매겨지고(❸) 'Out[1]'에 'python1'이 출력되며 새로운 셀이 추가된다(❹). 단축키 Shift+Enter로 실행해도 동일한 결과를 얻는다. 새로운 셀에 'python2'를 입력해 Alt+Enter로 실행하면 다음 셀이 추가되고, Ctrl+Enter는 실행만 하고 셀이 추가되지 않는다. 각각 실행해서 결과를 확인해보자. 단축키의 실행 방식 차이는 [표 2-1]을 참고하자. 이 책의 독자는 Alt+ Enter를 사용하길 권장한다.

2 셀 타입 선택하기

주요 셀 타입은 '코드Code'와 '마크다운Markdown'이 있다. 셀 타입 콤보 박스에서 선택할 수 있다. 주피터 노트북을 통해 코드를 작성 시 셀 타입을 코드로 선택해서 파이썬 코딩을 진행한다.

그림 2-20 마크다운을 실행한 전(좌)과 후(우)

마크다운은 문서 양식을 편집하는 문법이며, '#'은 글자 크기, '*'와 '_'는 이탤릭, '**'와 '__'는 볼드에 사용된다. #의 경우 스페이스를 띄어야 하며, 개수가 늘어날수록 글자 크기가 작아진다. 이 책에서는 마크다운 문법을 간단히 짚고 넘어간다.

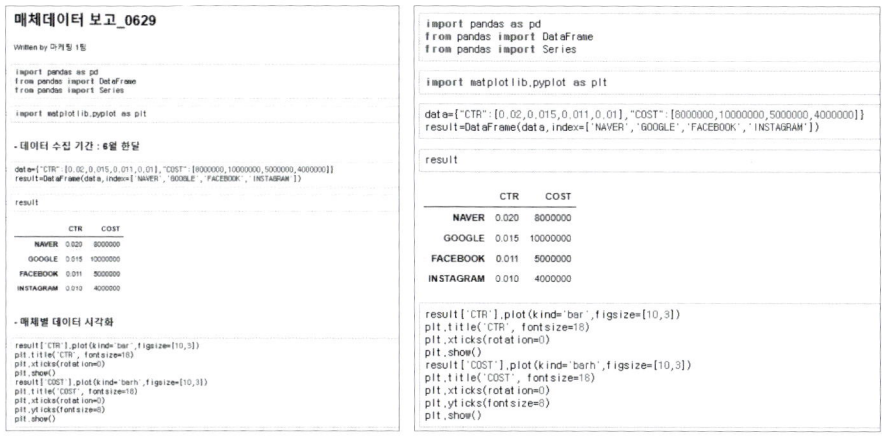

그림 2-21 마크다운이 있는 문서(좌)와 없는 문서(우)

주피터 노트북을 작성할 때 코드 타입의 셀뿐만 아니라 마크다운 타입의 셀을 함께 사용함으로써 코딩의 목적이 무엇인지 다른 사람과 커뮤니케이션할 수 있다. 셀에 코드만 잔뜩 작성하면 만든 본인은 코딩의 내용을 쉽게 알아볼 수 있겠지만 그것을 보는 다른 사람은 이해하기 어렵다. 하지만 작성한 코드가 무슨 내용인지 마크다운을 사용해 텍스트로 함께 작성한다면 다른 사람과의 원활한 커뮤니케이션에 도움이 될 것이다.

3 주석 입력하기

코딩 진행과 동시에 주석을 입력하여 코딩에 대한 부수적인 정보를 적을 수도 있다.

그림 2-22 주석 입력하기

셀이 편집 모드일 때 먼저 특수문자 #을 입력한 후 문자를 입력해보자. 이때 입력되는 문자는 이탤릭으로 변하면서 주석이 입력된다. [그림 2-22]를 보면 첫 코딩인 '1+2'를 실행시켰을 때 주피터 노트북은 '3'이라는 결과를 출력해주지만 주석만 있는 두 번째 줄의 코딩은 결과가 출력되지 않는다. 주석은 입력한 텍스트 자체만 나타내줄 뿐 코딩에는 아무런 영향을 주지 않는다.

```
데이터프레임 생성(6월 매체 데이터)
비용이 적게 쓰인 네이버, 구글,페이스북,인스타그램 외의 매체는 제외됨

data={"CTR":[0.02,0.015,0.011,0.01],"COST":[8000000,10000000,5000000,4000000]}
result=DataFrame(data,index=['NAVER','GOOGLE','FACEBOOK','INSTAGRAM'])
```

```
'''
데이터프레임 생성(6월 매체 데이터)
비용이 적게 쓰인 네이버, 구글, 페이스북, 인스타그램 외의 매체는 제외됨
'''
data={"CTR":[0.02,0.015,0.011,0.01],"COST":[8000000,10000000,5000000,4000000]}
result=DataFrame(data,index=['NAVER','GOOGLE','FACEBOOK','INSTAGRAM'])
```

그림 2-23 여러 줄의 주석을 사용하는 경우

주석문을 여러 개 달 때 위의 하단 그림처럼 선택을 한 후 Ctrl키를 누른 채 / 키를 누르면 #이 저절로 붙는다.

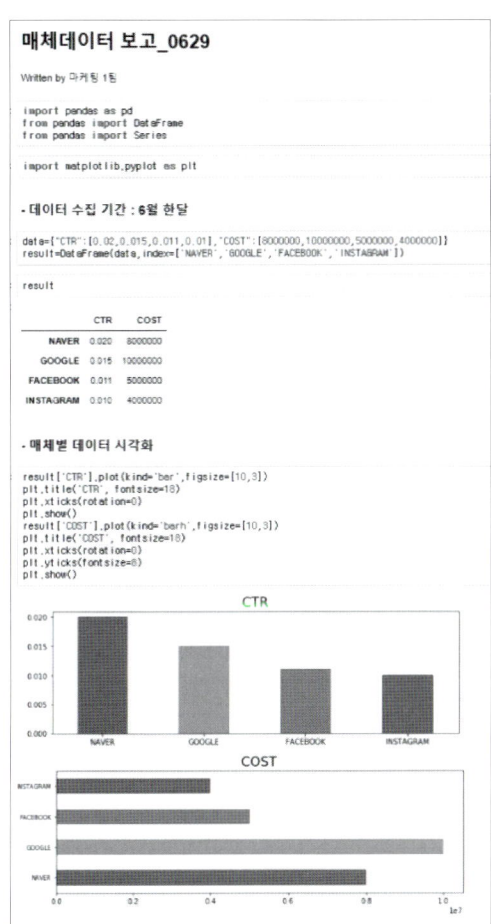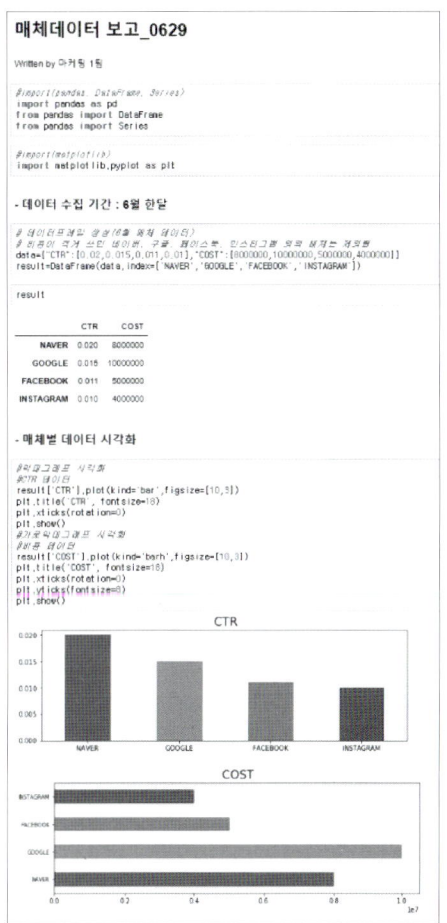

그림 2-24 주석이 없는 문서(좌)와 있는 문서(우)

코딩을 한 후 일주일이나 2주일 후면 작성한 코딩이 무엇을 위한 코딩이었는지 잊어버릴 수 있다. 이때 주석을 확인하면 무엇을 위한 내용인지 파악할 수 있다. 마크다운과 함께 주석을 사용해 코딩에 관한 여러 정보를 기입하는 습관을 들이도록 하자.

4 진행 표시등 확인하기

다음과 같이 셀에 코드를 입력한 후 셀을 실행해보자.

코드 2-1 1초간 지연하는 함수

```
import time

for x in range(10000):
```

```
print(x)
x = x + 1
time.sleep(1)
```

코드가 출력된 결과를 보면 0부터 시작해 숫자가 1초마다 1씩 증가하면서 계속해 출력된다. 결과는 다음의 [그림 2-25]를 통해 확인할 수 있다.

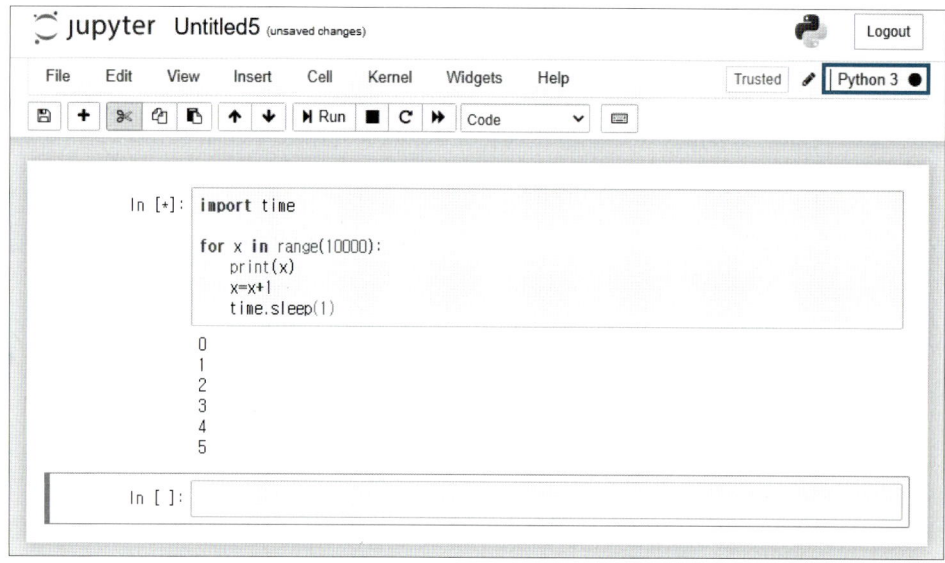

그림 2-25 코드 입력 후 진행 표시등 확인하기

이때 우측 상단의 진행 표시등을 확인하면 검정색 원으로 채워지고 파이썬이 실행 중이라는 것을 알 수 있다.

> **Tip** 코딩이 잘못된 것 같을 때
>
> 지금은 노트북의 코드가 몇 줄 안 되지만 실력이 늘수록 노트북의 코딩이 길어진다. 이때 너무 오랜 시간 실행되고 있어 코딩이 잘못된 것으로 의심되거나 중간에 작업을 중단시키고 싶다면 툴 바에서 ■ 버튼을 누르면 된다. 'Kernel 〉 Interrupt'도 동일한 기능을 한다.
> 주피터 노트북의 실행이 정상적이지 않다면 'Kernel 〉 Restart'를 눌러서 재실행시킬 수 있다. 여기서 커널kernel이란 주피터 노트북에서는 사용자의 코드를 실행하는 프로그램을 뜻한다.

5 셀의 실행 순서 확인하기

셀이 실행되는 순서를 확인해보자.

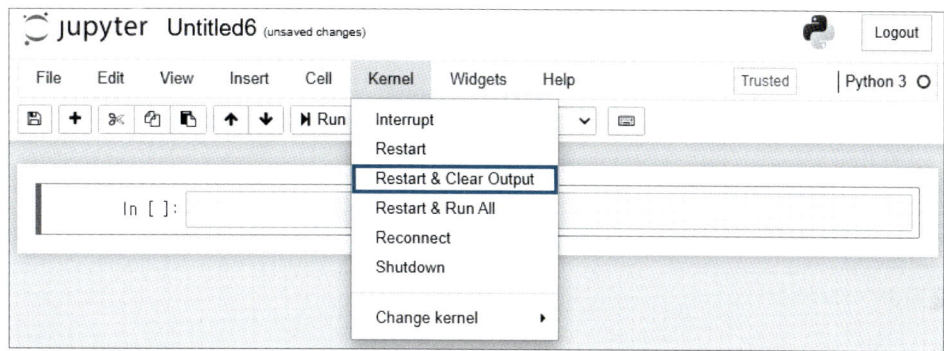

그림 2-26 셀의 실행 순서 확인하기 ①

'Kernel 〉 Restart & Clear Output'을 선택한 후 다음의 코딩을 실행한다. 실행은 현재 셀 생성 후 다음 셀을 생성하는 단축키 Shift+Enter로 하자.

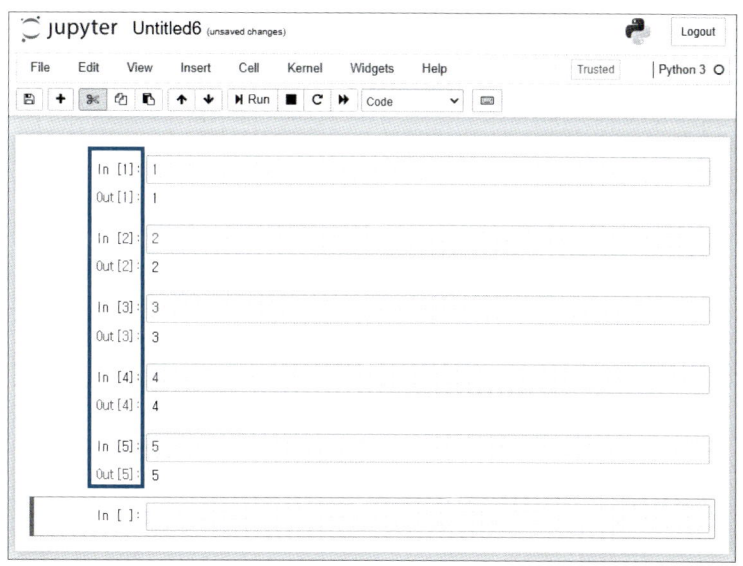

그림 2-27 셀의 실행 순서 확인하기 ②

셀을 실행할 때마다 셀 왼쪽의 숫자가 하나씩 올라가는 것을 볼 수 있다. 숫자는 셀이 실행된 순서를 나타낸다.

6 주피터 노트북 파일 다운로드하기

원하는 형식의 확장자를 선택해 파일을 다운받을 수 있다.

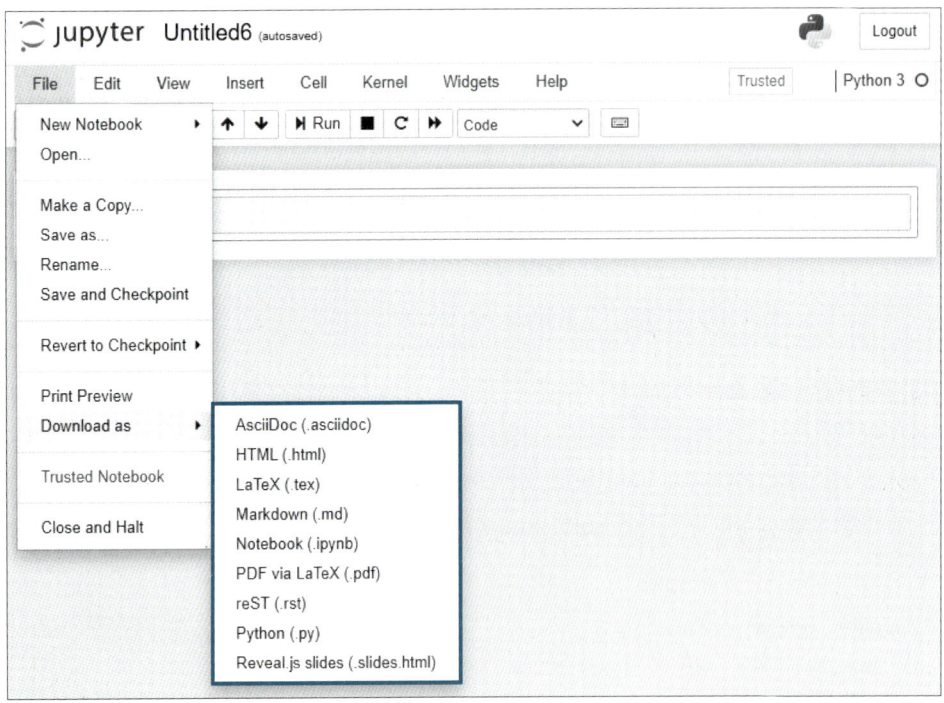

그림 2-28 원하는 형식의 파일 다운로드하기

'File 〉 Download as'를 선택한 후 원하는 형식의 확장자를 선택하여 다운받을 수 있다. 파일 형식은 AsciiDoc(.asciidoc), HTML(.html), LaTex(.tex), Markdown(.md), PDF via LaTex(.pdf), reST(.rst), Reveal.js slides(.slides.html) 등이 있으며 자주 사용되는 파일 형태는 다음과 같다.

- **Notebook(.ipynb)**: 주피터 노트북 파이썬 파일. 업무용 컴퓨터와 개인용 컴퓨터 모두 주피터 노트북이 설치되어 있을 경우 .ipynb 파일을 다운로드해 코딩을 계속 진행할 수 있다.
- **Python(.py)**: 일반적인 파이썬 파일. 주피터 노트북 외 다른 파이썬 개발 환경에서도 호환 가능하다.

7 자동 완성 기능: Tab

주피터 노트북에서는 자동 완성 기능을 제공한다.

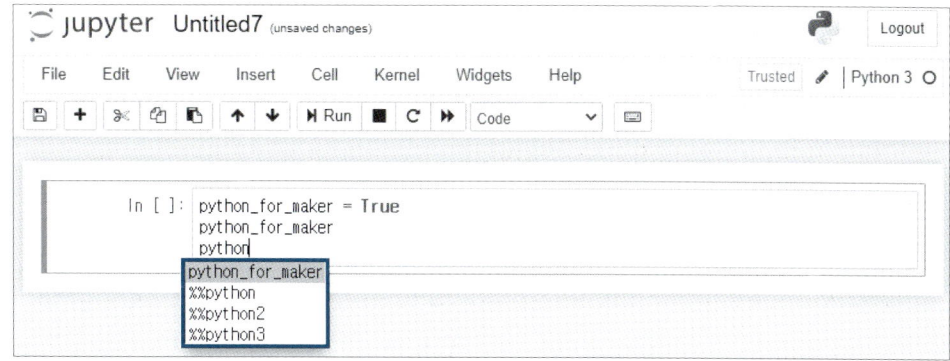

그림 2-29 자동 완성 기능

[그림 2-29]처럼 `python_for_maker`라는 변수를 만든 후 매번 똑같이 입력하는 일은 굉장히 번거롭다. 이때 `python_for_maker` 중 `python_`까지만 입력하고 키보드의 탭(Tab)을 누르자. 자동으로 나머지 변수가 입력된다. `python`까지만 입력하고 탭을 누르면 자동 입력이 가능한 키워드가 뜨고 선택하면 된다. 자동 완성 기능은 함수에도 사용할 수 있어 손쉽게 함수를 입력할 수 있다. `print` 함수를 입력하기 위해 `print`를 모두 입력할 필요 없이 철자의 일부인 `pr`만 입력하고 탭을 누르면 `print`가 가장 먼저 보일 것이다.

8 함수 설명 보기: Shift + Tab

Shift+Tab 단축키를 사용하여 함수를 설명하는 문서(docstring)를 출력할 수 있다.

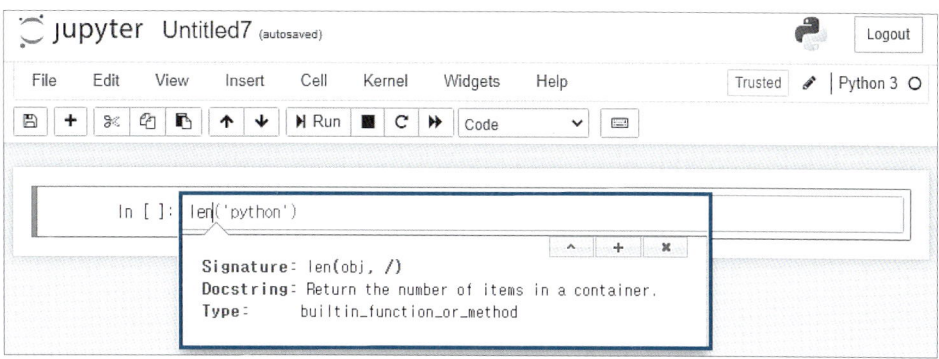

그림 2-30 함수 설명 보기

[그림 2-30]을 보면 `len` 함수를 먼저 입력한 후 커서를 `len` 함수의 뒤(혹은 함수 중간)에 놓고 Shift+Tab을 눌러 함수를 설명하는 문서인 docstring을 출력했다. 이 기능은 마케터가 사용할 경우가 거의 없으며 더 심화한 내용을 학습하고자 할 때 유용하다는 것만 알아두자.

9 모든 셀 실행하기

전체 셀을 한 번에 실행시켜보겠다. 각 셀에 print('python'), print('python1'), print('python2'), print('python3')를 입력해보자. 셀 추가는 키보드의 a나 b를 누르면 편하게 셀을 추가할 수 있다.

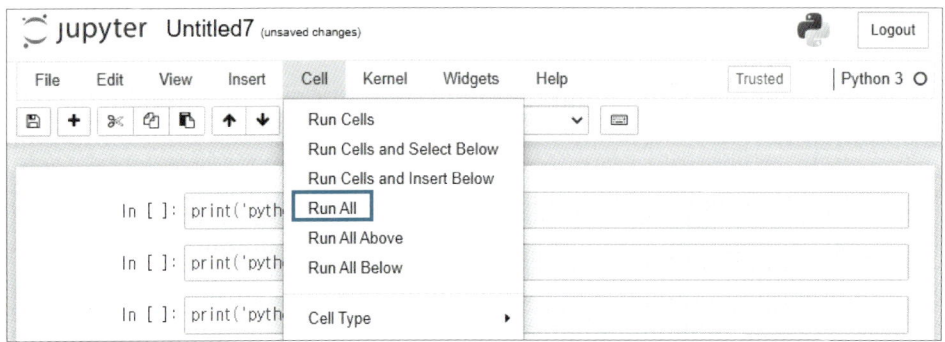

그림 2-31 모든 셀 실행하기 ①

주피터 노트북의 'Cell 〉 Run All'을 선택한다.

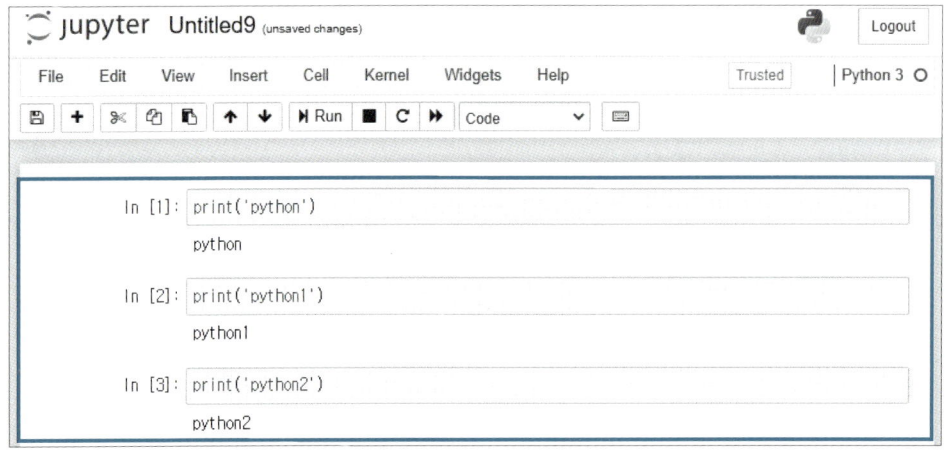

그림 2-32 모든 셀 실행하기 ②

한 번 코딩을 해놓으면 다음에는 같은 작업을 할 필요 없이 'Cell 〉 Run All'을 선택해 마케터의 작업을 자동화할 수 있다.

Chapter 03

파이썬의 기본

3.1 숫자와 문자

파이썬에서 숫자를 입력하는 것은 엑셀에서 숫자를 입력하는 방식과 동일하다. 엑셀의 셀에 간단하게 숫자를 입력하는 것처럼 파이썬의 숫자 입력 방식도 셀에 숫자를 입력하는 방식이다. 문자는 작은따옴표(' ') 혹은 큰따옴표(" ")를 사용하여 입력할 수 있다. 다음의 [코드 3-1]을 보자.

코드 3-1 숫자와 문자 입력하기

```
In    1
Out   1

In    '문자'
Out   '문자'

In    "문자"
Out   '문자'

In    문자
Out   ---------------------------------------------------------------------
      NameError                                 Traceback (most recent call last)
      <ipython-input-4-ec1cd3dbd441> in <module>
      ----> 1 문자

      NameError: name '문자' is not defined
```

파이썬은 작은따옴표 대신 큰따옴표를 이용해도 동일하게 문자로 인식한다. 그러나 숫자가 아닌 문자를 작은따옴표나 큰따옴표로 묶지 않으면 위 코드의 마지막 실행 결과처럼 문자는 정의되지 않았다는 메시지와 함께 오류를 출력한다.

파이썬은 사칙연산도 가능하다. 각 셀에 더하기, 빼기, 곱하기, 나누기, 몫, 나머지를 입력하고 실행시켜보자.

코드 3-2 사칙연산 실행하기

```
In    2 + 3
Out   5

In    2 - 3
Out   -1

In    2 * 3
Out   6

In    2 / 3
Out   0.6666666666666666

In    8 // 3
Out   2

In    8 % 3
Out   2
```

차례대로 더하기, 빼기, 곱하기, 나누기, 나눗셈의 몫, 나눗셈의 나머지를 구한 결과를 [코드 3-2]와 같이 확인할 수 있다.

숫자와 문자를 입력하며 다음과 같은 질문을 할 수 있다.

> 파이썬의 1과 '1'은 같은 것일까? 다른 것일까?

1을 입력하면 숫자를 입력한 것이지만 작은따옴표 사이에 입력한 '1'은 문자로 입력한 것이다. 그렇다면 파이썬에서 숫자 1과 문자 '1'을 더하면 어떻게 될까?

코드 3-3 숫자 1과 문자 '1'을 더한 결과

```
In    1 + '1'
Out   ---------------------------------------------------------------------------
      TypeError                                 Traceback (most recent call last)
      <ipython-input-6-d3bd1e37a107> in <module>
      ----> 1 1 + '1'

      TypeError: unsupported operand type(s) for + : 'int' and 'str'
```

오류가 발생한다. 즉 같은 1이라 하더라도 파이썬은 숫자 1과 문자 '1'을 서로 다르게 취급한다. 여기에서 파이썬은 데이터의 형태, 즉 '자료형datatype'을 기준으로 데이터를 처리한다는 것을 알 수 있다. 파이썬을 사용할 때는 앞으로 설명할 여러 자료형의 정의와 쓰임에 대해 정확하게 이해하는 것이 중요하다. 특히 파이썬 초보라면 파이썬의 다른 내용보다 자료형에 대해 정확하게 이해해야 한다.

3.2 자료형이란?

컴퓨터는 데이터를 계산하고, 저장하고, 전송하는 능력이 탁월하다. 그 비결은 데이터를 자료형으로 구분한 후 처리하는 데 있다. 자료형은 숫자와 문자뿐만 아니라 [표 3-1]과 같이 다양하며 코딩을 위해서 반드시 알아둬야 한다. 앞서 예를 든 1+'1'처럼 두 데이터의 자료형이 일치하지 않으면 오류가 발생할 수도 있다. 차라리 아예 실행되지 않는 오류가 낫다. 자료형이 일치하지 않았음에도 계산되면 그 결과는 어떻게 나올지 알 수 없다.

파이썬의 자료 유형을 [표 3-1]로 정리했다.

표 3-1 파이썬의 자료 유형

기본 자료형 (primitive data types)	• 숫자(int, float) • 문자열(str) • 불리언(boolean) • one
자료 구조 (collections)	• 리스트(sequence) • 튜플(sequence) • 딕셔너리(mapping) • 세트(set)

파이썬의 기본 자료형인 숫자 자료형은 `int`와 `float` 자료형으로 구분할 수 있다. `int`는 정수(-2, -1, 0, 1, 2)를 말하며 `float`은 소수점이 붙은 실수(-2.2, -1.1, 1.1, 2.2)를 말한다. 문자열은 파이썬에서 `str`로 인식하는 자료형이며 하나의 문자 또는 여러 문자를 취급한다. 작은따옴표 혹은 큰따옴표를 사용하여 입력할 수 있다.

불리언은 두 개의 값(`True`, `False`)으로 구성됐으며 참과 거짓을 나타낼 때 쓰인다. 프로그래밍에서는 조건이나 비교 등을 통해 논리적으로 프로그래밍하는 데 불리언이 활용된다. 예를 들어 영화 〈웨스트월드Westworld〉를 보면 인간과 로봇이 서부의 총잡이로 결투하는 장면이 나온다. 둘 중 하나는 죽어야 하고, 프로그램이 정상적으로 돌아갈 때는 로봇이 인간을 죽이지 못한다. 이를 위해서는 로봇이 인간과 로봇의 가치를 비교해 가치가 큰 것을 살린다고 프로그래밍돼 있어야 한다.

① A의 가치가 B의 가치보다 크다.
② 맞으면(True) A를 살린다.
③ 틀리면(False) B를 살린다.

여기서 참과 거짓을 판별할 수 있는 문장 ①을 명제라고 한다. 'A의 가치가 B의 가치보다 크다'는 명제는 참이거나 거짓 둘 중 하나만 가능하다. 프로그래머가 인간의 가치(A)를 100으로 설정하고 로봇의 가치(B)를 50으로 설정하면 인간의 가치가 로봇보다 크다는 명제는 참(True)이 된다. 그러므로 로봇은 스스로를 희생하는 것이다. 반면 코딩을 하다가 오타가 나서 로봇의 가치를 500으로 설정했다면 명제 ①은 거짓(False)이 되고 로봇은 인간에게 총을 쏠 수 있게 된다.

이는 마케팅에도 똑같이 적용된다. 만약 같은 광고비를 써서 3천 명을 모객한 A라는 마케팅 콘텐츠와 1만 명을 모객한 B라는 마케팅 콘텐츠에 대하여 '차후 집행될 마케팅 캠페인에 어떤 콘텐츠를 사용할 것인가?'라는 의사결정이 있을 수 있다. 이때 우리(인간)는 당연히 B를 선택(True)할 것이며 A 콘텐츠는 고려하지 않을(False) 것이다. 그리고 이러한 의사결정 과정을 컴퓨터가 독자적으로 판단할 수 있도록 프로그래밍하고 싶다면 불리언 자료형을 사용하면 된다.

None이란 파이썬이 인식하는 자료형 중 하나이지만 그 값이 존재하지 않아 결측값$^{missing\ value}$이라고 부른다. None은 0이나 무한대, 공백과는 다른 개념이다. 숫자도 문자도 아니므로 처음 None 자료형을 대한다면 어떻게 데이터를 읽어야 할지 어려울 수 있다.

[표 3-2]의 마케팅 캠페인 결과 데이터 예시를 통해 살펴보자.

표 3-2 마케팅 캠페인 결과 데이터 예시

지표	결과
CPC	5,200원
CTR	0.6%
CPA	15,000원
CPM	None

마케팅 캠페인 결과에 대한 데이터에서 다른 지표의 수치는 존재하지만 CPM 지표의 데이터만 None인 보고서가 존재할 수 있다. 이제까지 숫자와 문자로만 이루어진 데이터만 접했다면 당황스러울 것이다. 어렵게 생각하지 않아도 된다. 이 보고서에는 여러 마케팅 지표와 그에 해당

하는 수치가 있지만 '수치가 존재하지 않는(None) CPM 지표도 있구나' 정도로 이해하고 수치가 존재하는 다른 지표들을 중심으로 데이터를 살펴보면 된다.

None의 쓰임에 대하여 또 다른 예를 살펴보자. 최근 3개월 동안 진행한 마케팅 캠페인의 광고비와 앞으로 3개월 동안 진행할 마케팅 캠페인의 광고비에 대해 [표 3-3]처럼 정리할 수 있다.

표 3-3 마케팅 캠페인 광고비 예시

순서	첫 번째 달	두 번째 달	세 번째 달	네 번째 달	다섯 번째 달	여섯 번째 달
광고비(원)	1,000,000	1,000,000	2,000,000	집행예정	집행예정	집행예정

이때 아직 집행되지 않은 마케팅 캠페인의 광고비는 '집행예정'으로 입력하여 광고비가 아직 쓰이지 않았음을 나타낼 수 있다.

코드 3-4 마케팅 캠페인 데이터

```
firstmonth = 1000000
secondmonth = 1000000
thirdmonth = 1000000
fourthmonth = '집행예정'
fifthmonth = '집행예정'
sixthmonth = '집행예정'
```

이를 좀 더 '파이썬스럽게' 입력한다면 집행되지 않은 광고비란 아직 값이 존재하지 않는 수치이므로 **'집행예정'**이라는 문자 자료형 문자열 대신 None을 입력해 코딩을 할 수 있다.

코드 3-5 None을 사용한 마케팅 캠페인 데이터

```
firstmonth = 1000000
secondmonth = 1000000
thirdmonth = 1000000
fourthmonth = None
fifthmonth = None
sixthmonth = None
```

이제 다음 코드처럼 불리언과 None을 직접 셀에 입력하고 실행해보자. 대소문자를 구분하여 입력해야 파이썬에서 인식한다.

코드 3-6 불리언과 None 입력하기

In	True
Out	True
In	False
Out	False
In	None
Out	

`True`를 입력하면 그 결과로 `True`를, `False`를 입력하면 그 결과로 `False`를 출력하며 `None`은 아무것도 출력하지 않는다.

수학 시간에 집합과 명제에서 참은 1이고 거짓은 0으로 정의되는 것이라고 배웠다. 프로그래밍 언어에서도 True값은 1로 정의되고 False 값은 0으로 정의된다. ==을 이용해 불리언 값을 비교해보자.

==은 비교연산자comparison operators의 하나로 두 개의 값을 비교한 후 같으면 `True`, 다르면 `False`를 출력한다.

코드 3-7 비교연산자 ==을 이용한 불리언 판별하기

In	1 == True
Out	True
In	0 == False
Out	True
In	0 == True
Out	False
In	1 == False
Out	False

3.3 파이썬 기본 함수

파이썬 기본 함수에 대해 알아보기 앞서 함수에 대해 알아보자. 함수란 특정 기능을 수행하기 위해서 만드는 코드를 의미한다. 예를 들어 식탁 위의 밥을 먹을 때 여러 가지 동작이 연속적으로 얽혀 있다. 먼저 밥을 본다. 손으로 숟가락을 든다. 숟가락으로 밥을 뜬다. 숟가락을 입에 넣는다. 입을 닫는다. 숟가락을 뺀다. 이로 씹는다. 밥을 위로 넘긴다. 이런 행위가 모여 밥을 먹는 것이 된다. 이를 함수로 표현하면 다음과 같다.

본다(밥)
↓
든다(숟가락)
↓
뜬다(밥)
↓
넣는다(입, 숟가락)
↓
닫는다(입) # 입을_닫는다( )
↓
뺀다(숟가락)
↓
이로_씹는다(밥, 30번)
↓
위로_넘긴다(밥)

문법의 동사가 함수의 역할을 한다고 이해하면 된다. 물론 '밥만_본다'는 함수를 만들 수도 있지만 범용성이 떨어진다.

식사 시간에 밥만 먹지는 않을 것이다. '본다'는 함수를 만들어 여러 가지를 보게 하는 것이 효과적이다. 이런 '본다' 함수를 만들었을 때 밥을 볼 것인지, 김치를 볼 것인지, 찌개를 볼 것인지는 상황에 따라서 변한다. 밥, 김치, 찌개처럼 변하는 값을 '본다' 함수의 매개변수라고 한다. '본다(물체)'에서 물체가 매개변수고 밥, 김치, 찌개 등 실제 사물은 전달인자다. 실무에서는 이를 혼용해서 매개변수라 칭하니 맥락에 따라서 이해하는 것이 좋다.

매개변수는 필요에 따라 여러 개이거나 없을 수도 있다. 예를 들어 '넣는다' 함수는 코로 넣을 수도 있으니 위치를 명확하게 '입'이라고 지정해줘야 한다. '닫는다'의 경우 사람의 신체에서 닫을 수 있는 것은 입뿐이니 매개변수가 필요 없을 수도 있다. 밥을 뜬 숟가락이 입에 들어가면 다음 수순은 자동으로 입을 닫는 것이다.

상황마다 함수는 달라져야 한다. 젓가락을 드는 법과 숟가락을 드는 법이 다르고 반찬마다 씹는 횟수와 먹는 방법이 다를 것이다. 밥을 흘리지 않고 잘 소화시키려면 함수들을 잘 구현해야 한다.

위 과정을 모두 묶어서 '밥을_먹는다( )' 함수로 지칭할 수도 있다. 다만 이렇게 만든 함수는 숟가락이 없다면 밥을 먹을 수 없다. 젓가락 사용자를 위한 '밥_먹는다' 함수를 별도로 만들어야 한다. '젓가락으로_밥먹기' 함수를 만든다면 몇 가지 과정은 중복된다. 즉 그만큼 코드가 늘어나 비효율적이다.

함수는 파이썬이 자체적으로 제공하는 것도 있고 원하는 기능을 직접 본인이 코딩할 수도 있다. 오늘날 대부분 프로그래머는 직접 코딩을 하기보다는 시간 절약을 위해 다른 사람이 작성한 함수를 사용한다. 우리는 마케터이다. 함수를 만들지 않고 기존 함수를 통해 효율적으로 업무에 적용하기 위한 방법에 대해 알아보겠다.

3.3.1 파이썬의 기본 함수

빌트인built-in 가구는 건설사에서 건물을 분양할 때 건물과 함께 판매하는 가구를 말한다. 파이썬도 기본적으로 제공하는 함수를 'built-in function'이라고 하고 기본 함수 혹은 내장 함수라고 부른다. 평소 우리가 엑셀에서 함수를 다루듯 파이썬에서는 함수명(매개변수)의 형태로 입력하면 된다.

매개변수parameter란 함수에 정의되어 있는 변수를 뜻한다. 이와 함께 전달인자argument라는 개념이 있고 실제로 입력되는 값을 말한다. 함수의 매개변수가 요구하는 형태로 전달인자를 입력해 함수를 실행할 수 있다. 함수 입력 시 주의할 점은 파이썬을 포함한 대부분 프로그래밍에서는 대소문자를 구분하므로 대소문자를 꼭 구분해서 입력해야 한다는 점이다.

[표 3-4]에 숫자 자료형, 문자열과 관련된 기본 함수를 정리했다.

표 3-4 숫자 자료형, 문자열과 관련된 기본 함수

함수	설명
abs	숫자 자료형의 절댓값을 반환하는 함수
int	입력된 숫자를 int 자료형으로 반환하는 함수
len	입력된 문자열의 길이를 반환하는 함수
round	숫자 자료형을 반올림 형태로 반환하는 함수 Round(숫자, 반올림할 자릿수)
str	입력된 자료를 문자열 자료형으로 변환하는 함수

[표 3-4]의 기본 함수를 실제로 파이썬에 [코드 3-8]처럼 한 줄씩 입력하고 실행해보자. 다음과 같은 결과가 나온다.

코드 3-8 숫자 자료형, 문자열과 관련된 기본 함수

```
In    abs(-1)
Out   1

In    int(0.2)
Out   0

In    len("마케팅")
Out   3

In    round(4.615, 2)
Out   4.62

In    str(5)
Out   '5'
```

3.3.2 출력 함수 print와 입력 함수 input

기본적으로 주피터 노트북은 출력 함수 `print`를 입력하지 않아도 셀에 입력된 하나의 자료, 변수, 명령에 대하여 출력한다.

그림 3-1 자료가 하나인 경우(❶), 두 개인 경우(❷), print 함수를 사용하는 경우(❸)

결괏값을 다수 출력해야 할 때 [그림 3-1]의 ❸처럼 print(1), print(2)를 적으면서 print 함수를 사용하면 된다.

이번에는 입력 함수 input에 대해 설명해보겠다. 워드 문서를 작성할 때 키보드를 치면 그대로 화면에 출력된다. 여기에는 최소한 두 가지 과정이 필요하다. 먼저 어떤 문자가 눌렸는지 확인하는 과정(입력), 그리고 눌러진 키보드를 모니터에 보여주는 과정(출력)이다. 여기서 입력 과정을 담당하는 함수가 input이다.

input 함수를 사용한 다음의 코드를 보자.

코드 3-9 input 함수 사용하기

```
a = input("이 캠페인의 ROAS 목표는? \n")
```

입력 값으로 받으려면 구체적으로 알려줘야 한다. 모호하게 안내하면 사람은 어떻게 입력해야 할지 몰라 중구난방으로 입력한다. 셀에 [코드 3-9]와 같이 입력한 후 Shift+Enter를 눌러보자. 참고로 \n은 줄바꿈을 나타낸다.

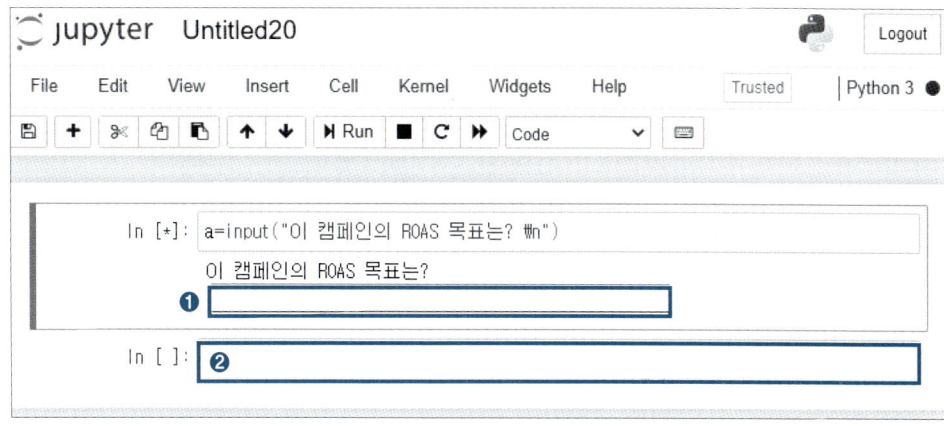

그림 3-2 input 함수 사용하기 ①

입력란에 '500%'를 입력하고(❶) 다음 셀에 'a'를 입력한다(❷). 입력이 완료되면 Shift+Enter를 눌러보자.

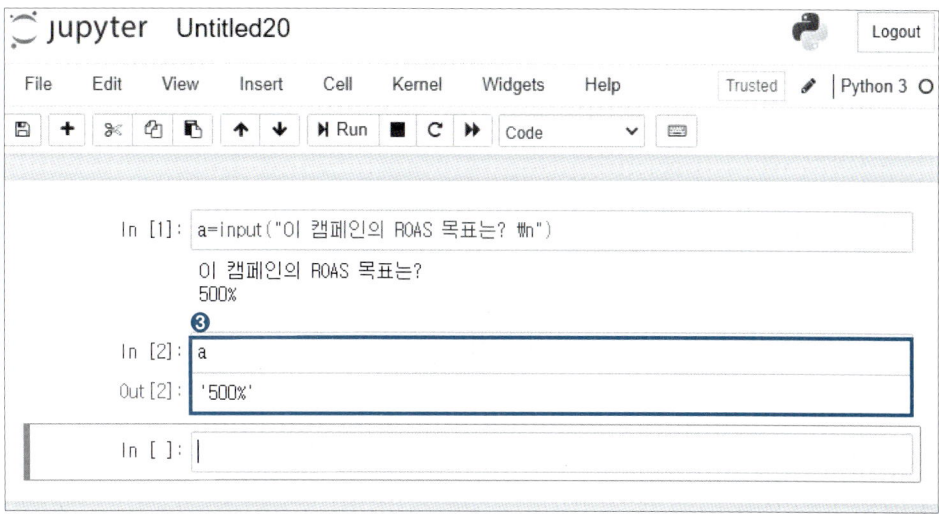

그림 3-3 input 함수 사용하기 ②

[그림 3-3]을 보면 알 수 있듯이 a를 변수라고 하고 출력 값을 문자열로 처리한 것을 확인할 수 있다(❸).

3.3.3 변수

지금까지 셀에 데이터를 직접 입력해서 파이썬 코딩을 진행했다. 하지만 보통 프로그래밍은 데이터를 변수^{variable}에 담아 진행한다. 이 방식은 대부분 프로그래밍 언어에서 공통적으로 이루어지므로 반드시 알아두어야 한다. 변수란 '변할 수 있는 데이터를 저장하는 공간'이라고 할 수 있다. 지금부터 파이썬에서는 변수를 어떻게 만드는지, 왜 변수를 사용하는지 하나씩 알아보도록 하자.

1 변수 만들기

마케터 업무 중 큰 비중을 차지하는 것이 광고 성과 보고서를 작성하는 것이다. 그리고 다음의 양식대로 매일 클라이언트에게 전일의 DA$^{display\ ads}$ 광고 성과를 보고하는 상황을 가정하자.

표 3-5 광고 성과 보고서 작성 예시

Display Ads 광고 성과 보고서	
	일자: 7월 1일
지표	수치
광고비	100,000
impression	1,000,000
click	1,000
전환수	100

Display Ads 광고 성과 보고서	
	일자: 7월 2일
지표	수치
광고비	200,000
impression	2,000,000
click	2,000
전환수	200

매일 광고를 하고, 광고 수치도 매일 달라진다. 즉 광고 캠페인이 진행되는 동안 '광고비', 'impression', 'click', '전환수' 항목은 동일하게 존재하지만 각 항목에 대한 숫자 데이터가 매일 변한다. 이때 '변수명 = 자료형' 형태로 입력하여 변수에 숫자 데이터를 저장할 수 있다.

코드 3-10 7월 1일 데이터

```
광고비 = 100000
impression = 1000000
click = 1000
전환수 = 100
```

매일 변하는 수치는 새롭게 바뀐 숫자 자료형을 기존에 만든 변수에 저장할 수 있다.

2 변수의 필요성

마케팅 지표는 다음과 같이 계산할 수 있다.

- CTR = click/impression*100
- CPM = impression/광고비*1000
- CPC = 광고비/click

변수가 왜 필요한 것인지 7월 2일의 광고 성과를 통해 알아보겠다.

코드 3-11 7월 2일 데이터

```
광고비 = 200000
impression = 2000000
click = 2000
전환수 = 200

CTR = click/impression*100
CPM = impression/광고비*1000
CPC = 광고비/click
```

주피터 노트북에 [코드 3-11]처럼 7월 2일의 광고 성과와 마케팅 지표의 수식도 변수를 사용하여 입력해보자. 수식은 그대로 입력하면 된다.

코드 3-12 7월 2일 마케팅 지표

```
In    print("CTR:",CTR)
      print("CPM:",CPM)
      print("CPC:",CPC)

Out   CTR: 0.1
      CPM: 10000.0
      CPC: 100.0
```

이제 [코드 3-12]처럼 `print` 함수를 사용한다. Out 셀에는 7월 2일의 CTR, CPM, CPC이 출력된다.

이때 7월 2일의 impression 수치를 기존 2,000,000에서 2,000,000이 더해진 4,000,000일 경우 CTR, CPM, CPC를 계산한다고 가정해보자. 변수를 사용하지 않는다면 CTR과 CPM 수식의 impression 대신 다음과 같이 일일이 4,000,000을 입력해야 한다.

코드 3-13 impresssion을 직접 입력

```
CTR = click/4000000*100
CPM = 4000000/광고비*1000
CPC = 광고비/click
```

변수를 사용한다면 impression 대신 일일이 4,000,000을 입력하지 않아도 된다. impression 변수에 저장된 수치만 4000000으로 바꿔준 뒤 원하는 마케팅 지표가 있는 셀을 실행하면 간단하게 계산할 수 있다.

코드 3-14 impression이 변한 7월 2일 마케팅 지표 결과

In
```
impression = 4000000
CTR = click / impression * 100
CPM = impression / 광고비 * 1000
CPC = 광고비 / click

print("CTR:",CTR)
print("CPM:",CPM)
print("CPC:",CPC)
```

Out
```
CTR: 0.05
CPM: 20000.0
CPC: 100.0
```

`print` 함수를 재실행하면 [코드 3-14]처럼 Out 셀에 impression 값의 변화에 따른 결과가 출력된다.

변수의 필요성에 대한 하나의 예를 더 살펴보자. 카페를 운영한다고 가정해보자. 카페 메뉴의 주 원료 가격은 [표 3-6]과 같다.

표 3-6 카페 메뉴 원료 가격 예시

재료	가격(원)
에스프레소	1,800
물	200
우유	500
초콜릿시럽	300
아이스크림	2,000

카페 메뉴 제조법은 [표 3-7]과 같다.

표 3-7 카페 메뉴 제조법 예시

커피	제조법
아메리카노	에스프레소 + 물
카페라떼	에스프레소 + 물 + 우유
카페모카	에스프레소 + 물 + 우유 + 초콜릿시럽
아포가또	에스프레소 + 아이스크림

이를 파이썬에 입력해 커피 가격을 계산할 수 있다.

코드 3-15 카페 메뉴 원료 가격과 메뉴 제조법

```
에스프레소 = 1800
물 = 200
우유 = 500
초콜릿시럽 = 300
아이스크림 = 2000

아메리카노 = 에스프레소 + 물
카페라떼 = 에스프레소 + 물 + 우유
카페모카 = 에스프레소 + 물 + 초콜릿시럽
아포가또 = 에스프레소 + 아이스크림
```

[코드 3-15]처럼 커피 가격을 입력한 뒤 다음 코드를 입력하여 실행해보자.

코드 3-16 print 함수를 이용해 계산한 커피 가격

```
In    print('아메리카노:',아메리카노)
      print('카페라떼:',카페라떼)
      print('카페모카:',카페모카)
      print('아포가또:',아포가또)

Out   아메리카노: 2000
      카페라떼: 2500
      카페모카: 2800
      아포가또: 3800
```

만약 에스프레소 원가가 1,800원에서 2,000원으로 인상되었다고 가정해보자. [코드 3-15]처럼 변수를 사용하지 않는다면 기존에 1800으로 입력된 에스프레소의 가격을 2000으로 일일이 입력해야 한다.

코드 3-17 일일이 입력한 커피 가격 수치

```
아메리카노 = 2000 + 200
카페라떼 = 2000 + 200 + 500
카페모카 = 2000 + 200 + 500 + 300
아포가또 = 2000 + 2000
```

하지만 재료 가격과 제조법을 변수로 설정한다면 가격을 쉽게 바꿀 수 있다.

코드 3-18 변수로 설정한 커피 가격

```
에스프레소 = 2000
물 = 200
우유 = 500
초콜릿시럽 = 300
아이스크림 = 2000

아메리카노 = 에스프레소 + 물
카페라떼 = 에스프레소 + 물 + 우유
카페모카 = 에스프레소 + 물 + 초콜릿시럽
아포가또 = 에스프레소 + 아이스크림
```

에스프레소 변수의 가격만 [코드 3-18]처럼 1800에서 2000으로 설정한다면 인상된 후의 커피 가격은 자동으로 계산된다.

코드 3-19 에스프레소의 수치만 바꾼 후 커피 가격

In
```
print('아메리카노:',아메리카노)
print('카페라떼:',카페라떼)
print('카페모카:',카페모카)
print('아포가또:',아포가또)
```

Out
```
아메리카노: 2200
카페라떼: 2700
카페모카: 2500
아포가또: 4000
```

재료 가격과 제조법을 변수를 사용하여 한 번만 파이썬에 입력해놓으면 나중에 에스프레소나 물 등의 가격이 변동되어도 여러 종류의 커피 가격을 효율적으로 관리할 수 있다.

3 변수명을 생성할 때 주의할 점

변수명을 생성할 때는 네 가지 주의할 점이 있다.

표 3-8 영어, 숫자, 언더바와 관련된 변수명 예시

사용할 수 있는 예	오류가 발생하는 예
• 영어 Marketer = "Marketer" • 숫자 Marketer1 = "Marketer" • 언더바 Marketer_1 = "Marketer"	• 특수 문자 Marketer@ = "Marketer" • 괄호 Marketer(= "Marketer" • 공백 Marke ter = "Marketer"

첫째, [표 3-8]처럼 변수명에는 영어와 숫자, 언더바(_)를 사용할 수 있고 언더바 외 특수 문자, 공백은 사용할 수 없다. 한글로도 변수를 만들 수 있지만 호환성에서 문제가 생길 수 있어 표준화된 영어 사용을 권장한다.

표 3-9 숫자와 관련된 변수명 예시

사용할 수 있는 예	오류가 발생하는 예
team_1 = "team_1"	1_team = "1_team"

둘째, [표 3-9]처럼 변수는 숫자부터 시작할 수 없다.

표 3-10 대소문자와 관련된 변수명 예시

설명	예제	
Cat ≠ cat CPC ≠ cpc CTR ≠ Ctr	In	CPM = 2000 cpm = 1000 print("CPM:", CPM) print("cpm:", cpm)
	Out	CPM: 2000 cpm: 1000

셋째, [표 3-10]의 코드의 결과를 보면 알 수 있듯 변수는 대소문자를 구별한다.

표 3-11 파이썬의 예약어 목록

·False	·class	·finally	·is	·return	·None	·continue	·for	·lambda
·try	·True	·def	·from	·nonlocal	·while	·and	·del	·global	·not
·with	·as	·elif	·if	·or	·yield	·assert	·else	·import	·pass	·break
·except	·in	·raise						

마지막으로 파이썬의 키워드는 변수명으로 사용할 수 없다. 파이썬 키워드는 파이썬에서 문법적인 용도로 사용되기 위해 기본적으로 지정된 예약어^{reserved words}이다.

4 변수의 자료형

파이썬의 언어적인 특징으로 동적언어^{dynamically typed language}를 들 수 있다. C, C ++ , 자바, 정적언어^{statically typed language}로 변수 선언 시 변수의 타입을 자료형을 별도로 지정해야 한다. 하지만 파이썬, PHP, 자바스크립트 같은 동적언어는 변수 선언 시 값만 입력하면 자료의 타입을 자동으로 판별한다.

변수 타입은 type 함수를 사용해 확인할 수 있다. 다음의 코드를 보자.

코드 3-20 type 함수로 변수 타입 확인하기

```
In    string = 'python'
      type(string)
Out   str
```

입력 결과로 변수 타입이 Out 셀에 **str**로 출력된다.

1 print 함수 익히기

지금부터 print 함수를 사용한 간단한 예제 세 가지를 살펴보겠다.

예제 1 print 함수로 출력하기 ①

```
In    print(1,2,3)
Out   1 2 3
```

쉼표를 사용하여 여러 자료를 한 번에 출력할 수 있도록 [예제 ①]의 In 셀처럼 print(1,2,3)을 입력하면 그 결과로 **1 2 3**이 출력된다.

예제 2 print 함수로 출력하기 ②

```
In    a = '마케터'
      b = '클라이언트'
      print(a,'와',b)
Out   마케터 와 클라이언트
```

쉼표를 사용하면 공백이 추가된다. [예제 ②]의 In 셀처럼 입력하면 **마케터 와 클라이언트**가 출력된다.

예제 3 print 함수로 출력하기 ③

```
In    a = '마케터'
      b = '클라이언트'
      print(a + '와',b)
Out   마케터와 클라이언트
```

문자열과 문자열을 더하면 공백 없이 문자열이 연결되어 출력된다. [예제 ③]의 In 셀처럼 입력해보자. 그 결과로 **마케터와 클라이언트**가 출력된다.

2 매체 광고비 출력하기

매체 광고비를 다양하게 출력해보자. 광고비는 1,200만 원으로 설정한다.

예제 4 **매체 광고비 출력하기**

In
```
cost = 1200
print('매체 광고비 :',str(cost) + '만 원')
```
Out
매체 광고비 : 1200만 원

[예제 ④]의 In 셀처럼 입력해보자. 이때 cost는 정수형이므로 문자열로 바꿔줘야 한다. cost가 1200이지만 실제로는 1,200만 원이다. 이를 1,200만 원으로 출력하기 위해서는 먼저 정수형 데이터인 cost를 문자열로 바꿔준다. 그렇게 하지 않으면 더하기 기능으로 문자열을 연결시킬 수 없다. Out 셀에는 매체 광고비 : 1200만 원이 출력된다.

그런데 1200을 보기 편하게 세 자리 수로 끊으려면 어떻게 해야 하면 될까? 이때 format 함수가 유용하다.

예제 5 **fomat 함수를 이용해 세 자리마다 콤마 삽입해서 출력하기**

In
```
cost = 1200
cost1 = format(cost,',')
print('매체 광고비 :',cost1 + '만 원')
```
Out
매체 광고비 : 1,200만 원

[예제 ⑤]처럼 format 함수로 cost에 세 자리마다 ,를 삽입하면 세 자리로 끊어서 표기한다. 만약 0이 많이 붙은 12000000일 경우는 어떨까? 방법은 간단하다. 10000으로 나누면 된다.

예제 6 **세자리마다 콤마 삽입해서 출력하기**

In
```
cost = 12000000
cost1 = int(cost/10000)
print('매체 광고비 :',format(cost1,',') + '만 원')
```
Out
매체 광고비 : 1,200만 원

12000000을 10000으로 나눈 후 정수형(int)으로 바꿔준다. 정수형으로 바꿔주는 이유는 나누기로 계산을 하는 순간 실수인 1200.0으로 처리되기 때문이다. 절차대로 하면 cost2 변수를 만들어서 포맷 함수에 인수로 전달할 수도 있지만 코드를 짧게 하기 위해 print 함수 안에 format 함수를 넣었다.

③ 마케팅 지표를 계산하는 프로그램 만들기

마케팅 지표인 ctr, cpc, cpm, cpa를 계산하는 간단한 프로그램을 만들어보자. input, int, print 함수를 사용하는 방법과 마케팅 지표 계산식을 입력하는 방법이 있다.

1단계 input 함수로 값 입력받기

```
cost = input('광고비는? : \n')
imp = input('노출수는? : \n')
clk = input('클릭수는? : \n')
conv = input('전환수는? : \n')
```

input 함수를 사용하여 광고비, 노출 수, 클릭 수, 전환 수를 입력받아 변수에 저장한다.

2단계 int 함수로 정수형 변환하기

```
cost = int(cost)
imp = int(imp)
clk = int(clk)
conv = int(conv)
```

input 함수는 입력 값을 문자열로 취급해 숫자를 입력했어도 cost, imp, clk, conv 변수는 문자열 타입이다. 따라서 int 함수를 사용하여 각각 int 타입으로 변경해준다.

3단계 마케팅 지표 계산하기

```
ctr = clk / imp * 100
cpc = cost / clk
cpm = cost / imp * 1000
cpa = cost / conv
```

ctr, cpc, cpm, cpa의 값을 각각 계산한다.

4단계 print 함수 사용하기

```
print('ctr : ', ctr)
print('cpc : ', cpc)
print('cpm : ', cpm)
print('cpa : ', cpa)
```

print 함수를 사용하여 마케팅 지표를 출력한다.

3.4 메서드 (함수)

메서드^{method}란 자료형 혹은 자료 구조와 함께 사용되는 함수를 뜻한다. 이러한 함수는 **자료형.method_name(매개변수)**의 형태로 입력할 수 있다. 하지만 보통 프로그래밍에서 자료형을 변수에 담아 프로그래밍하므로 메서드를 사용할 때는 주로 **변수명.method_name(매개변수)**의 형태로 쓴다.

먼저 다음과 같이 `Marketing` 변수에 값을 할당하고 Shift+Enter로 실행해보자.

코드 3-21 Marketing 변수에 값 할당하기

```
Marketing = 'Market+ing'
```

지금부터 [표 3-12]를 참고해 문자열 변수를 생성해서 문자 자료형의 함수(메서드)를 사용해보자.

표 3-12 메서드 (함수) 종류

함수	설명	예시	
capitalize	문자열 중 첫 번째 문자만 대문자로 만든다.	In	`Marketing.capitalize()`
		Out	`'Market+ing'`
upper	모든 문자열을 대문자로 만든다.	In	`Marketing.upper()`
		Out	`'MARKET+ING'`
lower	모든 문자열을 소문자로 만든다.	In	`Marketing.lower()`
		Out	`'market+ing'`
replace	문자열 중 일부를 치환한다.	In	`Marketing.replace("Market","Brand")`
		Out	`'Brand+ing'`
split	특정 값을 기준으로 전체 문자열을 나누고, 리스트 자료형으로 반환한다.	In	`Marketing.split("+")`
		Out	`['Market', 'ing']`

count	입력된 문자열의 개수를 반환한다.	In Out	Marketing.count("a") 1
find	입력된 문자가 처음으로 나타난 위치를 반환한다.	In Out	Marketing.find("r") 2
join	입력된 문자를 문자열 사이에 삽입한다.	In Out	".".join(Marketing) 'M.a.r.k.e.t.+.i.n.g'
startswith	문자열이 전달된 문자로 시작하는지 체크하여 불리언으로 반환한다.	In Out	Marketing.startswith("Mar") True
endswith	문자열이 전달된 문자로 끝나는지 체크하여 불리언으로 반환한다.	In Out	Marketing.endswith("ing") True
format	문자열 내 {}가 입력된 위치에 값을 삽입한다.	In Out	'CTR은 {}%,CPA는 {}원입니다'.format(2,2000) 'CTR은 2%,CPA는 2000원입니다'

'반환'이라는 표현에 대해 잠깐 설명하겠다. 함수에서 반환은 어떤 특정 기능을 수행하고 결괏값을 돌려주는 것이다. 이를 리턴^{return}이라고 한다. 숫자를 입력받아 홀수와 짝수를 판별하는 함수가 있다고 가정하자. 참고로 이 책에서는 함수를 만들지 않으므로 개념적으로만 설명한다. 2를 넣으면 짝수이므로 '짝수'라는 값을 출력한다. 짝수라는 결괏값을 받은 것이다. 다음의 코드를 보자.

코드 3-22 홀수와 짝수 판별 함수 ()

```
In    a = int(input("정수를 입력하세요:\n"))    # 값을 입력받아 정수로 변환한다.
      if a%2 == 0 :    # a를 2로 나눠서 나머지가 0이면 짝수 아니면 홀수
          print('짝수')
      else : print('홀수')
Out   정수를 입력하세요:
      2
      짝수
```

정수를 입력하는 칸이 나타난다. 2를 입력하니 **짝수**라는 결괏값이 출력됐다.

이번에는 숫자를 입력받아 홀수면 리스트 odd, 짝수면 리스트 even에 추가하는 함수를 만들었다고 하자. 사실 이 함수가 리턴을 활용하는 전형적인 이유다.

코드 3-23 홀수와 짝수 리스트 추가 함수 ()

In
```
a = int(input("정수를 입력하세요:\n"))
odd = []
even = []
if a%2 == 0 :
    even.append(a)
else : odd.append(a)
```

Out
```
정수를 입력하세요:
1
```

[코드 3-23]의 결과를 보면 알 수 있듯이 값을 입력해도 리스트 odd와 리스트 even에만 추가될 뿐이다.

코드 3-24 리스트에 추가된 숫자 출력하기

In
```
print('even:',even)
print('odd:',odd)
```

Out
```
even: []
odd: [1]
```

리스트에 어떤 숫자가 추가됐는지는 [코드 3-24]처럼 리스트를 출력해봐야 알 수 있다.

홀수와 짝수 판수별 함수의 기능은 판별이 목적이기 때문에 결괏값이 필요하다. 반면 홀수와 짝수 리스트 추가 함수는 추가 기능만으로 임무를 완수하므로 리스트를 출력할 필요가 없다. 만약 홀수와 짝수 리스트까지 확인하고 싶다면 print 함수를 추가해서 코딩해야 한다.

[표 3-12]의 함수는 문자열 함수이므로 출력 기능까지 수행했다. 하지만 앞으로 나올 리스트 함수들은 많은 데이터를 다루기 때문에 대부분 출력 기능이 없다. 확인을 위해서는 직접 리스트 출력을 실행해야 한다.

3.4.1 리스트와 딕셔너리 자료구조

지금까지는 데이터를 하나씩 사용하여 프로그래밍했다. 즉 변수에 값을 하나씩 할당했다. 하지만 지금부터 소개할 자료 구조collections는 하나의 자료 구조에 여러 데이터를 담아 많은 수의 데이터를 효율적으로 관리할 수 있도록 도움을 준다. 또한 자료 구조마다 함수를 제공하여 많은 수의 데이터를 한 번에 처리할 수 있다.

표 3-13 네 가지 기본 자료 구조

종류	선언 방법	형식	인덱싱 / 슬라이싱	특징
리스트	[ ]	sequence	가능	-
딕셔너리	{ : }	mapping	불가	key와 value로 이루어져 있다.
튜플	( )	squence	가능	객체의 수정 및 삭제가 불가능하다.
세트	{ }	set	불가	• 수학의 집합을 구현한 자료 구조 • 중복을 허용하지 않는다. • 순서가 없다.

파이썬은 네 가지 기본 자료 구조를 제공한다. 인덱싱이란 여러 데이터에서 인덱스 번호를 통해 하나의 데이터를 반환하는 것이며, 슬라이싱이란 인덱스의 범위를 지정해서 여러 데이터를 반환하는 것이다. 마케터의 프로그래밍이란 네 가지 모두 사용할 필요 없이 리스트(list)와 딕셔너리(dictionary)만으로도 충분하다. 따라서 리스트와 딕셔너리에 대해 자세히 알아보고 튜플과 세트는 다루지 않는다.

1 리스트

SNS 계정을 운영하는 마케터라면 이벤트 상품을 제공하는 팔로우 이벤트를 진행할 수 있다.

표 3-14 팔로우 이벤트 예시

이번 한 달 동안!
우리 브랜드의 인스타그램을 팔로우하면 추첨을 통하여 다음의 상품을 드려요!

첫째 주 : 청바지
둘째 주 : 플리스
셋째 주 : 스니커즈
넷째 주 : 재킷

이때 전체 이벤트 상품을 하나의 목록으로 구성해보자.

표 3-15 이벤트 상품을 하나의 목록으로 구성한 예시

기간	1주 차	2주 차	3주 차	4주 차
상품	청바지	플리스	스니커즈	재킷

필요할 때 이벤트 상품을 모두 확인하거나 일부 상품을 따로 살펴볼 수 있는 등 데이터를 편리하게 관리할 수 있다. 또 광고 성과 데이터와 함께 결합하여 전체적인 마케팅 성과를 살펴보기에도 좋다.

이 형태는 파이썬의 리스트 자료 구조를 사용하여 작성할 수 있다. 리스트란 자료형을 순서대로 나열하여 저장하는 자료 구조를 뜻한다. [데이터1, 데이터2, 데이터3…] 같이 대괄호를 사용하여 만들 수 있다. 여러 데이터를 입력할 때는 쉼표로 구분하여 입력하면 된다.

코드 3-25 리스트 자료 구조를 사용하여 작성한 이벤트 상품 목록

```
In    event_goods = ['jean', 'fleece', 'sneakers', 'jacket']
      event_goods
Out   ['jean', 'fleece', 'sneakers', 'jacket']
```

즉 예시로 든 SNS 팔로우 이벤트 상품의 목록은 [코드 3-25]의 In 셀처럼 작성할 수 있다. 또한 리스트도 숫자 자료형과 문자열처럼 변수에 할당할 수 있다. 코드를 작성한 셀 결과로 Out 셀에는 ['jean', 'fleece', 'sneakers', 'jacket']이 출력된다.

앞서 설명했듯이 리스트는 자료형을 '순서'대로 나열하여 저장하는 자료 구조다. 이 순서를 인덱스index라고 한다.

표 3-16 이벤트 상품(event_goods) 인덱스와 데이터 값

index	0	1	2	3
자료형	jean	fleece	sneakers	jacket

이벤트 상품인 jean의 인덱스는 0, fleece의 인덱스는 1, sneakers의 인덱스는 2, jacket의 인덱스는 3이 된다.

코드 3-26 이벤트 상품 인덱스

```
In    event_goods[0]
Out   'jean'

In    event_goods[1]
Out   'fleece'
```

In	event_goods[2]
Out	'sneakers'

In	event_goods[3]
Out	'jacket'

이를 주피터 노트북에 In 셀처럼 입력해보면 Out 셀의 결과가 나온다.

인덱스를 음수로도 지정할 수 있다. 음수 인덱스는 리스트 순서의 뒤에서부터 접근한다. 다음의 표를 보자.

표 3-17 음수로 지정한 이벤트 상품 인덱스

index	-4	-3	-2	-1
자료형	jean	fleece	sneakers	jacket

뒤에서 첫 번째 데이터인 jacket의 인덱스는 -1, sneakers는 -2, fleece는 -3, jean은 -4인 것을 알 수 있다.

코드 3-27 이벤트 상품 인덱스

In	event_goods[-4]
Out	'jean'

In	event_goods[-3]
Out	'fleece'

In	event_goods[-2]
Out	'sneakers'

In	event_goods[-1]
Out	'jacket'

이를 주피터 노트북에 In 셀처럼 입력해보면 [코드 3-27]의 Out 셀 결과가 나온다.

리스트 변수에 대괄호를 쓰고 대괄호 안에 인덱스를 입력하면 해당 인덱스를 가진 자료형을 추출하는 인덱싱indexing을 할 수 있다.

코드 3-28 이벤트 상품 jean의 인덱스

In	`print(event_goods[0])` `print(event_goods[-4])`
Out	jean jean

jean이 두 번 출력된다.

이제 리스트 슬라이싱slicing을 알아보자. 데이터의 범위를 지정하거나 특정한 방식으로 뽑아낸다는 의미로 해석하면 된다. 기본적인 표현식은 다음과 같다.

코드 3-29 리스트 슬라이싱 기본 표현

> 변수명[시작 인덱스:종료 인덱스:간격]   #〈 = 과 〈 은 생략 가능

대괄호 안에 시작 인덱스, 콜론(:), 종료 인덱스를 입력하면 해당 범위(시작 인덱스 〈 = 범위 〈 종료 인덱스)의 자료형을 추출할 수 있다. 즉 시작 인덱스 이상이면서 종료 인덱스 미만의 데이터를 추출한다. 간격step을 지정하면 입력한 숫자만큼 건너 뛰면서 값을 추출하고 간격을 입력하지 않으면 기본값 1이 적용된다.

다시 event_goods 리스트를 살펴보겠다.

표 3-18 이벤트 상품 인덱스

Index	0	1	2	3
	-4	-3	-2	-1
자료형	jean	fleece	sneakers	Jacket

event_goods[0:2]은 jean, fleece를 추출한다.

인덱스를 슬라이싱하는 규칙은 다음의 [코드 3-30]을 참조하자. 처음은 생소하지만 여러 번 연습해서 감을 익혀보자. 나중에 데이터를 처리할 때 이 표현에 익숙해져야 한다.

코드 3-30 인덱스를 슬라이싱하는 규칙

In	`event_goods[0:2]` # 0 이상 2 미만
Out	`['jean', 'fleece']`

In	`event_goods[2:4]`	`# 2 이상 4 미만`
Out	`['sneakers', 'jacket']`	

In	`event_goods[-3:-1]`	`# -3 이상 -1 미만`
Out	`['fleece', 'sneakers']`	

In	`event_goods[:]`	`# 콜론(:)만 있으면 리스트 전체`
Out	`['jean', 'fleece', 'sneakers', 'jacket']`	

In	`event_goods[1: ]`	`# 1 이상 마지막까지`
Out	`['fleece', 'sneakers', 'jacket']`	

In	`event_goods[:3]`	`# 처음부터 3 미만`
Out	`['jean', 'fleece', 'sneakers']`	

In	`event_goods[0:4:2]`	`# 0 이상 4 미만 중 2간격씩 추출`
Out	`['jean', 'sneakers']`	

In	`event_goods[::2]`	`# 전체 리스트 중 2간격씩 추출`
Out	`['jean', 'sneakers']`	

In	`event_goods[2:0]`	`# 숫자의 크기 순서가 바뀌면 추출하지 않는다.`
Out	`[]`	

2 딕셔너리

마케터는 매달 말 익월의 광고 매체 예산을 계획한다. 이때 다음과 같이 리스트 자료 구조를 사용한다고 해보자.

코드 3-31 변수 media_mix에 리스트 자료 구조를 할당

```
media_mix = [900000, 700000, 800000]
```

단순히 [코드 3-31]처럼 사용하면 각 예산에 해당하는 매체명은 무엇인지 모른 채 첫 번째 매체의 광고 예산이 90만 원, 두 번째 매체의 광고 예산이 70만 원, 세 번째 매체의 광고 예산이 80만 원이라는 데이터만 알 수 있을 것이다.

표 3-19 마케팅 1팀 3월 매체 예산안

매체	예산(원)
네이버	900000
다음	700000
구글	800000

하지만 [표 3-19]처럼 매체 예산안의 경우 각 매체의 이름과 매체에 배정된 예산을 하나씩 짝지어 입력해서 네이버 예산이 90만 원, 다음 예산이 70만 원, 구글 예산이 80만 원이라는 것을 한눈에 파악할 수 있도록 한다면 전체 데이터를 효율적으로 관리할 수 있다. 이렇게 사용할 수 있는 자료 구조가 딕셔너리다.

딕셔너리는 키^{key}와 값^{value}이 한 쌍으로 짝지어진 자료 구조이다. 중괄호({ })를 사용하여 만들 수 있으며, 콜론(:)으로 키와 값을 대응시킨다. 키는 중복이 허용되지 않는다. 다음과 같은 형태로 사용할 수 있다.

코드 3-32 딕셔너리

```
{key1:value1, key2:value2, key3:value3,…}
```

데이터를 단순히 나열하여 저장하고자 한다면 리스트를 사용하면 되지만 대응 관계를 표현하고 싶다면 딕셔너리를 활용하여 직관적으로 데이터를 구성할 수 있다. 다만 순서가 중요할 때는 리스트를 사용해야 한다. 딕셔너리는 데이터를 순서대로 관리하지 않는 자료 구조이다.

[코드 3-33]의 In 셀을 참고해 `media_mix`라는 변수에 딕셔너리를 할당해서 실행해보자.

코드 3-33 media_mix 변수에 딕셔너리를 할당한 코드

```
In    media_mix = {"네이버":900000,"다음":700000,"구글":800000}
      media_mix
Out   {'네이버': 900000, '다음': 700000, '구글': 800000}
```

Out 셀을 보면 알 수 있듯이 매체와 광고 예산이 짝지어져 출력된다.

딕셔너리는 키를 통해 접근하므로 순서가 없다. 컴퓨터 환경에 따라 출력 값의 순서는 다를 수 있다. 리스트는 데이터를 순서에 따른 인덱스가 있어서 인덱싱 혹은 슬라이싱으로 데이터를 추출할 수 있다. 하지만 딕셔너리는 순서가 없으니 인덱싱과 슬라이싱 모두 불가능하다. 대신 딕

셔너리는 키를 통해 값을 추출하는 방식을 사용한다. 딕셔너리 변수에 대괄호를 쓰고, 대괄호 안에 추출을 원하는 키를 입력하면 키에 해당하는 값이 출력된다.

[코드 3-34]의 In 셀처럼 print 함수를 사용해 네이버와 구글의 예산을 출력해보자.

코드 3-34 키를 통해 값을 출력하는 코드

```
In      print(media_mix['네이버'])
        print(media_mix['구글'])
Out     900000
        800000
```

Out 셀을 보면 알 수 있듯이 네이버(90000)와 구글(80000)의 예산 값이 출력된다.

3 자료형의 구성에 적합한 자료 구조 선택하기

파이썬 입문자라면 자료 구조를 만들 때 리스트를 사용하는 경우가 많다. 키와 값을 일일이 입력해야 하는 딕셔너리와 달리 리스트는 간편하게 대괄호 안에 자료형을 입력하면 되기 때문이다. 이는 자료 구조가 '여러 자료형을 담는 것이다' 정도의 사고의 틀 안에서 이루어진 것이다. 하지만 리스트는 '순서'가 있는 자료 구조, 딕셔너리는 '사전 형태'의 자료 구조임을 다시 한 번 상기하며 자료형을 입력할 때 어떤 자료 구조를 쓰는 것이 적합한지 알아보자.

마케팅 지표의 수치를 파이썬에 입력할 때 리스트로 나열하여 만들 수 있다.

코드 3-35 마케팅 지표 수치를 나열한 리스트

```
indicator = [4,500,20000]
```

순서대로 ctr, cpc, cpm이라고 하자.

코드 3-36 마케팅 지표 수치를 딕셔너리로 구현

```
indicator = {'ctr':4,'cpc':500,'cpm':20000}
```

하지만 대응 관계가 존재하는 데이터라면 리스트를 사용하여 나열하는 방식으로 데이터를 저장하기보다 [코드 3-36]처럼 딕셔너리를 사용하여 대응 관계를 명확히 설정해주는 것이 더욱 직관적이고 편리하게 데이터를 관리할 수 있다.

코드 3-37 리스트에 맞는 자료형 구성

```
office = ['책상', 'PC', '캐비넷']
event = ['커피', '책', '컴퓨터']
```

리스트에 꼭 맞는 자료형의 구성은 무엇일까? [코드 3-37]을 보면 첫 번째 셀에 입력된 리스트는 사무실 기기 목록이다. 두 번째 셀의 리스트는 1월부터 3월까지의 이벤트 경품 목록이다. 두 경우 모두 리스트로 자료형을 저장할 수 있지만 둘 중 리스트에 더 적합한 자료형 구성은 두 번째 셀이다.

첫 번째 셀에 입력된 사무실 기기 목록은 리스트의 특징인 '순서'와 큰 연관이 없다. 인덱싱으로 각각의 자료형을 출력해도 단순한 나열에 그친다. 하지만 첫 번째 달의 경품이 커피, 두 번째 달의 경품이 책, 세 번째 달의 경품이 컴퓨터라면, 이를 리스트를 사용하여 저장할 경우 인덱싱을 사용하여 해당 월에 맞는 이벤트 경품을 반환할 수 있다. 따라서 순서가 있는 자료형의 구성이라면 리스트를 사용하여 효과적으로 프로그래밍할 수 있다.

이번 장을 마무리하기 전에 프로그램의 개념에 대해서 간단히 설명하겠다. 컴퓨터 프로그램을 극단적으로 설명하면 메인 메모리인 RAM의 데이터를 중앙제어장치인 CPU에 넣어 덧셈, 뺄셈 등의 연산한 결과를 다시 메모리에 저장하는 작업이다. 이 작업을 코딩하는 것이 컴퓨터 프로그래밍이다. 이게 끝이다.

그렇다면 우리 눈에 보이는 출력이란 무엇일까? 바로 모니터나 프린터를 담당하는 메모리 영역에 데이터를 보내면 해당 메모리에서 모니터나 프린터로 데이터를 보내는 것을 의미한다. 컴퓨터의 수많은 작업 중 사람의 눈에 보이는 출력 작업은 극히 일부이며 대부분 RAM과 CPU 사이를 데이터가 오고 간다. 오고 가는 데이터 중 잃고 싶지 않은 데이터가 있다면 보조 메모리인 HDD나 SSD 등에 파일로 저장해야 한다.

아마도 엑셀 프로그램을 실행하다가 데이터를 잃은 적이 한 번쯤은 있을 것이다. RAM은 휘발성이기 때문에 컴퓨터의 전원이 꺼지거나 엑셀 프로그램의 오류 혹은 실수로 종료되는 순간 데이터는 사라지게 된다. 반면 보조 메모리는 비휘발성이기 때문에 전원이 꺼져도 데이터는 보전된다.

다음의 코드 두 개를 비교해보자. 모두 `hellow world`를 출력한 것처럼 보이지만 차이가 있다.

코드 1

In   print('hello world')
Out   hello world

코드 2

In   a = 'hello world'
        a
Out   'hello world'

코드 1을 보자. print 함수는 문자열만 출력해 홑따옴표(' ')가 없다. 또한 print 함수에 직접 입력된 'hello world'는 해당 라인이 다시 실행되지 않는 한 프로그램 어디에서도 활용할 수 없다. 이미 모니터로 출력돼 데이터가 사라졌기 때문이다.

코드 2를 보자. 변수 a에 'hello world'란 문자열을 할당한 후 두 번째 줄을 실행해 a를 확인한 것이다. 결과적으로는 문자열이 출력됐지만 두번째 줄은 a가 'hello world'임을 알려주는 용도에 불과하다. 앞서 프로그래밍이 RAM과 CPU 사이를 데이터가 오가는 것이라고 했다. = 연산자는 RAM에 데이터를 보내는 작업을 수행한다. 값이 할당된 a는 메모리 어딘가에 저장되어 다시 재활용될 수 있다. 즉 코드 2의 핵심은 첫째 줄에서 a라는 변수에 값이 할당된 것이다. 변수 a는 hello를 추출하든 hello를 hi로 바꿔서 hi world로 만들든 다양하게 활용할 수 있다.

이 책에서 다루는 예제도 마찬가지다. 만약 코드를 짜고 실행하다가 프로그램을 종료한 후 다시 실행하면 오류가 발생할 수 있다. 프로그램 종료 시 메모리의 데이터가 모두 사라졌기 때문이다. 이때는 해당 주제의 첫 부분부터 다시 순차적으로 실행해서 데이터를 만들어야 한다는 것을 명심하자.

1 리스트와 기본 함수

리스트를 파이썬의 기본 함수와 함께 사용할 수 있다. [예제 ①]처럼 주피터 노트북에 입력하자.

예제 1 리스트와 기본 함수를 함께 사용하기

```
list1 = [1, 2, 3]
```

파이썬의 기본 함수인 len, type, sum, max, min을 사용하면 어떤 결과가 나오는지 알아보기 전 각 함수는 무엇을 의미하는지부터 알아보자.

표 3-20 파이썬 기본 함수

함수	설명
len	입력된 자료의 길이를 반환하는 함수
type	입력된 자료의 자료형을 반환하는 함수
sum	입력된 자료의 총합을 반환하는 함수(숫자만 가능)
max	입력된 자료의 최댓값을 반환하는 함수
min	입력된 자료의 최솟값을 반환하는 함수

이제 [예제 ①]에 입력했던 코드를 파이썬의 기본 함수는 어떻게 결과를 출력하는지 알아보자.

예제 1 리스트와 기본 함수를 함께 사용한 결과

In	`len(list1)`
Out	3

In	`type(list1)`
Out	list

In	`sum(list1)`
Out	6

In	`max(list1)`
Out	3

```
In    min(list1)
Out   1
```

2 리스트 함수(메서드)

[예제 ②]처럼 리스트를 만들어 주피터 노트북에 입력하자.

예제 2 리스트 함수 사용하기

```
team1 = ['Facebook','Google','Naver','Daum']
team2 = ['Naver','Google','Nate','Zum']
```

리스트 함수를 사용하면 어떤 결과가 나오는지 알아보기 전 먼저 리스트 함수는 무엇을 의미하는지 [표 3-21] 목록을 보자.

표 3-21 리스트 함수

함수	설명	예시	
append()	리스트의 끝에 입력된 자료형을 추가하는 함수	In	team1.append('Youtube') team1
		Out	['Facebook', 'Google', 'Naver', 'Daum', 'Youtube', 'Youtube']
insert()	설정한 위치에 입력된 자료형을 추가하는 함수	In	team1.insert(3,'Instagram') team1
		Out	['Facebook', 'Google', 'Naver', 'Instagram', 'Daum', 'Youtube', 'Youtube']
del	리스트 내 자료형 중 특정 인덱스를 삭제하는 명령어	In	del team1[3] team1
		Out	['Facebook', 'Google', 'Naver', 'Daum', 'Youtube', 'Youtube']
remove()	리스트 내 자료형 중 입력된 자료형을 삭제하는 함수(삭제되는 자료형의 갯수는 한 개에 한함)	In	team1.remove('Youtube') team1
		Out	['Youtube', 'Naver', 'Google', 'Facebook', 'Naver', 'Google', 'Nate', 'Zum']

sort()	리스트에 저장된 자료형을 순서대로 정렬하는 함수	In	team1.sort() team1
		Out	['Facebook', 'Google', 'Naver', 'Youtube', 'Youtube']
reverse()	리스트에 저장된 자료형의 현재 순서를 역순으로 정렬하는 함수	In	team1.reverse() team1
		Out	['Youtube', 'Youtube', 'Naver', 'Google', 'Facebook']
extend()	리스트에 새로운 리스트를 더하는 함수	In	team1.extend(team2)team1
		Out	['Youtube', 'Youtube', 'Naver', 'Google', 'Facebook', 'Naver', 'Google', 'Nate', 'Zum']
count()	리스트 내 자료형들의 개수를 반환하는 함수	In	team1.count('Naver')
		Out	2

함수 목록은 리스트가 제공하는 함수이다. 더 많은 리스트 함수는 docs.python.org/ko/3.6/tutorial/datastructures.html#more-on-lists에서 확인할 수 있다.

참고로 할당 연산자(+=)는 **extend** 함수(5장 참고)와 동일한 기능을 수행한다. 다음과 같이 리스트를 할당하고 offline에 할당 연산자를 사용해보자.

예제 2 할당 연산자 사용하기

```
In    offline = ['TV','Radio']
      Newspaper = ['Newspaper']
In    offline+=Newspaper
      offline
Out   ['TV', 'Radio', 'Newspaper']
```

3 딕셔너리 함수

[예제 ③]처럼 코드를 만들어 주피터 노트북에 입력하자.

예제 3 딕셔너리 함수 사용하기

```
customer = {'name':'김영수', 'age':31, 'job':'teacher'}
```

딕셔너리 함수를 사용하면 어떤 결과가 나오는지 알아보기 전 먼저 딕셔너리 함수는 무엇을 의미하는지 다음 목록을 보자.

표 3-22 딕셔너리 함수

함수	설명	예제	
keys()	딕셔너리의 키를 반환하는 함수	In	customer.keys()
		Out	dict_keys(['name', 'age', 'job'])
values()	딕셔너리의 값을 반환하는 함수	In	customer.values()
		Out	dict_values(['김영수', 31, 'teacher'])
items()	딕셔너리의 키와 값을 반환하는 함수	In	customer.items()
		Out	dict_items([('name', '김영수'), ('age', 31), ('job', 'teacher')])
get	키를 사용하여 키에 해당하는 값을 반환하는 함수	In	customer.get('name')
		Out	'김영수'
update	딕셔너리에 새로운 키와 값을 추가하는 함수	In	customer_data = {'sex':'male'} # 새로운 키와 값 생성 customer.update(customer_data) # 새로운 키와 값 추가 customer
		Out	{'name': '김영수', 'age': 31, 'job': 'teacher', 'sex': 'male'}

함수 목록은 딕셔너리가 제공하는 함수이다.

Chapter 04

판다스

4.1 마케터의 업무를 도와줄 판다스 라이브러리

4장에서는 본격적으로 파이썬을 통한 데이터 분석 영역에 발을 내딛어볼 것이다.

표 4-1 마케팅 데이터 구조 예시

Customer_ID	이름	나이	직업	성별	...
10000	김영수	29	마케터	남	...
10001	조민지	30	마케터	여	...
10002	안영희	31	기획자	여	...
10003	차정민	32	개발자	남	...
10004	구지영	33	기획자	여	...
10005	박인호	34	디자이너	남	...
⋮	⋮	⋮	⋮	⋮	⋮

마케팅 현장에서 다루는 데이터 형태는 [표 4-1]처럼 행과 열로 이루어졌다. 첫째 행은 데이터 속성이 위치하고, 각 열은 속성에 따른 데이터가 나열된다. 보통 엑셀을 사용해 데이터를 다뤘을 것이다. 파이썬에서는 어떻게 다룰 수 있을까? 파이썬의 서드 파티, 판다스^{pandas} 라이브러리가 [표 4-1]과 같은 데이터 형태를 다룰 수 있는 자료 구조를 제공한다. 또한 마케터가 원하는 대로 가공할 수 있도록 여러 가지 함수를 제공한다.

표 4-2 데이터 분석 및 처리 과정

구분	1단계 데이터 가져오기	2단계 데이터 가공 및 처리	3단계 데이터 탐색 및 분석	4단계 분석 결과 저장
엑셀	엑셀 파일 열기	엑셀 기능 및 함수 사용	엑셀 기능 및 함수 사용	파일 저장
파이썬	판다스 함수 사용	파이썬과 판다스 함수 사용	파이썬과 판다스 함수 사용	판다스 함수로 엑셀 파일 추출

[표 4-2]처럼 데이터 분석 및 과정을 4단계로 도식화하고 마케터가 주로 사용하는 엑셀과 파이썬을 비교해볼 수 있다. 중요한 점은 데이터 분석의 전체 과정에서 판다스가 계속 사용된다

는 점이다. 즉 마케터가 파이썬으로 데이터를 다룬다는 것은 판다스를 다룬다는 것과 같은 의미이다.

판다스의 정의와 기능은 다음과 같이 정리할 수 있다.

- 데이터 분석, 처리를 위한 파이썬 라이브러리
- 마케터가 데이터를 다루기 위한 필수 도구
- 데이터 처리에 적합한 자료 구조와 함수가 내장

지금은 라이브러리를 모듈(특정 기능을 제공하는 함수의 집합)의 모음이라고만 알아두자.

4.1.1 판다스를 사용하기 위한 기본 코딩

판다스는 파이썬에서 자체적으로 제공하는 기능이 아니다. 파이썬을 기반으로 작동되는 서드파티이므로 판다스를 사용하기 위해서는 우선 판다스를 불러와야 한다(import). 판다스를 사용할 때 [코드 4-1]을 반복적으로 입력할 것이니 잘 알아두자.

코드 4-1 판다스를 활용하기 위한 코드

```
import pandas as pd
from pandas import DataFrame
from pandas import Series
```

1행은 판다스(pandas)를 파이썬으로 불러오는(import) 명령어다. pd라는 별칭alias(as)으로 대체할 것을 명령한다. 만약 pd라는 별칭을 사용하지 않는다면 판다스의 함수를 쓸 때 매번 pandas라는 알파벳 여섯 글자를 입력해야 한다. 하지만 별칭을 사용하면 간단하게 알파벳 두 글자 pd만 입력한 뒤 함수를 사용할 수 있다.

한 가지 주의할 점이 있다. 만약 지금 연습하는 코드 파일을 닫고 재실행한다면 판다스 라이브러리를 다시 불러와야 한다. 즉 [코드 4-1]을 다시 실행한 후 코드를 작성해야 한다. 앞서 프로그램의 실행이란 메모리의 데이터를 CPU에 넣어 연산하고 저장하는 과정이라고 설명했다. 코드 파일을 저장하고 닫은 순간 기존 메모리에서는 깔끔하게 지워진 것이다. 따라서 코드 파일을 열었어도 다시 실행해야 한다.

2행과 3행은 각각 판다스의 데이터프레임(DataFrame)과 시리즈(Series) 자료 구조를 파이썬으로 불러온다. 데이터프레임의 D와 F, 시리즈의 S가 대문자임을 주의하자. 데이터프레임은 여러 개의 행과 열로 이루어진 데이터이며, 시리즈는 하나의 열을 의미한다. 평소 엑셀로 다뤘던 행과 열로 이루어진 데이터를 판다스의 데이터프레임 자료 구조를 사용해 다룰 수 있으며, 하나의 열에 대하여 시리즈 자료 구조를 사용해 다룰 수 있다.

데이터프레임은 여러 개의 행과 열로 이루어진 데이터이다. 이 때 하나의 행이나 열은 시리즈라 한다. Customer_ID, 이름, 나이, 직업, 성별 등은 각각 시리즈 자료 구조로 다룰 수 있으며 이 시리즈들이 결합해서 점선 영역의 데이터 프레임 자료 구조가 되는 것이다.

Customer_ID	이름	나이	직업	성별
10000	김영수	29	마케터	남
10001	조민지	30	마케터	여
10002	안영희	31	기획자	여
10003	차정민	32	개발자	남
10004	구지영	33	기획자	여
10005	박인호	34	디자이너	남

시리즈 ———
데이터프레임 - - - -

그림 4-1 데이터프레임과 시리즈

보통 시리즈는 Customer_ID, 이름, 나이 등 열로 사용되지만 행으로도 시리즈 자료 구조를 사용할 수 있다. 이 경우는 나중에 볼 기회가 있을 것이다.

4.1.2 판다스로 파이썬에 엑셀 데이터 가져오기

판다스를 사용해 데이터를 가져올 때 제대로 파일을 읽어 들일 수 있는지 유의한다. 해당 경로에 파일이 있어 접근할 수 있고 파이썬이 그 파일 형식을 제대로 읽을 수 있어야 한다.

표 4-3 운영 체제별 디렉토리 구분 방식

맥	디렉토리를 슬래시(/)로 구분한다. 예) '/Users/junghs/4장_예제.xlsx'
윈도우	디렉토리를 역슬래시(\ 혹은 ₩)로 구분한다. 예) 'C:₩Users₩4장_예제.xlsx'

엑셀 데이터를 파이썬으로 가져오기 위해서는 파일의 경로를 파이썬에 문자 자료형으로 입력해

야 한다. 파이썬은 파일의 경로를 슬래시(/) 혹은 역슬래시 두 개(\\ 혹은 ₩)로 인식한다. 윈도우의 경로명은 윈도우 탐색기에서 해당 파일에 마우스의 오른쪽 버튼을 클릭한 후 속성을 택하면 위치 메뉴에 경로가 보인다. 맥OS는 파이썬과 동일하게 디렉토리를 슬래시로 구분해 파일의 경로 그대로 사용해도 아무런 문제가 없다.

표 4-4 윈도우 운영 체제 사용 시 파일 경로를 올바르게 입력한 예

방법 ①	'C:₩₩Users₩₩4장_예제.xlsx'	각 역슬래시에 역슬래시를 하나 더 붙인다.
방법 ②	'C:/Users/4장_예제.xlsx'	역슬래시를 슬래시로 바꾼다.
방법 ③	r'C:₩Users₩4장_예제.xlsx'	문자열 앞에 r을 붙인다.

하지만 윈도우는 디렉토리를 역슬래시(\ 혹은 ₩)로 구분해 파일 경로 설정을 위한 추가 작업이 필요하다. 여기서는 가장 많이 사용하는 방법 ②를 사용하도록 하겠다.

1 상대 경로를 사용하기

xlsx, xls파일은 보통 마케터가 데이터를 다룰 때 사용하는 엑셀 파일이다. 이 파일의 데이터를 `read_excel` 함수를 사용하여 파이썬으로 가져올 수 있다.

코드 4-2 판다스 불러오기

```
import pandas as pd
```

먼저 [코드 4-2]와 같이 입력해 파이썬에 판다스를 불러오자. 앞으로 진행하는 코드는 판다스를 불러온 것을 전제로 진행한다.

다음 행에 판다스의 함수를 사용하기 위해 파이썬의 별칭 `pd`에 마침표(.)를 붙이고 `read_excel` 함수로 엑셀 파일을 읽는다. 경로는 앞서 언급했던 역슬래시를 슬래시로 바꾸는 방식을 따른다. 경로가 'C:₩Users₩4장_예제.xlsx'라면 'C:/Users/4장_예제.xlsx'로 바꾼다.

코드 4-3 판다스로 엑셀 파일 읽기(오류)

```
In    pd.read_excel('C:/Users/4장_예제.xlsx')
Out   -----------------------------------------------------------------------
      FileNotFoundError                         Traceback (most recent call last)
      <ipython-input-5-e58776b7c360> in <module>
      ----> 1 pd.read_excel('C:/Users/4장_예제.xlsx')
```

Out 셀을 보면 오류 메시지가 뜬다. 예제의 파일 경로가 정확하지 않아 코드가 제대로 실행되지 않은 것이다. 파일의 위치는 윈도우 컴퓨터 사용자 이름에 따라 다른 경로를 갖는다. 사용자 이름이 'jhs'이고 별도의 하위 폴더가 없다면 경로를 'C:/Users/jhs/4장_예제.xlsx'라고 적어야 실행된다.

코드 4-4 상대 경로로 파일 읽기

In `pd.read_excel('./4장_예제.xlsx')`

Out

	Customer_ID	이름	나이	직업	성별	전환
0	10000	김영수	29	마케터	남	O
1	10001	조민지	30	마케터	여	O
2	10002	안영희	31	기획자	여	X
3	10003	차정민	32	개발자	남	O
4	10004	구지영	33	기획자	여	X
5	10005	박철호	34	디자이너	남	O
6	10006	김민철	35	마케터	남	X
7	10007	윤미희	36	디자이너	여	X
8	10008	황광수	37	기획자	남	O
9	10009	장지윤	38	마케터	여	O

하지만 매번 소스 코드를 수정하기는 번거로우니 상대 경로를 이용하는 것이 좋다. './'는 'C:/Users/사용자'와 동일하게 인식된다. 즉 사용자가 'jhs'면 'C:/Users/jhs/'로, 'ebizbooks'면 'C:/Users/ebizbooks'가 인식한다. [코드 4-4]를 보면 정상적으로 결과가 출력됐다.

'4장_예제.xlsx' 파일을 'python' 폴더에 넣었다면 './python/4장_예제.xlsx'라고 적자. 예제를 사용자가 아닌 'c:/python' 폴더에 설치했다면 '../python/4장_예제.xlsx'로 설정하면 된다.

2 csv 파일을 데이터프레임 자료 구조로 가져오기

마케터는 확장자가 xlsx, xls인 파일인 엑셀 파일을 주로 다뤄 확장자가 csv[comma seperated values]인 파일은 생소할 수 있다. csv 파일은 현업에서 광고 매체의 광고 보고서를 다운로드할 때 혹은 데이터 관리 부서에서 데이터를 전달받을 때 접해 봤을 것이다.

다운받은 4장_예제.csv 파일을 메모장으로 열어보자.

[예제] 4장_예제.csv 파일

```
Customer_ID,이름,나이,직업,성별,전환
10000,김영수,29,마케터,남,O
10001,조민지,30,마케터,여,O
10002,안영희,31,기획자,여,X
10003,차정민,32,개발자,남,O
10004,구지영,33,기획자,여,X
10005,박철호,34,디자이너,남,O
10006,김민철,35,마케터,남,X
10007,윤미희,36,디자이너,여,X
10008,황광수,37,기획자,남,O
10009,장지윤,38,마케터,여,O
```

데이터가 콤마(,)로 구분된 것을 확인할 수 있다. 이 파일은 다음과 같은 특징이 있다.

- 데이터가 콤마(,)로 구분된다.
- 엑셀로 처리할 때 서식과 함수가 저장되지 않는다.
- 엑셀로 처리할 때 오직 한 개의 시트만 저장할 수 있다.

즉 csv 파일은 데이터를 저장하기 위한 용도로 작성되며 데이터를 콤마로 구분하여 저장되는 것 외의 기능은 제한된다. 엑셀 파일보다 적은 용량으로 더 많은 데이터를 적재할 수 있어 대량의 데이터를 주고받는 사람에게 유용하다.

csv는 read_csv 함수를 사용하여 파이썬으로 가져오면 read_excel 함수를 사용한 것처럼 데이터프레임 자료 구조가 된다. 그런데 csv 파일의 데이터를 가져오기 위한 read_csv 함수에는 매개변수를 추가로 입력해야 하는 경우가 있다.

코드 4-5 csv 파일의 데이터 불러오기(오류)

```
In     pd.read_csv('./4장_예제.csv')
Out    OSError: Initializing from file failed
```

매개변수를 사용하지 않으면 Initializing from file failed 오류가 발생할 수도 있다. 주로 윈도우 운영 체제에서 발생하며 파일 이름이 한글이거나 디렉터리 경로에 한글이 있을 경우이다.

해결 방법은 함수에 'engine=python'을 전달인자로 넣는 것이다.

코드 4-6 csv 파일의 데이터 불러오기(오류: 한글 깨짐)

In   `pd.read_csv('./4장_예제.csv', engine='python')`

Out

	Customer_ID	□쎴由	□굶□쎴	吏곡뿥	□쫶踩	□잴□숎
0	10000	源□□뼵□뇼	29	留댑□□□꽐	□궘	0
1	10001	議겹□쉽□□	30	留댑□□□꽐	□뛛	0
2	10002	□붍□뼵□쉽	31	湲고쉌□엳	□뛛	X
3	10003	李⑥졇誘□	32	援쎵쿚□엳	□궘	0
4	10004	援ㅂ□□□뼵	33	湲고쉌□엳	□뛛	X
5	10005	諛빦콘□상	34	□뵘□엳□쎴□꼠	□궘	0
6	10006	源□誘쉽콘	35	留댑□□□꽐	□궘	X
7	10007	□쎴誘명쉽	36	□뵘□엳□쎴□꼠	□뛛	X
8	10008	□숝應哭뇼	37	湲고쉌□엳	□궘	0
9	10009	□옣吏□□쉽	38	留댑□□□꽐	□뛛	0

그러나 Out 셀을 보면 알 수 있듯이 한글이 깨질 수 있다. 인코딩encoding 타입을 지정해주지 않아 발생하는 현상이다. 이때는 인코딩 전달인자 및 인코딩 타입을 입력한다. 인코딩은 문자 인코딩을 말하며 문자나 기호의 집합을 컴퓨터에 표현하는 방식이다. 특히 나라마다 언어가 다르고 같은 언어라도 다양한 인코딩 방식이 존재한다. 한글은 'utf-8', 'utf-16', 'euc-kr', 'cp949'의 인코딩이 주로 사용된다. 텍스트 문서가 인코딩된 방식에 맞추어 인코딩을 지정해줘야 하며 그렇지 않으면 오류가 출력되거나 한글이 깨지는 현상이 발생한다.

코드 4-7 csv 파일의 데이터 불러오기(한글 깨짐 해결)

In   `pd.read_csv('./4장_예제.csv', engine='python', encoding='utf-8')`

Out

	Customer_ID	이름	나이	직업	성별	전환
0	10000	김영수	29	마케터	남	0
1	10001	조민지	30	마케터	여	0
2	10002	안영희	31	기획자	여	X
3	10003	차정민	32	개발자	남	0
4	10004	구지영	33	기획자	여	X
5	10005	박철호	34	디자이너	남	0
6	10006	김민철	35	마케터	남	X
7	10007	윤미희	36	디자이너	여	X
8	10008	황광수	37	기획자	남	0
9	10009	장지윤	38	마케터	여	0

앞의 [코드 4-7]에서는 예제 csv파일이 utf-8로 인코딩돼 그에 맞게 전달인자를 utf-8로 전달했다. 만약 euc-kr을 입력할 경우 오류 메시지가 출력된다. csv 파일의 인코딩 방식을 알아보고 싶다면 [코드 4-8]과 같이 코딩할 수 있다.

코드 4-8 csv 파일의 한글 인코딩 방식 알아보기

```
In      import chardet
        r=open('./4장_예제.csv','rb')
        result = chardet.detect(r.read())
        result
Out     {'encoding': 'utf-8', 'confidence': 0.99, 'language': ''}
```

두 번째 줄 open 함수의 파일 경로는 [코드 4-8]에서 ./4장_예제.csv로 입력한 것처럼 자신의 파일 경로로 설정하면 된다.

사용자의 컴퓨터 환경에 따라 매개변수의 필요성이 각기 다를 수 있다. Initalizing from file failed 오류와 인코딩 문제가 발생하지 않았다면 두 매개변수는 사용하지 않아도 된다. 맥의 경우 추가 매개변수가 필요하지 않다.

4.1.3 read_excel, read_csv 함수의 공통 매개변수

read_excel, read_csv 함수를 사용해 데이터를 파이썬으로 가져올 때 여러 매개변수를 사용할 수 있다. 또한 데이터를 처음 파이썬으로 가져올 때 원본 데이터의 형태 그대로 가져오는 것이 아니라 데이터 가공에 좀 더 유리한 형태로 가져올 수 있다. 4장_예제.xlsx 파일을 다양한 방식으로 다뤄보겠다.

먼저 다음 코드를 보자.

코드 4-9 names 매개변수 사용하기

```
In      pd.read_excel('./4장_예제.xlsx', names=['ID','name','age','job','sex','conv'])
Out
```

	ID	name	age	job	sex	conv
0	10000	김영수	29	마케터	남	O
1	10001	조민지	30	마케터	여	O
2	10002	안영희	31	기획자	여	X
3	10003	차정민	32	개발자	남	O

	ID	name	age	job	sex	conv
4	10004	구지영	33	기획자	여	X
5	10005	박철호	34	디자이너	남	O
6	10006	김민철	35	마케터	남	X
7	10007	윤미희	36	디자이너	여	X
8	10008	황광수	37	기획자	남	O
9	10009	장지윤	38	마케터	여	O

names 매개변수로 칼럼명을 변경할 수 있다. [코드 4-9]를 보면 names 매개변수를 통해 기존의 칼럼명인 Customer_ID, 이름, 나이, 직업, 성별, 전환이 ID, name, age, job, sex, conv으로 바뀌었음을 확인할 수 있다.

이제 [코드 4-10]을 보자.

코드 4-10 index_col 매개변수 사용하기

In
```
pd.read_excel('./4장_예제.xlsx', index_col='Customer_ID')
```
Out

Customer_ID	이름	나이	직업	성별	전환
10000	김영수	29	마케터	남	O
10001	조민지	30	마케터	여	O
10002	안영희	31	기획자	여	X
10003	차정민	32	개발자	남	O
10004	구지영	33	기획자	여	X
10005	박철호	34	디자이너	남	O
10006	김민철	35	마케터	남	X
10007	윤미희	36	디자이너	여	X
10008	황광수	37	기획자	남	O
10009	장지윤	38	마케터	여	O

index_col 매개변수는 칼럼명 중 하나를 선택해 해당 칼럼을 인덱스로 변환할 수 있다. 위 코드는 Customer_ID를 인덱스로 선택했다. 실행 결과를 보면 Customer_ID가 인덱스로 변환되었음을 확인할 수 있다.

sheet_name 매개변수를 사용해보겠다.

코드 4-11 sheet_name 매개변수 사용하기

In   `pd.read_excel('./4장_예제.xlsx', sheet_name='Sheet2')`

Out

	Customer_ID	이름	나이	직업	성별	전환
0	20001	김영수	29	마케터	남	O
1	20002	조민지	30	마케터	여	O
2	20003	안영희	31	기획자	여	X
3	20004	차정민	32	개발자	남	O
4	20005	구지영	33	기획자	여	X
5	20006	박철호	34	디자이너	남	O
6	20007	김민철	35	마케터	남	X
7	20008	윤미희	36	디자이너	여	X
8	20009	황광수	37	기획자	남	O
9	20010	장지윤	38	마케터	여	O

매개변수에 엑셀 시트의 이름을 문자열로 입력하여 해당 시트의 데이터를 가져온다. [코드 4-11]의 결과와 4장_예제.xlsx을 비교해보면 Sheet2 시트가 불러왔음을 확인할 수 있다.

기간 : 7월 19일 ~ 7월 26일					
Customer_ID	이름	나이	직업	성별	전환
20001	김영수	29	마케터	남	O
20002	조민지	30	마케터	여	O
20003	안영희	31	기획자	여	X
20004	차정민	32	개발자	남	O
20005	구지영	33	기획자	여	X
20006	박철호	34	디자이너	남	O
20007	김민철	35	마케터	남	X
20008	윤미희	36	디자이너	여	X
20009	황광수	37	기획자	남	O
20010	장지윤	38	마케터	여	O

그림 4-2 1행에 기간이 입력된 데이터 파일

현업에서 부서 간 전달되는 마케팅 데이터를 다루다 보면 첫 번째 행에 데이터의 개요 및 기간이 표기된 데이터를 접하게 된다. 데이터 파악에 도움이 되도록 개요 및 기간 정보를 첨부한 것이다.

코드 4-12 헤더 구성에 문제가 생긴 예시

In `pd.read_excel('./4장_예제.xlsx', sheet_name='Sheet3')`

Out

	기간 : 7월 19일~7월 26일	Unnamed: 1	Unnamed: 2	...	Unnamed: 4	Unnamed: 5
0	Customer_ID	이름	나이		성별	전환
1	20001	김영수	29		남	0
2	20002	조민지	30		여	0
3	20003	안영희	31		여	X
4	20004	차정민	32		남	0
5	20005	구지영	33	...	여	X
6	20006	박철호	34		남	0
7	20007	김민철	35		남	X
8	20008	윤미희	36		여	X
9	20009	황광수	37		남	0
10	20010	장지윤	38		여	0

[코드 4-12]를 보면 알 수 있듯이 이는 파이썬으로 데이터를 불러올 때 헤더의 구성에 문제가 생긴다. 이때 skiprows를 사용하면 필요없는 행을 제거할 수 있다. 다음 코드를 보자.

코드 4-13 skiprows 매개변수로 필요 없는 행 제거하기

In `pd.read_excel('./4장_예제.xlsx', sheet_name='Sheet3', skiprows=1)`

Out

	Customer_ID	이름	나이	직업	성별	전환
0	20001	김영수	29	마케터	남	0
1	20002	조민지	30	마케터	여	0
2	20003	안영희	31	기획자	여	X
3	20004	차정민	32	개발자	남	0
4	20005	구지영	33	기획자	여	X
5	20006	박철호	34	디자이너	남	0
6	20007	김민철	35	마케터	남	X
7	20008	윤미희	36	디자이너	여	X
8	20009	황광수	37	기획자	남	0
9	20010	장지윤	38	마케터	여	0

[코드 4-13]처럼 skiprows 매개변수에 숫자를 입력하면 첫 번째 행부터 해당 숫자 미만의 행을 제외한다. 혹은 리스트 형태로도 필요 없는 행을 제외할 수 있다.

코드 4-14 skiprows 함수로 3행 미만의 행 제외하기

In
```
#3행 미만의 행을 제외한다.
pd.read_excel('./4장_예제.xlsx', sheet_name='Sheet3', skiprows=3)

#리스트로 3행 미만의 행을 제외한다.
pd.read_excel('./4장_예제.xlsx', sheet_name='Sheet3', skiprows=[0,1,2])
```

Out

	20002	조민지	30	마케터	여	0
0	20003	안영희	31	기획자	여	X
1	20004	차정민	32	개발자	남	0
2	20005	구지영	33	기획자	여	X
3	20006	박철호	34	디자이너	남	0
4	20007	김민철	35	마케터	남	X
5	20008	윤미희	36	디자이너	여	X
6	20009	황광수	37	기획자	남	0
7	20010	장지윤	38	마케터	여	0

[코드 4-14]의 두 가지 방법 중 하나를 사용하면 Out 셀에 결과가 출력된다.

4.2 데이터프레임 만들기

데이터프레임을 파이썬 코딩으로 직접 만들어보는 실습을 진행해보겠다. 데이터프레임은 데이터, 인덱스, 칼럼으로 구성되어 있다. 따라서 데이터프레임을 만들 때도 데이터, 인덱스, 칼럼을 지정하는 방식으로 진행하면 된다.

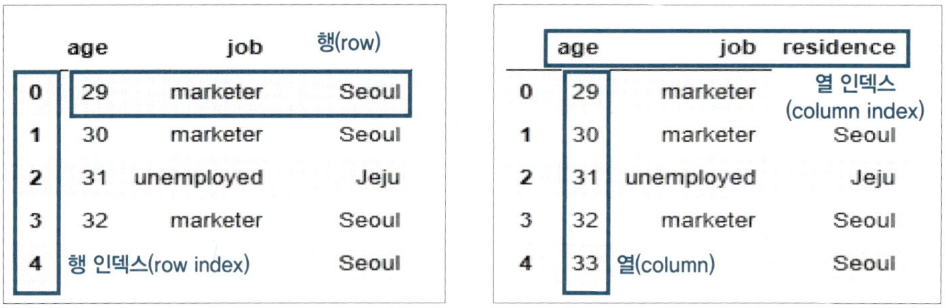

그림 4-3 데이터프레임 구성과 명칭

데이터프레임은 가로 방향의 행row과 세로 방향의 열column로 구성된다. 행 인덱스row index는 보통 인덱스index로 불리며 데이터프레임의 행과 열의 인덱스를 구분해야 할 때 행 인덱스로 불린다. 열 인덱스column index는 칼럼명column name 혹은 키 값, 헤더header라고 불린다. [그림 4-3]을 예로 들면 행의 위치를 알려주는 행 인덱스(혹은 인덱스)는 0, 1, 2, 3, 4이며, 열 인덱스(혹은 칼럼명)는 age, job, residence다.

다음 코드를 살펴보자.

코드 4-15 데이터프레임 만들기

```
from pandas import DataFrame   # 판다스에서 데이터프레임 자료 구조를 불러온다.

# 딕셔너리에 리스트를 조합해서 5*3의 행렬을 만든다.
dict_data = {"age":[29,30,31,32,33],
             "job":["marketer","marketer","unemployed","marketer","marketer"],
             "residence":["Seoul","Seoul","Jeju","Seoul","Seoul"]}

df = DataFrame(dict_data)   # dict_data를 데이터프레임으로 만들어 df에 할당
df   # df 실행
```

Out

	age	job	residence
0	29	marketer	Seoul
1	30	marketer	Seoul
2	31	unemployed	Jeju
3	32	marketer	Seoul
4	33	marketer	Seoul

딕셔너리 자료 구조에 리스트를 활용하여 `dict_data`에 할당한다. 딕셔너리의 키는 칼럼명 역할을 하며 헤더라고 불리기도 한다. `df`를 실행시키면 Out 셀의 결과가 출력된다.

할당의 의미를 잠시 짚고 넘어가겠다. 변수에 값을 할당하는 것 자체로는 그 명령을 컴퓨터가 제대로 수행했는지 사람의 눈에 보이지 않는다. 이를 확인해보는 것은 해당 변수를 `print` 함수로 출력하거나 [코드 4-15]처럼 다음 줄에 변수를 입력한 후 실행해 결과를 출력하는 것이다. 만약 책에 실린 코드에 실행이 생략됐어도 본문에 실행이란 표현이 있다면 변수를 직접 입력해서 확인하는 것으로 이해하자.

지금부터 [코드 4-15]의 데이터를 이용해 인덱스와 칼럼 순서 지정 방법에 대해 알아보도록 하겠다.

4.2.1 인덱스 지정하기

인덱스를 지정하지 않으면 인덱스가 행 개수에 따라 0부터 자동으로 지정된다. 인덱스를 임의로 지정하기 위하여는 데이터프레임을 만들 때 행 개수에 맞게 `index` 매개변수에 리스트 혹은 `range` 함수를 전달하면 된다.

[코드 4-16]을 보자.

코드 4-16 인덱스 지정하기

In
```python
# 리스트 사용
df = DataFrame(dict_data,index=[1,2,3,4,5])
df

#range 함수 전달
df = DataFrame(dict_data,index=range(1,6))
df
```

Out

	age	job	residence
1	29	marketer	Seoul
2	30	marketer	Seoul
3	31	unemployed	Jeju
4	32	marketer	Seoul
5	33	marketer	Seoul

[코드 4-16]은 리스트 혹은 range 함수 중 하나를 사용해 데이터프레임의 인덱스를 만든 것이다. 인덱스는 1부터 시작하도록 했다.

4.2.2 칼럼 순서 지정하기

columns 매개변수에 리스트로 딕셔너리의 키를 전달해보자.

코드 4-17 칼럼 순서 지정하기

In
```
df = DataFrame(dict_data,
               index=[1,2,3,4,5],
               columns=["job","residence","age"])
df
```

Out

	job	residence	age
1	marketer	Seoul	29
2	marketer	Seoul	30
3	unemployed	Jeju	31
4	marketer	Seoul	32
5	marketer	Seoul	33

[코드 4-17]을 보면 알 수 있듯이 전달된 순서인 job, residence, age로 데이터프레임의 칼럼이 출력된다.

4.2.3 인덱스 다루기

인덱스는 고유한 식별을 위해 사용된다. 고유한 식별이므로 별도의 조치가 없이 수정되면 안 된다. 주민등록번호를 임의로 바꿀 수 없는 것과 같은 이치다. 인덱스를 수정하려면 인덱스를 해제한 후 가능하다.

인덱스를 다루는 세 가지 함수를 살펴보자. 칼럼을 인덱스로 설정하는 함수와 기존 인덱스로 반환하는 함수, 기존 인덱스를 삭제하는 함수이다.

코드 4-18 칼럼 중 하나를 인덱스로 설정하기

```
In   df_age = df.set_index('age')
     df_age
```

Out

age	job	residence
29	marketer	Seoul
30	marketer	Seoul
31	unemployed	Jeju
32	marketer	Seoul
33	marketer	Seoul

set_index 함수는 [코드 4-18]을 보면 알 수 있듯이 자동으로 생성된 숫자 인덱스 대신 존재하는 칼럼 중 하나를 전달하여 인덱스로 설정한다.

코드 4-19 기존 인덱스로 반환하기

```
In   df_reset = df_age.reset_index()
     df_reset
```

Out

	age	job	residence
0	29	marketer	Seoul
1	30	marketer	Seoul
2	31	unemployed	Jeju
3	32	marketer	Seoul
4	33	marketer	Seoul

reset_index 함수는 [코드 4-19]처럼 기존의 인덱스를 칼럼으로 반환한다. 그리고 새로운 숫자 인덱스를 생성한다.

코드 4-20 기존 인덱스 삭제하기

```
In   df_reset_drop = df_age.reset_index(drop=True)
     df_reset_drop
```

Out

	job	residence
0	marketer	Seoul
1	marketer	Seoul
2	unemployed	Jeju
3	marketer	Seoul
4	marketer	Seoul

reset_index(drop=True) 함수는 [코드 4-20]처럼 매개변수 drop=True를 사용하여 기존 인덱스를 칼럼으로 반환하지 않고 삭제한다.

4.3 데이터프레임 인덱싱하기

앞서 리스트에서 인덱스를 사용해 원하는 데이터를 반환했다. 데이터프레임도 인덱싱이 가능하다. 데이터프레임의 인덱싱은 인덱스와 칼럼을 함께 사용하여 데이터를 반환한다.

	A	B	C	D	E	F
1	기간 : 7월 19일 ~ 7월 26일					
2	Customer_ID	이름	나이	직업	성별	전환
3	20001	김영수	29	마케터	남	O
4	20002	조민지	30	마케터	여	O
5	20003	안영희	31	기획자	여	X
6	20004	차정민	32	개발자	남	O
7	20005	구지영	33	기획자	여	X
8	20006	박철호	34	디자이너	남	O
9	20007	김민철	35	마케터	남	X
10	20008	윤미희	36	디자이너	여	X
11	20009	황광수	37	기획자	남	O
12	20010	장지윤	38	마케터	여	O
13						
14	=B3					

그림 4-4 엑셀의 데이터 참조 예시

흔히 데이터를 참조하기 위해 [그림 4-4]처럼 엑셀 시트의 A14셀에 B3셀의 '김영수'라는 데이터의 행 번호와 열 번호를 조합하여 '=B3'라고 입력한다. 데이터프레임에서 인덱싱하는 방법도 엑셀의 방법과 유사하다. `iloc` 인덱서와 `loc` 인덱서 두 가지 방법을 사용하여 원하는 데이터를 추출할 수 있다.

integer-position (column)	0	1	2	3	4	5
integer-position (row)	Customer_ID	이름	나이	직업	성별	전환
0	10000	김영수	29	마케터	남	O
1	10001	조민지	30	마케터	여	O
2	10002	안영희	31	기획자	여	X
3	10003	차정민	32	개발자	남	O
4	10004	구지영	33	기획자	여	X

그림 4-5 인덱서 예시

인덱서는 행을 기준으로 위에서 아래로, 열을 기준으로 왼쪽에서 오른쪽으로 증가하는 순번integer-position을 사용하여 데이터를 반환한다.

지금부터 iloc 인덱서와 loc 인덱서를 알아보기 위해 먼저 판다스를 파이썬으로 불러온 후 엑셀 파일 4장_예제2.xlsx도 함께 불러온다.

코드 4-21 엑셀 데이터 불러오기

```
In    import pandas as pd
      df = pd.read_excel('./4장_예제2.xlsx')
      df
```

Out

	Customer_ID	이름	나이	직업	성별	전환
0	10000	김영수	29	마케터	남	O
1	10001	조민지	30	마케터	여	O
2	10002	안영희	31	기획자	여	X
3	10003	차정민	32	개발자	남	O
4	10004	구지영	33	기획자	여	X

[코드 4-21]의 In 셀을 실행하면 Out 셀의 데이터 결과가 나온다. 이 데이터를 통해 iloc 인덱서와 loc 인덱서를 하나씩 알아보자. 이번 절 역시 판다스를 불러온 것을 전제로 진행하며 4장_예제.xlsx의 데이터를 통해 설명하겠다.

본격적으로 들어가기 앞서 인덱스에 대해 간단히 설명한다. 앞서 인덱스를 주민등록번호에 비유했다. 주민등록번호는 법적으로 중복될 수 없다. 그러나 모든 데이터가 중복되면 안 될까? 데이터의 활용 목적에 따라 중복되도록 할 수도 있다. 다만 데이터에 정확히 접근하는 데 어려움이 따를 것이다. 예를 들어 [코드 4-21]에서 불러온 데이터에서 김영수의 나이를 찾는다면 29가 나온다. 이때 수천 명의 데이터가 있고 김영수가 세 명이라면 결과는 어떻게 될까? 세 명의 나이가 출력된다. 목적에 따라 중복된 결과물이 필요할 수도 있지만 어디까지나 예외적인 상황이며 보통 인덱스는 유일한 값일 경우에 유용하다.

4.3.1 iloc 인덱서

iloc 인덱서integer-location based indexer는 숫자를 사용해서 위치를 지정하는 인덱서이다. 결과가 나오기를 원하는 **데이터프레임변수.iloc[행 번호, 열 번호]**를 입력해보자. 콤마가 생략된

iloc[1]도 있는데 여기서 1은 행 인덱스라는 것을 알아두자. 프로그래밍 언어에서는 0부터 시작하는 경우가 많다는 점을 주의하자. 사람이 숫자를 세는 개념과 달라 처음에는 어색하겠지만 익숙해지면 0부터 시작하지 않을 경우 더 어색해질 것이다.

코드 4-22 iloc 인덱서

```
In    df.iloc[0,0]
Out   10000
```

[코드 4-22]를 보면 알 수 있듯이 iloc의 전달인자로 행 번호, 열 번호에 0을 입력하면 10000이 반환된다.

1 리스트 전달하기

행 인덱스와 열 인덱스에 리스트를 전달하여 해당하는 위치의 자료를 반환할 수 있다. 다음의 코드를 보자.

코드 4-23 리스트 전달하기

```
In    df.iloc[[0,2],[0,2]]
```
Out

	Customer_ID	나이
0	10000	29
2	10002	31

[코드 4-23]은 0, 2행과 0, 2열의 리스트를 전달하여 자료를 반환한 결과가 출력된다.

2 슬라이싱하기

행 인덱스와 열 인덱스에 슬라이싱을 사용하여 해당 범위의 자료를 반환할 수 있다. 이때 콜론(:)만 사용하면 행 전체 혹은 열 전체를 나타낸다.

코드 4-24 슬라이싱하기 ①

```
In    df.iloc[:2,0:2]
```
Out

	Customer_ID	이름
0	10000	김영수
1	10001	조민지

[코드 4-24]는 2행 및 2열 미만을 슬라이싱하여 자료를 반환한 결과이다. 해당하는 'Customer_ID', '이름'의 결과가 Out 셀에 출력된다.

이번에는 2행 이상 5행 미만, 행 전체의 자료를 반환해보겠다. [코드 4-25]처럼 In 셀에 코드를 입력해보자.

코드 4-25 슬라이싱하기 ②

```
In    df.iloc[1:4,:]
```

	Customer_ID	이름	나이	직업	성별	전환
1	10001	조민지	30	마케터	여	O
2	10002	안영희	31	기획자	여	X
3	10003	차정민	32	개발자	남	O

설정한 행과 열에 해당하는 결과가 Out 셀에 출력된다.

3 행 인덱싱하기

iloc 인덱서에 전달인자가 한 개의 숫자만 있는 경우(콤마 없이 숫자만) 해당 숫자의 행 데이터 전체를 반환한다.

먼저 다음 코드를 보자.

코드 4-26 행 인덱싱하기 ①

```
In    df.iloc[1]
Out   Customer_ID    10001
      이름            조민지
      나이            30
      직업            마케터
      성별            여
      전환            O
      Name: 1, dtype: object
```

1행을 전달한다.

이제 2행과 4행의 리스트를 전달하여 결과를 출력해보겠다.

코드 4-27 행 인덱싱하기 ②

In `df.iloc[[2,4]]`

Out

	Customer_ID	이름	나이	직업	성별	전환
2	10002	안영희	31	기획자	여	X
4	10004	구지영	33	기획자	여	X

[코드 4-27]의 In 셀처럼 코드를 입력하면 2행과 4행에 해당하는 결과가 출력된다.

코드 4-28 행 인덱싱하기 ③

In `df.iloc[:2]` # 2행 미만 슬라이싱

Out

	Customer_ID	이름	나이	직업	성별	전환
0	10000	김영수	29	마케터	남	O
1	10001	조민지	30	마케터	여	O

In `df.iloc[1:4]` # 1행 이상 4행 미만 슬라이싱

Out

	Customer_ID	이름	나이	직업	성별	전환
1	10001	조민지	30	마케터	여	O
2	10002	안영희	31	기획자	여	X
3	10003	차정민	32	개발자	남	O

슬라이싱을 사용해서 원하는 행 전체를 반환할 수도 있다. [코드 4-28]의 첫 번째 코드처럼 행 인덱스에는 콜론(:)을 입력하여 행 전체를 선택할 수 있다.

4 열 인덱싱하기

열 인덱스는 칼럼의 순번을 전달하여 자신이 원하는 열의 데이터를 반환할 수 있다.

코드 4-29 열 인덱싱하기 ①

In `df.iloc[:,0]`

Out
```
0    10000
1    10001
2    10002
3    10003
4    10004
Name: Customer_ID, dtype: int64
```

[코드 4-29]는 열 인덱스에 원하는 열을 전달한 결과이다. 코드를 입력한 결과 0열 전체를 출력했다.

코드 4-30 열 인덱싱하기 ②

In `df.iloc[:,[0,2]]`

Out

	Customer_ID	나이
0	10000	29
1	10001	30
2	10002	31
3	10003	32
4	10004	33

[코드 4-30]은 열 인덱스에 리스트를 전달한 결과로 0열과 2열 전체인 'Customer_ID'와 '나이'의 결과가 출력됐다.

iloc 인덱스의 열 인덱스에 콜론을 사용하여 열 데이터를 슬라이싱할 수도 있다. [코드 4-31]의 In 셀처럼 `df.iloc[:,:2]`를 입력해보겠다.

코드 4-31 열 인덱싱하기 ③

In `df.iloc[:,:2]`

Out

	Customer_ID	이름
0	10000	김영수
1	10001	조민지
2	10002	안영희
3	10003	차정민
4	10004	구지영

2열 미만을 슬라이싱한 결과인 'Customer_ID'와 '이름'이 Out 셀에 출력된다.

코드 4-32 열 인덱싱하기 ④

In `df.iloc[:,3:5]`

Out

	직업	성별
0	마케터	남
1	마케터	여
2	기획자	여
3	개발자	남
4	기획자	여

[코드 4-32]의 코드는 3열 이상 5열 미만을 슬라이싱해 '직업'과 '성별'이 Out 셀에 결과로 출력된다.

4.3.2 loc 인덱서

iloc 인덱서가 행 혹은 열의 위치(순번)를 기준으로 데이터를 출력했다면 loc 인덱서label-location based indexer는 행 인덱스(행 이름) 혹은 열 인덱스(칼럼명)를 입력하여 데이터를 반환하는 방법이다.

현업에서 데이터를 다루다 보면 자주 사용해야 하는 칼럼이 있다. iloc 인덱서는 해당 칼럼이 있는 정수 위치를 파악해야 하지만 자주 사용하는 칼럼이라면 loc 인덱서에 인덱스명을 입력하여 데이터를 선택하면 된다. 형태가 같은 데이터라도 칼럼 위치가 변동될 수 있어 iloc 인덱서보다 loc 인덱서가 데이터를 명확하게 반환할 수 있다. 그러나 데이터의 위치를 파악한 후라면 loc 인덱서보다 iloc 인덱서가 다루기 쉽다. iloc 인덱서는 위치 값만 입력하면 되어 인덱스명을 정확하게 입력해야 하는 loc 인덱서보다 간단하게 이용할 수 있다.

결과가 나오기를 원하는 **데이터프레임변수.loc[행 인덱스, 열 인덱스]**를 입력해보자.

코드 4-33 행 인덱스가 숫자로 자동 생성된 경우

```
In    df.loc[0,'Customer_ID']
Out   10000
```

[코드 4-33]를 보면 알 수 있듯이 전체 행 인덱스 중 loc 인덱서에 입력된 숫자 혹은 문자와 일치하는 행의 데이터가 반환된다. 다만 숫자가 입력됐지만 어디까지나 이름이라는 것을 명심하자.

코드 4-34 행 인덱스를 칼럼명으로 지정했을 경우

In
```
df2=pd.read_excel('./4장_예제2.xlsx')
df2=df2.set_index('나이')
df2
```

Out

나이	Customer_ID	이름	직업	성별	전환
29	10000	김영수	마케터	남	O
30	10001	조민지	마케터	여	O
31	10002	안영희	기획자	여	X
32	10003	차정민	개발자	남	O
33	10004	구지영	기획자	여	X

In `df2.loc[29,'Customer_ID']`

Out `10000`

만약 나이가 행 인덱스로 된 예제에서 행 인덱스에 0을 입력하면 어떻게 될까? [코드 4-34]와 같은 결과가 출력될 것이다.

1 loc 인덱서에서 행 및 열 인덱싱하기

쉼표를 사용하여 행 인덱스와 열 인덱스를 함께 입력할 수 있다.

코드 4-35 행과 열 인덱싱하기 ①

In `df.loc[3,'직업']`

Out `'개발자'`

위 코드처럼 행 인덱스에 3을, 열 인덱스에 '**직업**'을 입력하면 결과로 '**개발자**'가 출력된다.

코드 4-36 행과 열 인덱싱하기 ②

In `df.loc[[0,2],['Customer_ID','나이']]`

Out

	Customer_ID	나이
0	10000	29
2	10002	31

[코드 4-36]은 loc 인덱서에 리스트를 전달하여 해당하는 위치의 자료를 반환했다. 리스트를 이용할 때는 괄호와 콤마의 위치에 주의하자.

코드 4-37 행과 열 인덱싱하기 ③

In `df.loc[:2,'Customer_ID':'나이']`

Out

	Customer_ID	이름	나이
0	10000	김영수	29
1	10001	조민지	30
2	10002	안영희	31

행 인덱스와 열 인덱스에 슬라이싱을 사용하여 해당 범위의 자료를 반환할 수 있다. loc 인덱서의 경우 iloc 인덱서와 다르게 슬라이싱의 마지막 값도 포함된다. 이는 순번 정수가 아니라 이름 레이블 기반이기 때문이다. 만약 이름을 행 인덱스로 설정했다고 하자. 김영수 이상 차정민 미만이라고 하면 부자연스럽다. 이름은 수가 아니기 때문이다. 김영수에서 차정민까지가 자연스럽다. [코드 4-37]처럼 입력하면 Out 셀에는 행 이름 1에서 3까지 Customer_ID에서 나이에 해당하는('이름' 포함) 열 인덱스 결과가 출력된다.

코드 4-38 행과 열 인덱싱하기 ④

In `df.loc[1:3,:]`

Out

	Customer_ID	이름	나이	직업	성별	전환
1	10001	조민지	30	마케터	여	O
2	10002	안영희	31	기획자	여	X
3	10003	차정민	32	개발자	남	O

콜론(:)만 사용하면 행 전체 혹은 열 전체를 나타낸다. [코드 4-38]은 행 이름 1부터 3에 해당하는 열 전체를 출력한다.

2 행 인덱싱하기

전달인자가 한 개만 있어 콤마가 생략될 경우 행에 해당하는 데이터 전체를 인덱싱한다. 다음의 코드를 보자.

코드 4-39 행 인덱싱하기 ①

```
In    df.loc[1]
Out   Customer_ID    10001
      이름             조민지
      나이             30
      직업             마케터
      성별             여
      전환             0
      Name: 1, dtype: object
```

[코드 4-39]처럼 loc 인덱서에 행 이름을 전달하여 그 결과로 해당하는 행 데이터 전체를 반환할 수 있다.

코드 4-40 행 인덱싱하기 ②

```
In    df.loc[[2,4]]
```

Out

	Customer_ID	이름	나이	직업	성별	전환
2	10002	안영희	31	기획자	여	X
4	10004	구지영	33	기획자	여	X

loc 인덱서에 리스트를 전달하여 해당하는 행 데이터를 반환할 수도 있다. [코드 4-40]은 2행과 4행에 해당하는 결과가 Out 셀에 출력됐다.

코드 4-41 행 인덱싱하기 ③

```
In    df.loc[:2]
```

Out

	Customer_ID	이름	나이	직업	성별	전환
0	10000	김영수	29	마케터	남	0
1	10001	조민지	30	마케터	여	0
2	10002	안영희	31	기획자	여	X

```
In    df.loc[2:4]
```

Out

	Customer_ID	이름	나이	직업	성별	전환
2	10002	안영희	31	기획자	여	X
3	10003	차정민	32	개발자	남	0
4	10004	구지영	33	기획자	여	X

콜론(:)을 사용하여 행 데이터를 슬라이싱할 수 있다. 앞서 언급한 것처럼 `loc` 인덱서는 슬라이싱의 마지막 값도 포함된다. [코드 4-41]의 코드 두 개 모두 행 이름 2 미만과 4 미만이 아닌 2와 4까지 포함된 결과가 출력됐다.

3 열 인덱싱하기

열 인덱스는 쉼표(,) 앞에 콜론(:)을 입력하여 행 전체를 선택하고, 쉼표 뒤에 열 칼럼명을 입력하여 선택할 수 있다.

코드 4-42 열 인덱싱하기 ①

```
In    df.loc[:,'Customer_ID']
Out   0    10000
      1    10001
      2    10002
      3    10003
      4    10004
      Name: Customer_ID, dtype: int64
```

[코드 4-42]는 행 전체를 선택하고 열 인덱스를 'Customer_ID'를 입력해서 Out 셀에 그 결과가 출력됐다.

코드 4-43 열 인덱싱하기 ②

```
In    df.loc[:,['Customer_ID','나이']]
```

Out

	Customer_ID	나이
0	10000	29
1	10001	30
2	10002	31
3	10003	32
4	10004	33

[코드 4-43]은 열 인덱스 값에 리스트를 전달하여 여러 컬럼을 전달한 결과가 출력된다. 그 결과 행 전체에 'Customer_ID'와 '나이'에 해당하는 값이 출력됐다.

코드 4-44 열 인덱싱하기 ③

```
In    df.loc[:,'나이':'성별']
```

Out

	나이	직업	성별
0	29	마케터	남
1	30	마케터	여
2	31	기획자	여
3	32	개발자	남
4	33	기획자	여

쉼표(,) 앞에 콜론(:)을 입력하여 행 전체를 선택하고, 열 인덱스에는 슬라이싱으로 일부 컬럼을 선택할 수도 있다. [코드 4-44]는 행 전체와 열 인덱스를 '나이'에서 '성별'까지 해당하는 값을 출력했다('직업' 포함).

4.3.3 iloc, loc 인덱서를 이용해 값을 변환하기

지금까지 데이터프레임에서 데이터를 읽어 들이기만 했다면, 데이터프레임을 수정해야 할 경우도 있다.

코드 4-45 iloc 인덱서를 사용한 값 변환하기

In
```
df.iloc[0,5] = 'X'
df
```

Out

	Customer_ID	이름	나이	직업	성별	전환
0	10000	김영수	29	마케터	남	X
1	10001	조민지	30	마케터	여	O
2	10002	안영희	31	기획자	여	X
3	10003	차정민	32	개발자	남	O
4	10004	구지영	33	기획자	여	X

[코드 4-45]는 iloc 인덱서를 이용해 데이터프레임 df의 0행 5열의 값을 문자열 'X'로 치환했다. 즉 '전환' 칼럼의 첫 번째 행 값이 X로 변환된다.

코드 4-46 loc 인덱서를 사용한 값 변환하기

In
```
df.loc[1,'전환'] = 'X'
df
```

Out

	Customer_ID	이름	나이	직업	성별	전환
0	10000	김영수	29	마케터	남	X
1	10001	조민지	30	마케터	여	X
2	10002	안영희	31	기획자	여	X
3	10003	차정민	32	개발자	남	O
4	10004	구지영	33	기획자	여	X

[코드 4-46]은 `loc` 인덱서를 활용해서 값을 변환했다. 1번 인덱스의 '전환' 칼럼에 해당하는 O 값이 X로 변환된다.

코드 4-47 iloc 인덱서와 리스트를 사용한 값 변환하기

In
```
df.iloc[[0,1],3] = ['개발자']
df
```

Out

	Customer_ID	이름	나이	직업	성별	전환
0	10000	김영수	29	개발자	남	X
1	10001	조민지	30	개발자	여	X
2	10002	안영희	31	기획자	여	X
3	10003	차정민	32	개발자	남	O
4	10004	구지영	33	기획자	여	X

[코드 4-47]은 `iloc` 인덱서에 리스트를 전달해서 값을 변환했다. 0행과 1행의 3열에 해당하는 값이 문자열 `'개발자'`로 치환됐다.

코드 4-48 loc 인덱서와 리스트를 활용한 값 변환하기

In
```
df.loc[[2,3],'직업'] = ['마케터','기획자']
df
```

Out

	Customer_ID	이름	나이	직업	성별	전환
0	10000	김영수	29	개발자	남	X
1	10001	조민지	30	개발자	여	X
2	10002	안영희	31	마케터	여	X
3	10003	차정민	32	기획자	남	O
4	10004	구지영	33	기획자	여	X

[코드 4-48]는 `loc` 인덱서에 리스트를 보내 값을 변환했다. 2번 인덱스와 3번 인덱스의 '직

업' 칼럼 값이 각각 '마케터', '기획자'로 변환된다.

리스트로 값을 할당할 때 주의할 점은 전달하는 리스트 숫자를 맞춰야 한다는 점이다. loc[[1,2,3],3]=['개발자']는 모든 값을 개발자로 할당한다. 그러나 iloc[[1,2,3],3]=['개발자','기획자']의 경우에는 오류가 발생한다. iloc[1,3]에는 개발자, iloc[2,3]에는 기획자를 할당할 수 있지만 iloc[3,3]에는 할당할 값이 없기 때문이다. 이 점을 항상 주의하며 사용하자.

이제 다음 코드를 보자.

코드 4-49 iloc 인덱서와 range 함수를 활용한 값 변환하기

In
```
df.iloc[0:2,0] = range(20000,20002)
df
```

Out

	Customer_ID	이름	나이	직업	성별	전환
0	20000	김영수	29	개발자	남	X
1	20001	조민지	30	개발자	여	X
2	10002	안영희	31	마케터	여	X
3	10003	차정민	32	기획자	남	O
4	10004	구지영	33	기획자	여	X

[코드 4-49]는 iloc 인덱서에 슬라이싱을 적용하고, 연속 정수를 만드는 range 함수를 활용했다. 슬라이싱이 두 개 행이므로 range도 두 개가 생성돼야 한다.

이제 loc 인덱서를 변환하는 다음 코드를 보자.

코드 4-50 loc 인덱서와 range 함수를 사용한 값 변환하기

In
```
df.loc[2:4,'Customer_ID'] = range(20002,20005)
df
```

Out

	Customer_ID	이름	나이	직업	성별	전환
0	20000	김영수	29	개발자	남	X
1	20001	조민지	30	개발자	여	X
2	20002	안영희	31	마케터	여	X
3	20003	차정민	32	기획자	남	O
4	20004	구지영	33	기획자	여	X

[코드 4-50]은 loc 인덱서에 슬라이싱을 적용하고 range 함수를 사용해 값을 변환했다.

4.3.4 칼럼명으로 데이터프레임 열 선택하기

지금까지 알아봤듯이 `iloc` 인덱서와 `loc` 인덱서를 사용하여 열 데이터를 가져올 수 있는데 다른 방법도 있다. 칼럼명을 이용해 **데이터프레임['칼럼명']**의 형태로 입력한다. 사용되는 예제는 역시 4장_예제2.xlsx이다. 파일을 불러온 후 칼럼명을 이용한 코드를 입력한다.

코드 4-51 칼럼명으로 데이터프레임 열 선택하기

```
In      df['나이']
Out     0    29
        1    30
        2    31
        3    32
        4    33
        Name: 나이, dtype: int64
```

[코드 4-51]처럼 열 데이터를 가져올 수 있다.

4.3.5 불리언으로 데이터 선택하기

본격적으로 들어가기에 앞서 비교연산자를 알아보겠다. 비교연산자는 파이썬에서 좌항과 우항의 값을 비교할 때 사용된다. 비교연산이 맞으면 True, 틀리면 False를 반환한다.

다음의 [표 4-5]를 참고하자.

표 4-5 비교연산자

연산자	설명	예시(x = 2, y = 1일 경우)	
==	값이 동일하다.	In	x == y
		Out	False
!=	값이 다르다.	In	x! = y
		Out	True
>	왼쪽 값이 오른쪽 값보다 크다.	In	x > y
		Out	True

		In	x < y
<	왼쪽 값이 오른쪽 값보다 작다.	Out	False
>=	왼쪽 값이 오른쪽 값보다 크거나 같다.	In	x >= y
		Out	True
<=	왼쪽 값이 오른쪽 값보다 작거나 같다.	In	x <= y
		Out	False

비교연산자 중 하나인 ==를 이용하여 불리언 마스크를 생성하자. 불리언 마스크란 조건에 만족하면 True 아니면 False의 값을 부여해서 배열을 만드는 것이다. 원하는 값만 반환하기 유리하다. 다시 4장_예제2.xlxs파일로 데이터프레임 df를 생성하고 코드들을 만들어보자.

코드 4-52 불리언 마스크 생성하기

In `df == '마케터'`

Out

	Customer_ID	이름	나이	직업	성별	전환
0	FALSE	FALSE	FALSE	TRUE	FALSE	FALSE
1	FALSE	FALSE	FALSE	TRUE	FALSE	FALSE
2	FALSE	FALSE	FALSE	FALSE	FALSE	FALSE
3	FALSE	FALSE	FALSE	FALSE	FALSE	FALSE
4	FALSE	FALSE	FALSE	FALSE	FALSE	FALSE

[코드 4-52]처럼 생성된 불리언 마스크를 데이터프레임에 적용해보자.

코드 4-53 불리언 마스크를 데이터프레임에 적용하기

In `df[df == '마케터']`

Out

	Customer_ID	이름	나이	직업	성별	전환
0	NaN	NaN	NaN	마케터	NaN	NaN
1	NaN	NaN	NaN	마케터	NaN	NaN
2	NaN	NaN	NaN	NaN	NaN	NaN
3	NaN	NaN	NaN	NaN	NaN	NaN
4	NaN	NaN	NaN	NaN	NaN	NaN

True에 해당하는 값은 [코드 4-53]에 입력한 것처럼 **'마케터'**로 출력되고 False에 해당하는 값은 결측치인 NaN(판다스에서 결측치를 나타내는 데이터 타입)로 출력된다.

코드 4-54 칼럼에 불리언 마스크 생성하기

```
In    df['직업'] == '마케터'
Out   0    True
      1    True
      2    False
      3    False
      4    False
      Name: 직업, dtype: bool
```

[코드 4-54]처럼 열에 대하여 불리언 마스크를 만들 수 있다. **'직업'** 칼럼에 **'마케터'**라는 불리언 마스크를 생성하여 True 값을 도출해냈다.

코드 4-55 컬럼에 불리언 마스크을 생성하여 데이터프레임에 적용하기

```
In    df[df['직업'] == '마케터']
```

Out

	Customer_ID	이름	나이	직업	성별	전환
0	10000	김영수	29	마케터	남	0
1	10001	조민지	30	마케터	여	0

[코드 4-55]는 생성한 불리언 마스크를 데이터프레임에 적용하여 해당 열에서 True인 값이 속한 모든 행을 출력한 결과물이다. 이 방식은 엑셀에서 필터 기능을 사용하는 것과 같다. 현업에서 파이썬으로 데이터를 다룰 때 자주 사용하는 방식이므로 꼭 알아두도록 하자.

한 개 이상의 불리언 마스크를 적용하여(여러 조건을 적용하여) 데이터를 추출할 때가 있다. 이때는 다음과 같이 코딩한다.

코드 4-56 칼럼에 & 조건을 적용해서 불리언 마스크 생성하기

```
In    (df['직업'] == '마케터') & (df['나이'] >= 30)
Out   0    False
      1    True
      2    False
      3    False
      4    False
      dtype: bool
```

먼저 각 불리언 마스크를 괄호로 묶고 그후 논리연산자로 연결해서 원하는 결과를 추출하면 된다. &는 앰퍼샌드 ampersand 라 불리며 and 조건을 뜻한다. 즉 각 조건이 공통으로 만족하는 결과를 출력한다.

코드 4-57 불리언 마스크를 데이터프레임에 적용하기

```
In    df[(df['직업'] == '마케터') & (df['나이'] >= 30)]
```

Out
	Customer_ID	이름	나이	직업	성별	전환
1	10001	조민지	30	마케터	여	0

[코드 4-57]처럼 생성한 불리언 마스크를 데이터프레임에 적용하면 해당 열에서 True인 값이 속한 모든 행, 즉 '직업'이 '마케터'이면서 '나이'가 '30'세 이상인 값을 출력한다.

코드 4-58 논리합을 사용하여 불리언 마스크 생성하기

```
In    (df['직업'] == '마케터') | (df['직업'] == '디자이너')
```

```
Out   0    True
      1    True
      2    False
      3    False
      4    False
      Name: 직업, dtype: bool
```

| 는 파이프 pipe로 불리며 논리합으로 or 조건을 뜻한다. 즉 둘 중 한 조건만 만족하면 된다. [코드 4-58]은 '직업'이 '마케터'이거나 '디자이너'면 True 아니면 False를 출력한다.

코드 4-59 불리언 마스크를 데이터프레임에 적용하기

```
In    df[(df['직업'] == '마케터') | (df['직업'] == '디자이너')]
```

Out
	Customer_ID	이름	나이	직업	성별	전환
0	10000	김영수	29	마케터	남	0
1	10001	조민지	30	마케터	여	0

[코드 4-59]처럼 생성한 불리언 마스크를 데이터프레임에 적용하면 해당 열에서 True인 값이 속한 데이터프레임, 즉 '직업'이 '마케터'이거나 '디자이너'인 값을 출력한다.

4.4 데이터프레임 함수 사용하기

데이터프레임 함수를 알아보기 위해 '데이터프레임 제공 함수'에서는 4장_예제_ads.xlsx, '데이터프레임 기본 함수'에서는 4장_예제.xlsx, 본격적인 함수 사용을 알아볼 때는 4장_예제.xlsx, 4장_예제_concat.xlsx, 4장_예제_merge.xlsx를 활용한다.

4.4.1 데이터프레임 제공 함수

판다스는 데이터프레임의 집계 함수를 제공한다. 7월 1일부터 7월 7일까지의 구글, 페이스북, 인스타그램 노출 수 데이터를 사용하여 실습해보자. 파일은 4장_예제_ads.xlsx를 활용한다. 이번 절 역시 파이썬으로 판다스를 먼저 불러오자.

코드 4-60 엑셀 데이터 불러오기

```
In      import pandas as pd

        df_imp = pd.read_excel('./4장_예제_ads.xlsx',sheet_name='Sheet1')
        df_imp = df_imp.set_index('분류')
        df_imp
Out
```

분류	7월 1일	7월 2일	7월 3일	7월 4일	7월 5일	7월 6일	7월 7일
구글	285074	293293	339713	252821	250520	273146	NaN
페이스북	156456	182968	100365	181700	194327	117196	NaN
인스타그램	198685	160298	134871	201317	209020	108881	NaN

[코드 4-60]에서는 데이터프레임 `df_imp`를 생성하고 분류(광고 매체)를 인덱스로 설정했다. 7월 7일의 데이터는 NaN, 즉 결측치(광고 집행이 없던 날짜)이며 파이썬에서 제공하는 데이터프레임 집계 함수는 기본적으로 결측치를 제외하고 계산한다.

결측 값 포함 여부는 `skipna` 매개변수에 `True` 혹은 `False`를 할당하여 처리할 수 있다. 매체별 주간 노출 수를 합계한 코드인 [코드 4-61]과 [코드 4-62]를 비교해보자. `axis=1`은 열을 따라서 합산한다.

코드 4-61 skipna 매개변수가 없을 경우

```
In    df_imp.sum(axis=1)
Out   분류
      구글          1694567.0
      페이스북        933012.0
      인스타그램      1013072.0
      dtype: float64
```

[코드 4-61]처럼 skipna 매개변수가 없을 경우 True로 처리된다.

코드 4-62 skipna 매개변수에 False를 할당한 경우

```
In    df_imp.sum(axis=1,skipna=False)
Out   분류
      구글          NaN
      페이스북        NaN
      인스타그램      NaN
      dtype: float64
```

[코드 4-62]처럼 skipna 매개변수에 False를 할당하면 결측 값이 나오게 된다. skipna는 NaN을 건너뛰라는 것을 뜻한다. NaN을 포함해서 연산하면 계산이 안 되기 때문에 연산 결과 역시 NaN이 나올 수밖에 없다. NaN을 포함한다는 것은 결측 값이 발생하면 해당 데이터는 고려하지 않겠다는 의미다.

칼럼별 통계량을 요약해서 보고 싶다면 describe 함수를 사용한다. 함수를 사용한 [코드 4-63]을 보자.

코드 4-63 칼럼별 통계량 요약해서 보기

```
In    df_imp.describe()
```

Out

	7월 1일	7월 2일		7월 6일	7월 7일
count	3.00000	3.000000		3.000000	0.0
mean	213405.00000	212186.333333		166407.666667	NaN
std	65560.32551	71149.144467		92531.554933	NaN
min	156456.00000	160298.000000	...	108881.000000	NaN
25%	177570.50000	171633.000000		113038.500000	NaN
50%	198685.00000	182968.000000		117196.000000	NaN
75%	241879.50000	238130.500000		195171.000000	NaN
max	285074.00000	293293.000000		273146.000000	NaN

[코드 4-63]의 결과를 보자. Out 셀에 행 인덱스 순서대로 데이터의 개수(count), 평균(mean), 표준편차(std), 최솟값(min), 1사분위수, 2사분위수, 3사분위수, 최댓값(max)을 출력한다.

1 axis의 이해하기

컴퓨터 프로그램에서는 사용자가 별도로 지정하지 않을 경우 자동으로 값을 설정해서 작동한다. 예를 들어 MS 워드를 처음 시작하면 폰트는 맑은 고딕, 폰트 사이즈는 10pt로 설정돼 있다. 함수도 같은 원리로 디폴트(기본값)로 설정된 함수가 있고 이런 함수는 사용자가 바꿔서 설정할 수 있다.

axis 매개변수 여부에 따라 열 기준, 행 기준으로 연산해준다. axis는 축을 의미하고, 함수의 연산 방향을 지정한다. 몇몇 함수에서 행 인덱스 혹은 열 인덱스를 가리키는 데 사용된다.

코드 4-64 행 방향 연산

```
In    df_imp.sum(axis=0)

Out   7월 1일     640215.0
      7월 2일     636559.0
      7월 3일     574949.0
      7월 4일     635838.0
      7월 5일     653867.0
      7월 6일     499223.0
      7월 7일         0.0
      dtype: float64
```

[코드 4-64]처럼 axis=0 혹은 axis 매개변수를 별도로 입력하지 않으면 행 방향에 따라 연산된다.

코드 4-65 열 방향 연산

```
In    df_imp.sum(axis=1)

Out   분류
      구글          1694567.0
      페이스북         933012.0
      인스타그램       1013072.0
      dtype: float64
```

axis=1을 입력하면 [코드 4-65]의 결과처럼 열 방향에 따라 연산된다.

코드 4-66 drop 함수 사용하기 ①

In   `df_imp.drop('구글')`

Out

	7월 1일	7월 2일	...	7월 6일	7월 7일
분류					
페이스북	156456	182968		117196	NaN
인스타그램	198685	160298		108881	NaN

[코드 4-66]처럼 drop 함수는 axis = 0 혹은 axis 매개변수를 별도로 입력하지 않으면 행 인덱스를 선택한다.

만약 광고 집행이 없어 데이터가 NaN인 7월 7일을 삭제하려면 어떻게 해야 할까?

코드 4-67 drop 함수 사용하기 ②

In   `df_imp.drop('7월 7일',axis=1)`

Out

	7월 1일	7월 2일	7월 3일	7월 4일	7월 5일	7월 6일
분류						
구글	285074	293293	339713	252821	250520	273146
페이스북	156456	182968	100365	181700	194327	117196
인스타그램	198685	160298	134871	201317	209020	108881

[코드 4-67]처럼 drop 함수에 칼럼명 '7월 7일'과 axis=1을 입력하면 열 인덱스를 선택한다.

axis의 기본을 알아봤으니 이제 sum, mean, min, max, count, median, quantile, idxmin, idxmax, pct_change, cumsum, diff 함수를 각각 열 기준과 행 기준으로 실행해보자.

먼저 다음 코드를 보자.

코드 4-68 sum 함수 사용하기

In   `df_imp.sum()`

Out
```
7월 1일    640215.0
7월 2일    636559.0
7월 3일    574949.0
7월 4일    635838.0
7월 5일    653867.0
7월 6일    499223.0
7월 7일         0.0
dtype: float64
```

In   `df_imp.sum(axis=1)`

Out
```
분류
구글         1694567.0
페이스북        933012.0
인스타그램      1013072.0
dtype: float64
```

sum 함수는 합계를 출력한다.

코드 4-69 mean 함수 사용하기

```
In    df_imp.mean()
Out   7월 1일    213405.000000
      7월 2일    212186.333333
      7월 3일    191649.666667
      7월 4일    211946.000000
      7월 5일    217955.666667
      7월 6일    166407.666667
      7월 7일              NaN
      dtype: float64
```

```
In    df_imp.mean(axis=1)
Out   분류
      구글         282427.833333
      페이스북       155502.000000
      인스타그램      168845.333333
      dtype: float64
```

mean 함수는 평균을 출력한다.

코드 4-70 min 함수 사용하기

```
In    df_imp.min()
Out   7월 1일    156456.0
      7월 2일    160298.0
      7월 3일    100365.0
      7월 4일    181700.0
      7월 5일    194327.0
      7월 6일    108881.0
      7월 7일         NaN
      dtype: float64
```

```
In    df_imp.min(axis=1)
Out   분류
      구글         250520.0
      페이스북       100365.0
      인스타그램      108881.0
      dtype: float64
```

min 함수는 최솟값을 출력한다.

코드 4-71 max 함수 사용하기

```
In    df_imp.max()
Out   7월 1일    285074.0
      7월 2일    293293.0
      7월 3일    339713.0
      7월 4일    252821.0
      7월 5일    250520.0
      7월 6일    273146.0
      7월 7일         NaN
      dtype: float64
```

```
In    df_imp.max(axis=1)
Out   분류
      구글         339713.0
      페이스북       194327.0
      인스타그램      209020.0
      dtype: float64
```

max 함수는 최댓값을 출력한다.

코드 4-72 count 함수 사용하기

In	df_imp.count()		In	df_imp.count(axis=1)
Out	7월 1일　　3 7월 2일　　3 7월 3일　　3 7월 4일　　3 7월 5일　　3 7월 6일　　3 7월 7일　　0 dtype: int64		Out	분류 구글　　　　6 페이스북　　6 인스타그램　6 dtype: int64

count 함수는 개수를 출력한다.

코드 4-73 median 함수 사용하기

In	df_imp.median()		In	df_imp.median(axis=1)
Out	7월 1일　　198685.0 7월 2일　　182968.0 7월 3일　　134871.0 7월 4일　　201317.0 7월 5일　　209020.0 7월 6일　　117196.0 7월 7일　　　　NaN dtype: float64		Out	분류 구글　　　　279110.0 페이스북　　169078.0 인스타그램　179491.5 dtype: float64

median 함수는 중앙 값을 출력한다.

코드 4-74 quantile 함수 사용하기

In	df_imp.quantile()		In	df_imp.quantile(axis=1)
Out	7월 1일　　198685.0 7월 2일　　182968.0 7월 3일　　134871.0 7월 4일　　201317.0 7월 5일　　209020.0 7월 6일　　117196.0 7월 7일　　　　NaN Name: 0.5, dtype: float64		Out	분류 구글　　　　279110.0 페이스북　　169078.0 인스타그램　179491.5 Name: 0.5, dtype: float64

quantile 함수는 기본적으로 중앙값(2사분위수)을 출력하며, 0 이상 1 이하의 값을 전달하면 해당하는 위치의 분위수를 출력한다.

코드 4-75 idxmin 함수 사용하기

In	`df_imp.idxmin()`	In	`df_imp.idxmin(axis=1)`
Out	7월 1일 페이스북 7월 2일 인스타그램 7월 3일 페이스북 7월 4일 페이스북 7월 5일 페이스북 7월 6일 인스타그램 7월 7일 NaN dtype: object	Out	분류 구글 7월 5일 페이스북 7월 3일 인스타그램 7월 6일 dtype: object

idxmin 함수는 최솟값의 색인을 출력한다.

코드 4-76 idxmax 함수 사용하기

In	`df_imp.idxmax()`	In	`df_imp.idxmax(axis=1)`
Out	7월 1일 구글 7월 2일 구글 7월 3일 구글 7월 4일 구글 7월 5일 구글 7월 6일 구글 7월 7일 NaN dtype: object	Out	분류 구글 7월 3일 페이스북 7월 5일 인스타그램 7월 5일 dtype: object

idxmax 함수는 최댓값의 색인을 출력한다.

코드 4-77 pct_change 함수 사용하기

In   `df_imp.pct_change()`

Out

분류	7월 1일	7월 2일	7월 3일	...	7월 6일	7월 7일
구글	NaN	NaN	NaN	...	NaN	NaN
페이스북	-0.451174	-0.376160	-0.704559		-0.57094	NaN
인스타그램	0.269910	-0.123901	0.343805		-0.07095	NaN

In   `df_imp.pct_change(axis=1)`

Out

분류	7월 1일	7월 2일	7월 3일	...	7월 6일	7월 7일
구글	NaN	0.028831	0.158272	...	0.090316	0.0
페이스북	NaN	0.169453	-0.451461	...	-0.396913	0.0
인스타그램	NaN	-0.193205	-0.158623	...	-0.479088	0.0

pct_change 함수는 변화율을 출력한다.

코드 4-78 cumsum 함수 사용하기

In `df_imp.cumsum()`

Out

분류	7월 1일	7월 2일	7월 3일	...	7월 6일	7월 7일
구글	285074	293293	339713	...	273146	NaN
페이스북	441530	476261	440078	...	390342	NaN
인스타그램	640215	636559	574949	...	499223	NaN

In `df_imp.cumsum(axis=1)`

Out

분류	7월 1일	7월 2일	7월 3일	...	7월 6일	7월 7일
구글	285074.0	578367.0	918080.0	...	1694567.0	NaN
페이스북	156456.0	339424.0	439789.0	...	933012.0	NaN
인스타그램	198685.0	358983.0	493854.0	...	1013072.0	NaN

cumsum 함수는 누적 합을 출력한다.

코드 4-79 diff 함수 사용하기

In `df_imp.diff()`

Out

분류	7월 1일	7월 2일	7월 3일	...	7월 6일	7월 7일
구글	NaN	NaN	NaN	...	NaN	NaN
페이스북	-128618.0	-110325.0	-239348.0	...	-155950.0	NaN
인스타그램	42229.0	-22670.0	34506.0	...	-8315.0	NaN

In `df_imp.diff(axis=1)`

Out		7월 1일	7월 2일	7월 3일	...	7월 6일	7월 7일
	분류						
	구글	NaN	8219.0	46420.0	...	22626.0	NaN
	페이스북	NaN	26512.0	-82603.0	...	-77131.0	NaN
	인스타그램	NaN	-38387.0	-25427.0	...	-100139.0	NaN

`diff` 함수는 차이 값을 출력한다.

4.4.2 데이터프레임 기본 함수

4장_예제.xlsx의 데이터프레임을 열어보자. 이미 판다스는 불러왔다는 것을 전제로 한다.

코드 4-80 엑셀 데이터 불러오기

```
In    df=pd.read_excel('./4장_예제.xlsx')
      df
```

Out

	Customer_ID	이름	나이	직업	성별	전환
0	10000	김영수	29	마케터	남	O
1	10001	조민지	30	마케터	여	O
2	10002	안영희	31	기획자	여	X
3	10003	차정민	32	개발자	남	O
4	10004	구지영	33	기획자	여	X
5	10005	박철호	34	디자이너	남	O
6	10006	김민철	35	마케터	남	X
7	10007	윤미희	36	디자이너	여	X
8	10008	황광수	37	기획자	남	O
9	10009	장지윤	38	마케터	여	O

지금부터 각 함수를 테스트해보자. `head`, `tail`, `rename`, `sort_values`, `drop` 함수와 `index`, `shape`, `columns` 속성에 대해서 알아보겠다.

코드 4-81 head 함수 사용하기

In   `df.head()`

Out

	Customer_ID	이름	나이	직업	성별	전환
0	10000	김영수	29	마케터	남	O
1	10001	조민지	30	마케터	여	O
2	10002	안영희	31	기획자	여	X
3	10003	차정민	32	개발자	남	O
4	10004	구지영	33	기획자	여	X

head 함수는 첫 5행을 출력한다. 함수에 숫자를 전달하면 해당 숫자만큼 행을 출력한다.

코드 4-82 tail 함수 사용하기

In   `df.tail()`

Out

	Customer_ID	이름	나이	직업	성별	전환
5	10005	박철호	34	디자이너	남	O
6	10006	김민철	35	마케터	남	X
7	10007	윤미희	36	디자이너	여	X
8	10008	황광수	37	기획자	남	O
9	10009	장지윤	38	마케터	여	O

tail 함수는 마지막 5행을 출력한다. 함수에 숫자를 전달하면 해당 숫자만큼 행을 출력한다.

index, shape, columns는 속성attribute이다. 함수는 어떤 기능을 수행하지만 속성은 데이터프레임의 기본 속성(크기, 행, 칼럼 등의 정보)을 보여준다. 마케터는 이를 구별하는 실익이 크지 않으니 이런 속성이 있다는 것만 알아두자. 참고로 함수는 ( )가 있지만 속성은 괄호가 없다.

코드 4-83 index 속성 확인하기

In   `df.index`

Out   `RangeIndex(start=0, stop=10, step=1)`

index를 실행하면 데이터프레임의 행 인덱스 범위를 출력한다.

코드 4-84 shape 속성 확인하기

In   `df.shape`

Out   `(10, 6)`

shape는 데이터프레임의 행, 열의 수를 출력한다.

코드 4-85 columns 속성 확인하기

In   df.columns
Out   Index(['Customer_ID', '이름', '나이', '직업', '성별', '전환'],
      dtype='object')

columns는 데이터프레임의 칼럼명을 출력한다.

코드 4-86 rename 함수로 행 인덱스 변경하기

In   df.rename({0:'첫번째',1:'두번째'})
Out

	Customer_ID	이름	나이	직업	성별	전환
첫번째	10000	김영수	29	마케터	남	O
두번째	10001	조민지	30	마케터	여	O
2	10002	안영희	31	기획자	여	X
3	10003	차정민	32	개발자	남	O
4	10004	구지영	33	기획자	여	X
5	10005	박철호	34	디자이너	남	O
6	10006	김민철	35	마케터	남	X
7	10007	윤미희	36	디자이너	여	X
8	10008	황광수	37	기획자	남	O
9	10009	장지윤	38	마케터	여	O

rename 함수는 데이터프레임의 행과 열 인덱스 이름을 변경한다.

코드 4-87 rename 함수로 열 인덱스 변경하기

In   df.rename({'Customer_ID':'고객번호','나이':'연령'},axis=1)
Out

	고객번호	이름	연령	직업	성별	전환
0	10000	김영수	29	마케터	남	O
1	10001	조민지	30	마케터	여	O
2	10002	안영희	31	기획자	여	X
3	10003	차정민	32	개발자	남	O
4	10004	구지영	33	기획자	여	X
5	10005	박철호	34	디자이너	남	O
6	10006	김민철	35	마케터	남	X
7	10007	윤미희	36	디자이너	여	X
8	10008	황광수	37	기획자	남	O
9	10009	장지윤	38	마케터	여	O

열 인덱스명을 변경할 때는 axis=1을 넣는다.

코드 4-88 sort_values 함수로 오름차순 정렬하기

In `df.sort_values('나이')`

Out

	Customer_ID	이름	나이	직업	성별	전환
0	10000	김영수	29	마케터	남	O
1	10001	조민지	30	마케터	여	O
2	10002	안영희	31	기획자	여	X
3	10003	차정민	32	개발자	남	O
4	10004	구지영	33	기획자	여	X
5	10005	박철호	34	디자이너	남	O
6	10006	김민철	35	마케터	남	X
7	10007	윤미희	36	디자이너	여	X
8	10008	황광수	37	기획자	남	O
9	10009	장지윤	38	마케터	여	O

sort_values 함수는 전달된 인덱스를 기준으로 전체 데이터프레임을 정렬한다. 디폴트는 오름차순 정렬이다.

코드 4-89 sort_values 함수로 내림차순 정렬하기

In `df.sort_values('나이',ascending=False)`

Out

	Customer_ID	이름	나이	직업	성별	전환
9	10009	장지윤	38	마케터	여	O
8	10008	황광수	37	기획자	남	O
7	10007	윤미희	36	디자이너	여	X
6	10006	김민철	35	마케터	남	X
5	10005	박철호	34	디자이너	남	O
4	10004	구지영	33	기획자	여	X
3	10003	차정민	32	개발자	남	O
2	10002	안영희	31	기획자	여	X
1	10001	조민지	30	마케터	여	O
0	10000	김영수	29	마케터	남	O

내림차순으로 정렬하려면 ascending 전달인자로 False를 할당한다.

코드 4-90 drop 함수 사용하기

In   df.drop('이름',axis=1)

Out

	Customer_ID	나이	직업	성별	전환
0	10000	29	마케터	남	O
1	10001	30	마케터	여	O
2	10002	31	기획자	여	X
3	10003	32	개발자	남	O
4	10004	33	기획자	여	X
5	10005	34	디자이너	남	O
6	10006	35	마케터	남	X
7	10007	36	디자이너	여	X
8	10008	37	기획자	남	O
9	10009	38	마케터	여	O

drop 함수는 axis 매개변수에 따라 행 또는 열을 선택할 수 있다. drop 함수에는 원본 데이터의 변경 여부를 결정하는 inplace 매개변수가 있다. 디폴트는 원본 데이터 유지인 inplace=False로 설정되어 있다.

코드 4-91 drop 함수로 삭제된 원본 데이터 반영하기

In   df.drop('이름',axis=1,inplace=True)
     df

Out

	Customer_ID	나이	직업	성별	전환
0	10000	29	마케터	남	O
1	10001	30	마케터	여	O
2	10002	31	기획자	여	X
3	10003	32	개발자	남	O
4	10004	33	기획자	여	X
5	10005	34	디자이너	남	O
6	10006	35	마케터	남	X
7	10007	36	디자이너	여	X
8	10008	37	기획자	남	O
9	10009	38	마케터	여	O

df를 다시 실행해보면 원본 데이터가 그대로인 것을 알 수 있다. 만약 삭제된 내용을 원본 데이터에 반영하고 싶다면 inplace 매개변수에 True 값을 할당하면 된다.

4.4.3 concat과 merge로 데이터 합치기

데이터를 다루면 새로운 데이터를 추가하거나 변경해야 할 일이 생긴다. 추가하는 방법은 여러 방식이 있다. 새로운 항을 추가하거나 기존 데이터에서 중복을 제거하면서 추가하기도 한다. 이런 기능을 하는 함수로 concat과 merge 함수를 설명하겠다.

concat 함수와 merge 함수를 알아보기 위해 4장_예제.xlsx, 4장_예제_concat.xlsx, 4장_예제_merge.xlsx 파일을 사용하겠다.

1 concat 함수

기존 고객의 데이터에 더하여 새로운 고객을 추가하거나 기존 고객의 데이터에 추가 정보를 입력할 수 있다. 이때 판다스의 concat 함수를 사용하여 처리하면 된다. 다음 예제를 통해 알아보자.

코드 4-92 엑셀 데이터 불러오기

```
df = pd.read_excel('./4장_예제.xlsx')
df_add = pd.read_excel('./4장_예제_concat.xlsx',sheet_name='추가고객')
df_inform = pd.read_excel('./4장_예제_concat.xlsx',sheet_name='고객정보')
```

먼저 [코드 4-92]와 같이 입력해 4장_예제.xlsx와 4장_예제_concat.xlsx 파일을 불러온다. concat.xls 파일의 경우 추가고객 시트와 고객정보 시트를 불러온다. df_add는 추가할 고객 네 명의 고객 리스트를 가진 데이터이고, df_inform은 4장_예제.xlsx의 고객 전화번호를 가진 데이터이다. 이를 각각 결합해볼 것이다.

코드 4-93 concat 함수 사용하기

```
In    pd.concat([df,df_add])
```

	Customer_ID	이름	나이	직업	성별	전환
0	10000	김영수	29	마케터	남	O
1	10001	조민지	30	마케터	여	O
2	10002	안영희	31	기획자	여	X
3	10003	차정민	32	개발자	남	O
4	10004	구지영	33	기획자	여	X
5	10005	박철호	34	디자이너	남	O
6	10006	김민철	35	마케터	남	X

	Customer_ID	이름	나이	직업	성별	전환
7	10007	윤미희	36	디자이너	여	X
8	10008	황광수	37	기획자	남	O
9	10009	장지윤	38	마케터	여	O
0	10010	배민수	25	기획자	남	X
1	10011	이민정	31	마케터	여	X
2	10012	홍미희	27	디자이너	여	O
3	10013	정민철	35	개발자	남	O

concat 함수에 데이터프레임 변수를 리스트로 전달하면 변수의 동일한 칼럼을 기준으로 행 방향으로 합친다.

여기서 짚고 넘어갈 점은 데이터가 합쳐졌다고 해서 df에 변화가 있는 것은 아니다. [코드 4-93]은 합친 결과물만 출력한다. 만약 합친 데이터프레임을 다루고 싶다면 합칠 때 저장할 데이터프레임을 지정하거나 [코드 4-94]처럼 df2로 새로운 데이터프레임을 만들어야 한다.

코드 4-94 새로운 데이터프레임 만들기

```
df2 = pd.concat([df,df_add])
```

그렇지 않다면 워드 문서를 작성하고 저장하지 않는 것과 같다.

코드 4-95 concat 함수에 axis 할당하기

```
In    pd.concat([df,df_inform],axis=1)
```
Out

	Customer_ID	이름	나이	직업	성별	전환	전화번호	직급
0	10000	김영수	29	마케터	남	O	010-6789-****	사원
1	10001	조민지	30	마케터	여	O	010-4703-****	주임
2	10002	안영희	31	기획자	여	X	010-0157-****	주임
3	10003	차정민	32	개발자	남	O	010-8254-****	대리
4	10004	구지영	33	기획자	여	X	010-6087-****	대리
5	10005	박철호	34	디자이너	남	O	010-3030-****	과장
6	10006	김민철	35	마케터	남	X	010-4821-****	차장
7	10007	윤미희	36	디자이너	여	X	010-7161-****	차장
8	10008	황광수	37	기획자	남	O	010-2929-****	부장
9	10009	장지윤	38	마케터	여	O	010-9443-****	부장

[코드 4-95]처럼 매개변수 axis에 1을 할당하여 열 방향으로 합칠 수도 있다.

코드 4-96 엑셀 데이터 불러오기

In
```
df = pd.read_excel('./4장_예제.xlsx')
df
```

Out

	Customer_ID	이름	나이	직업	성별	전환
0	10000	김영수	29	마케터	남	O
1	10001	조민지	30	마케터	여	O
2	10002	안영희	31	기획자	여	X
3	10003	차정민	32	개발자	남	O
4	10004	구지영	33	기획자	여	X
5	10005	박철호	34	디자이너	남	O
6	10006	김민철	35	마케터	남	X
7	10007	윤미희	36	디자이너	여	X
8	10008	황광수	37	기획자	남	O
9	10009	장지윤	38	마케터	여	O

In
```
df_inform2 = pd.read_excel('./4장_예제_concat.xlsx',sheet_name='고객정보(2)')
df_inform2
```

Out

	Customer_ID	전화번호	직급
0	10009	010-6789-****	사원
1	10001	010-4703-****	주임
2	10002	010-0157-****	주임
3	10003	010-8254-****	대리
4	10004	010-6087-****	대리
5	10005	010-3030-****	과장
6	10006	010-4821-****	차장
7	10007	010-7161-****	차장
8	10008	010-2929-****	부장
9	10000	010-9443-****	부장

[코드 4-96]처럼 입력해 먼저 고객 기본 정보 파일과 고객 추가 정보 파일을 다시 불러온다. 데이터 모두 Customer_ID 칼럼이 존재하며 한 명의 고객 정보가 하나의 Customer_ID로 관리되는 것을 확인할 수 있다. 두 데이터를 concat 함수로 합쳤을 때 그 결과는 Customer_ID별로 묶인 결과가 출력돼야 한다.

코드 4-97 concat으로 단순하게 합치기

In `pd.concat([df,df_inform2],axis=1)`

Out

	Customer_ID	이름	나이	Customer_ID	전화번호	직급
0	10000	김영수	29	10009	010-6789-****	사원
1	10001	조민지	30	10001	010-4703-****	주임
2	10002	안영희	31	10002	010-0157-****	주임
3	10003	차정민	32	10003	010-8254-****	대리
4	10004	구지영	33 …	10004	010-6087-****	대리
5	10005	박철호	34	10005	010-3030-****	과장
6	10006	김민철	35	10006	010-4821-****	차장
7	10007	윤미희	36	10007	010-7161-****	차장
8	10008	황광수	37	10008	010-2929-****	부장
9	10009	장지윤	38	10000	010-9443-****	부장

그런데 고객 추가 정보의 Customer_ID를 살펴보면 순차적으로 정렬되지 않았다.

공통 칼럼 순서가 다른 두 데이터를 합쳐야 할 경우가 있는데 두 데이터를 단순히 concat 함수로 합치면 Customer_ID별로 묶이지 않는다. 이를 해결할 수 있는 방법은 여러 방법이 있겠지만 가장 효율적인 방법 중 하나는 공통 칼럼을 인덱스로 설정한 뒤 concat 함수를 사용하는 것이다.

코드 4-98 공통 칼럼 순서가 다른 두 데이터 합치기

In
```
df_idx = df.set_index('Customer_ID')
df_inform2_idx = df_inform2.set_index('Customer_ID')
pd.concat([df_idx,df_inform2_idx],axis=1)
```

Out

Customer_ID	이름	나이	직업	성별	전환	전화번호	직급
10000	김영수	29	마케터	남	O	010-9443-****	부장
10001	조민지	30	마케터	여	O	010-4703-****	주임
10002	안영희	31	기획자	여	X	010-0157-****	주임
10003	차정민	32	개발자	남	O	010-8254-****	대리
10004	구지영	33	기획자	여	X	010-6087-****	대리
10005	박철호	34	디자이너	남	O	010-3030-****	과장
10006	김민철	35	마케터	남	X	010-4821-****	차장
10007	윤미희	36	디자이너	여	X	010-7161-****	차장
10008	황광수	37	기획자	남	O	010-2929-****	부장
10009	장지윤	38	마케터	여	O	010-6789-****	사원

[코드 4-98]의 결과를 살펴보면 Customer_ID별로 고객 데이터가 출력된 것을 확인할 수 있다.

2 merge 함수

두 데이터프레임을 합치는 함수로 merge가 있다. merge는 관계형 데이터베이스(오라클, MySQL 등)에서 사용되는 join문을 판다스의 함수로 구현한 것이다. 먼저 [코드 4-99]처럼 입력해 4장_예제_merge.xlsx 파일을 불러온다.

코드 4-99 엑셀 데이터 불러오기

```
df_conv = pd.read_excel('./4장_예제_merge.xlsx',sheet_name='conv')
df_log = pd.read_excel('./4장_예제_merge.xlsx',sheet_name='log')
```

merge 함수는 다음과 같이 작동한다.

첫째, 두 데이터프레임이 연산의 대상이 된다. merge 함수의 매개변수에 입력된 데이터프레임 중 첫 번째 입력된 데이터프레임을 '왼쪽 데이터프레임'이라 지칭한다. 두 번째 입력된 데이터프레임을 '오른쪽 데이터프레임'이라 지칭한다. 둘째, 두 데이터프레임의 공통 칼럼에 있는 데이터가 조인의 기준이 된다. 셋째, 두 데이터프레임을 결합하는 방법을 '조인join'이라고 한다. merge 함수의 매개변수 how에 입력되는 조인의 종류(inner, outer, left, right)에 따라 데이터프레임이 만들어진다.

다음의 함수를 보자.

코드 4-100 df_conv와 df_log 데이터프레임

In	df_conv			
Out		Customer_ID	사용기기	구매상품
	0	10003	PC	A
	1	10005	M	B
	2	10006	유선전화	A

| In | df_log |

```
Out        Customer_ID    홈페이지 체류시간    접속요일    접속일자
     0        10001            403              수           1
     1        10003            514              수           3
     2        10004            256              토           9
     3        10005            350              월           4
     4        10005            243              화          10
```

데이터프레임 `df_conv`와 `df_log`의 공통 칼럼은 Customer_ID이다. 따라서 `merge`는 Customer_ID를 기준으로 조인한다.

조인에 대해서 더 자세히 알아보자.

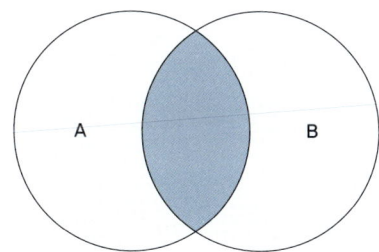

그림 4-6 inner join

먼저 `how='inner'`이다. `inner join`은 교집합 연산이다. 두 데이터프레임의 공통 칼럼 Customer_ID에서 같은 데이터가 있는지 비교한 뒤 같은 데이터가 있다면 해당 행을 연결한다. 이와 같은 방식으로 행을 쌓아 전체 데이터프레임을 만든다.

코드 4-101 교집합 합치기

```
In   pd.merge(df_conv,df_log,how='inner')
Out       Customer_ID  사용기기  구매상품  홈페이지 체류시간  접속요일  접속일자
     0      10003       PC        A            514            수         3
     1      10005       M         B            350            월         4
     2      10005       M         B            243            화        10
```

데이터프레임의 Customer_ID 칼럼에서 10003과 10005가 공통적으로 존재한다. 그런데 `df_log`에서 10005의 데이터가 두 개이다. 그래서 사용기기와 구매상품 칼럼이 복사돼 합쳐졌다.

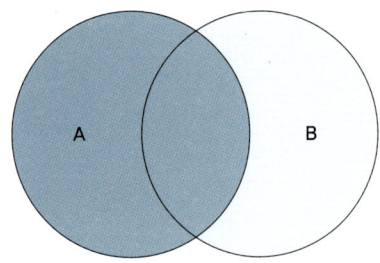

그림 4-7 왼쪽 데이터프레임 기준 합치기

how='left'를 보자. left join은 왼쪽 데이터프레임의 Customer_ID 칼럼을 기준으로 전체 데이터프레임을 만든다.

코드 4-102 왼쪽 데이터프레임 기준 합치기

In pd.merge(df_conv,df_log,how='left')

Out

	Customer_ID	사용기기	구매상품	홈페이지 체류시간	접속요일	접속일자
0	10003	PC	A	514	수	3
1	10005	M	B	350	월	4
2	10005	M	B	243	화	10
3	10006	유선전화	A	NaN	NaN	NaN

inner join은 Customer_ID의 공통 값을 기준으로 연산하였지만 left join은 왼쪽 데이터프레임 df_cony에 있는 Customer_ID 칼럼의 값을 기준으로 연산된다. ID 10006은 왼쪽 데이터프레임의 Customer_ID 칼럼에 있지만 오른쪽 데이터프레임에는 존재하지 않으므로 출력 결과의 오른쪽 데이터프레임에 해당하는 데이터가 결측치(NaN)로 표시된다.

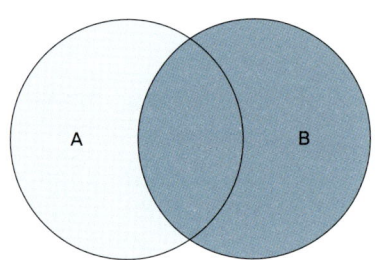

그림 4-8 right join

반대로 `right join`은 오른쪽 데이터프레임을 기준 칼럼으로 전체 데이터를 결합한다.

코드 4-103 오른쪽 데이터프레임 기준 합치기

In   `pd.merge(df_conv,df_log,how='right')`
Out

	Customer_ID	사용기기	구매상품	홈페이지 체류시간	접속요일	접속일자
0	10001	NaN	NaN	403	수	1
1	10003	PC	A	514	수	3
2	10004	NaN	NaN	256	토	9
3	10005	M	B	350	월	4
4	10005	M	B	243	화	10

위 코드는 데이터프레임의 Customer_ID 칼럼 값을 기준으로 데이터프레임이 결합된다. 출력 결과의 Customer_ID 칼럼에는 10001, 10003, 10004, 10005가 출력됐는데 모두 `df_log`의 Customer_ID 칼럼에 있는 값이 출력된다. 이때 교집합이 먼저 출력되고 나머지 인덱스 순으로 출력된다.

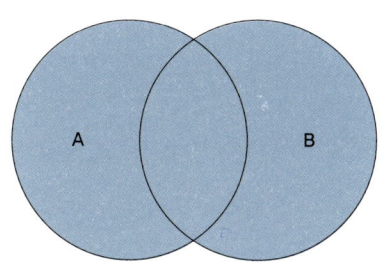

그림 4-9 outer join

outer join은 합집합 연산이다. 공통 칼럼의 모든 값이 결합의 기준이 된다. 아래 코드를 보자.

코드 4-104 합집합 합치기

In   `pd.merge(df_conv,df_log,how='outer')`
Out

	Customer_ID	사용기기	구매상품	홈페이지 체류시간	접속요일	접속일자
0	10003	PC	A	514.0	수	3.0
1	10005	M	B	350.0	월	4.0
2	10005	M	B	243.0	화	10.0
3	10006	유선전화	A	NaN	NaN	NaN

	Customer_ID	사용기기	구매상품	홈페이지 체류시간	접속요일	접속일자
4	10001	NaN	NaN	403.0	수	1.0
5	10004	NaN	NaN	256.0	토	9.0

결과 화면을 살펴보면 두 데이터프레임의 Customer_ID 칼럼에서 공통으로 존재하는 10003, 10005가 있는 행이 하나로 먼저 하나로 결합되었다. 이후 추가로 왼쪽 데이터프레임의 10006이 있는 행과 오른쪽 데이터프레임의 Customer_ID 칼럼에 있는 10001, 10004가 있는 행 순으로 출력된다.

조인 개념을 처음 접하면 merge 함수의 내용은 다소 어려울 수 있다. 조인 방식이 머리에서 쉽게 그려지지 않는다면 indicator=True를 매개변수로 입력하자.

코드 4-105 결합 방식도 함께 출력하기

In `pd.merge(df_conv,df_log,how='outer',indicator=True)`

Out

	Customer_ID	사용기기	구매상품	홈페이지 체류시간	접속요일	접속일자	_merge
0	10003	PC	A	514.0	수	3.0	both
1	10005	M	B	350.0	월	4.0	both
2	10005	M	B	243.0	화	10.0	both
3	10006	유선전화	A	NaN	NaN	NaN	left_only
4	10001	NaN	NaN	403.0	수	1.0	right_only
5	10004	NaN	NaN	256.0	토	9.0	right_only

새로 생성된 칼럼에서 각 행에 대한 조인 방식을 확인할 수 있다.

merge 함수에 사용되는 데이터프레임의 공통 칼럼이 한 개 이상인 경우가 있다. 공통 칼럼 모두 조인의 기준이 된다. 먼저 사용되는 데이터는 다음의 [코드 4-106]처럼 불러낸다.

코드 4-106 공통 칼럼이 한 개 이상인 경우

In
```
df_log2=pd.read_excel('./4장_예제_merge.xlsx',sheet_name='log2')
df_log2
```

Out

	Customer_ID	사용기기	홈페이지 체류시간	접속요일	접속일자
0	10001	PC	403	수	1
1	10003	PC	514	수	3

	Customer_ID	사용기기	홈페이지 체류시간	접속요일	접속일자
2	10004	M	256	토	9
3	10005	M	350	월	4
4	10005	PC	243	화	10

불러온 데이터를 살펴보면 `df_log` 변수와는 달리 `df_log2` 변수에는 사용 기기 칼럼이 추가로 존재한다. 그래서 `df_conv`와 `df_log2`의 공통 칼럼은 Customer_ID, 사용기기 총 두 개가 된다.

코드 4-107 데이터프레임의 공통 데이터 출력하기

In `pd.merge(df_conv,df_log2,how='inner')`

Out

	Customer_ID	사용기기	구매상품	홈페이지 체류시간	접속요일	접속일자
0	10003	PC	A	514	수	3
1	10005	M	B	350	월	4

두 데이터프레임의 Customer_ID와 사용기기 칼럼에서 공통 데이터는 '10003, PC'와 '10005, M'이다. 따라서 `inner join` 연산 결과로 공통 데이터가 있는 행만 연결되어 출력된다.

공통 칼럼이 두 개인데 하나만 처리를 원하는 경우 `on` 매개변수를 사용하면 된다. 조인의 기준이 되는 칼럼을 전달하는 것이다.

코드 4-108 특정 공통 칼럼만 처리하기

In `pd.merge(df_conv,df_log2,how='inner',on='Customer_ID')`

Out

	Customer_ID	사용기기_x	구매상품	사용기기_y	홈페이지 체류시간	접속요일	접속일자
0	10003	PC	A	PC	514	수	3
1	10005	M	B	M	350	월	4
2	10005	M	B	PC	243	화	10

이때 연산 대상으로 지정되지 않은 공통 칼럼에는 접미사suffix가 붙는다. 왼쪽 데이터프레임의 칼럼명에는 _x가, 오른쪽 데이터프레임의 칼럼명에 _y가 붙게 된다.

코드 4-109 on 매개변수를 사용하여 여러 칼럼을 리스트로 전달하기

In `pd.merge(df_conv,df_log2,how='inner',on=['Customer_ID','사용기기'])`

Out

	Customer_ID	사용기기	구매상품	홈페이지 체류시간	접속요일	접속일자
0	10003	PC	A	514	수	3
1	10005	M	B	350	월	4

여러 칼럼을 기준으로 조인할 경우 [코드 4-109]처럼 on 매개변수를 사용하여 칼럼을 리스트로 전달하면 된다.

코드 4-110 suffixes 매개변수 사용하기

In `pd.merge(df_conv,df_log2,how='right',on='Customer_ID', suffixes=['_conv','_log2'])`

Out

	Customer_ID	사용기기_conv	구매상품	사용기기_log2	홈페이지 체류시간	접속요일	접속일자
0	10003	PC	A	PC	514	수	3
1	10005	M	B	M	350	월	4
2	10005	M	B	PC	243	화	10
3	10001	NaN	NaN	PC	403	수	1
4	10004	NaN	NaN	M	256	토	9

칼럼명이 중복될 경우 [코드 4-110]처럼 suffixes 매개변수를 사용하여 각각의 칼럼에 들어갈 접미사를 설정할 수 있다.

4.5 데이터프레임 내보내기

데이터프레임을 다양한 파일의 형식으로 내보낼 수 있다. 마케터에게 유용한 엑셀 파일과 csv 파일로 내보내는 방법을 알아보자.

코드 4-111 엑셀 데이터 불러오기

```
import pandas as pd
df = pd.read_excel('./4장_예제.xlsx')
df
```

먼저 판다스와 엑셀 파일 4장_예제.xlsx를 불러온다.

4.5.1 xlsx, xls 파일

xlsx, xls 파일로 내보낼 경우 다음의 형식으로 코딩한다.

코드 4-112 xlsx, xls 파일로 내보내기

```
데이터프레임.to_excel('파일명')
```

파일명만 입력할 경우 현재 작업이 진행되는 디렉토리에 저장된다.

코드 4-113 작업 디렉토리 경로

```
In    %pwd
Out   'C:\\Users\\jungh'
```

작업 디렉토리 경로의 확인은 [코드 4-113]처럼 입력해서 확인할 수 있다.

코드 4-114 원하는 경로에 저장하기

```
df.to_excel('./Desktop/데이터분석/result.xlsx')
```

원하는 경로에 저장하고 싶다면 [코드 4-114]처럼 전체 경로와 파일 이름을 함께 입력한다.

파일을 내보낼 때 기존 파일을 대체하는 경우 기존 파일이 열려 있다면 접근 권한 오류가 발생하므로 파일을 내보낼 때는 기존 파일은 종료하도록 하자. 엑셀로 내보낼 때 인덱스와 칼럼명을 함께 내보낼지 선택할 수 있다. 칼럼명은 매개변수 header, 인덱스는 매개변수 index를 사용한다.

코드 4-115 파일을 내보내는 기본 형식

```
df.to_excel('result.xlsx')
```

[코드 4-115]는 xlsx, xls 파일로 내보내는 기본적인 형식이다.

	A	B	C	D	E	F	G
1		Customer_ID	이름	나이	직업	성별	전환
2	0	10000	김영수	29	마케터	남	O
3	1	10001	조민지	30	마케터	여	O
4	2	10002	안영희	31	기획자	여	X
5	3	10003	차정민	32	개발자	남	O
6	4	10004	구지영	33	기획자	여	X
7	5	10005	박철호	34	디자이너	남	O
8	6	10006	김민철	35	마케터	남	X
9	7	10007	윤미희	36	디자이너	여	X
10	8	10008	황광수	37	기획자	남	O
11	9	10009	장지윤	38	마케터	여	O

그림 4-10 to_excel 함수로 만들어진 엑셀 파일

판다스가 제공하는 to_excel 함수로 만들어진 파일은 [그림 4-10]처럼 보인다.

코드 4-116 인덱스나 칼럼명 제외하기

```
df.to_excel('result.xlsx',header=False,index=False)
```

[코드 4-116]처럼 header나 index 매개변수에 False를 입력하여 파일로 내보낼 때 인덱스나 칼럼명을 제외할 수 있다.

	A	B	C	D	E	F
1	10000	김영수	29	마케터	남	O
2	10001	조민지	30	마케터	여	O
3	10002	안영희	31	기획자	여	X
4	10003	차정민	32	개발자	남	O
5	10004	구지영	33	기획자	여	X
6	10005	박철호	34	디자이너	남	O
7	10006	김민철	35	마케터	남	X
8	10007	윤미희	36	디자이너	여	X
9	10008	황광수	37	기획자	남	O
10	10009	장지윤	38	마케터	여	O

그림 4-11 인덱스와 칼럼명을 제외한 엑셀 파일

[코드 4-116]의 코드로 내보낸 파일은 [그림 4-11]처럼 보인다.

4.5.2 csv 파일

csv 파일로 내보내는 것은 엑셀 파일과 비슷하다.

코드 4-117 csv 파일로 내보내기

```
데이터프레임.to_csv('파일명')
```

header와 index를 제외할 수도 있다. 다만 내보낼 때 데이터가 한글일 경우 인코딩이 제대로 되지 않아 글이 깨져서 출력될 수 있다. 한글이 포함된 경우 매개변수에 한글 코드 값을 전달하면 된다.

코드 4-118 csv 파일로 내보내기

```
df.to_csv('4장_예제_result.csv')
```

[코드 4-118]은 csv 파일로 내보내는 기본적인 형식이다.

	A	B	C	D	E	F	G
1		Customer_	?대쫯	?섅섌	吏곗뾽	?깆뿴	?꾩솕
2	0	10000	源?곸닔		29	留덉ᆵ????O	
3	1	10001	議곕?吏		30	留덉ᆵ????O	
4	2	10002	?덉쁺??31	湲고쉷????X			
5	3	10003	李⑥젙誘?	媛쒕컻????O			
6	4	10004	援ъ???33	湲고쉷????X			
7	5	10005	諛뺣큯??3	?뵒??씠??O			
8	6	10006	源誘쇱뿠		35	留덉ᆵ????X	
9	7	10007	?ㅻ???36	?뵒??씠??X			
10	8	10008	?(4)?곸닔	湲고쉷????O			
11	9	10009	?μ???38	留덉ᆵ????O			

그림 4-12 데이터에 한글이 포함된 엑셀 파일

데이터에 한글이 포함되었다면 csv 파일로 내보낼 때 [그림 4-12]처럼 한글 데이터가 깨진다.

코드 4-119 csv 파일로 내보내기

```
df.to_csv('4장_예제_result.csv',encoding='euc-kr',index=False)
```

[코드 4-119]처럼 encoding 매개변수에 `'euc-kr'` 혹은 `'cp949'`를 전달하면 한글 데이터가 깨짐 없이 제대로 출력된다. 그리고 index 매개변수에 False를 전달하여 파일로 내보낼 때 행 인덱스를 제외했다.

	A	B	C	D	E	F
1	Customer_	이름	나이	직업	성별	전환
2	10000	김영수	29	마케터	남	O
3	10001	조민지	30	마케터	여	O
4	10002	안영희	31	기획자	여	X
5	10003	차정민	32	개발자	남	O
6	10004	구지영	33	기획자	여	X
7	10005	박철호	34	디자이너	남	O
8	10006	김민철	35	마케터	남	X
9	10007	윤미희	36	디자이너	여	X
10	10008	황광수	37	기획자	남	O
11	10009	장지윤	38	마케터	여	O

그림 4-13 encoding 매개변수를 입력하여 데이터가 깨지지 않은 csv 파일

만들어진 csv 파일은 [그림 4-13]처럼 보인다.

4.6 시리즈 자료 구조

엑셀에서 하나의 행 또는 열을 선택하는 것은 파이썬에서 시리즈 자료 구조를 사용하는 것과 같다. 앞서 데이터프레임 자료 구조를 사용하여 외부 데이터를 파이썬으로 가져왔고, 이후 데이터 처리 및 분석은 주로 시리즈 자료 구조를 사용하여 수행했다. 이렇듯 파이썬에서 데이터를 다룬다는 것은 데이터프레임과 시리즈를 번갈아 수행하는 과정이다.

코드 4-120 엑셀 데이터 불러오기

```
import pandas as pd
df = pd.read_excel('./4장_예제2.xlsx')
```

[코드 4-120]처럼 입력해 판다스와 엑셀 파일 4장_예제2.xlsx를 불러온다. 참고로 엑셀 파일은 다음 그림과 같다.

	A	B	C	D	E	F	G
1	Customer_ID	이름	나이	직업	성별	전환	
2	10000	김영수	29	마케터	남	O	
3	10001	조민지	30	마케터	여	O	
4	10002	안영희	31	기획자	여	X	
5	10003	차정민	32	개발자	남	O	
6	10004	구지영	33	기획자	여	X	
7							

그림 4-14 예제 엑셀 파일의 4행

위 그림의 6행을 출력해보자. 엑셀 시트상에서는 여섯 번째 행이지만 파이썬에서는 엑셀 시트의 첫 행을 헤더로 취급하기 때문에 2행이 인덱스 0이다. 따라서 엑셀 시트의 6행은 인덱스로는 4에 해당한다.

코드 4-121 예제 파일의 행 불러오기

In	`df.loc[4]`
Out	Customer_ID 10004 이름 구지영 나이 33 직업 기획자 성별 여 전환 X Name: 4, dtype: object

데이터프레임의 `loc` 인덱서를 사용하여 `df.loc[4]`를 입력하였다. 하나의 행을 선택하여 시리즈 형태로 출력된다. 시리즈는 왼쪽에 인덱스가 있고 오른쪽에 인덱스에 해당하는 값을 출력해준다. 보통 시리즈는 칼럼을 기준으로 설명하지만 형식적으로는 행으로 설명하는 것도 가능하다.

	A	B	C	D	E	F	G
1	Customer_ID	이름	나이	직업	성별	전환	
2	10000	김영수	29	마케터	남	O	
3	10001	조민지	30	마케터	여	O	
4	10002	안영희	31	기획자	여	X	
5	10003	차정민	32	개발자	남	O	
6	10004	구지영	33	기획자	여	X	
7							

그림 4-15 예제 엑셀 파일의 '이름' 열

예제 파일인 4장_예제2.xlsx의 '이름' 열을 코드로 불러오자. 통상적으로 많이 사용하는 시리즈 사용법이다.

코드 4-122 예제 파일의 열 불러오기

In	`df['이름']`
Out	0 김영수 1 조민지 2 안영희 3 차정민 4 구지영 Name: 이름, dtype: object

[코드 4-122]처럼 입력하면 예제 파일의 '이름' 열이 시리즈 구조로 출력된다. 하나의 열을 선택해 시리즈 형태로 출력됐으며 시리즈의 인덱스는 데이터프레임의 행 인덱스이다.

다음 코드를 보자.

코드 4-123 type 함수로 자료 구조 확인하기

In	type(df.loc[4])	In	type(df['이름'])
Out	pandas.core.series.Series	Out	pandas.core.series.Series

데이터프레임의 하나의 행 혹은 열에 [코드 4-123]처럼 type 함수를 사용하면 시리즈 자료 구조라고 알려준다. 이외의 다른 행과 열에 type 함수를 적용해도 같은 결과를 알려준다.

4.6.1 데이터 처리에 효과적인 시리즈

파이썬의 기본 자료 구조인 리스트와 딕셔너리는 산술연산이 불편하다. 리스트에 + 연산자는 산술연자가 아닌 연결연산을 수행하고 다른 사칙연산자(-, *, /)를 사용할 경우 오류가 발생한다. 리스트나 딕셔너리에 산술연산을 하고 싶다면 인덱스를 통해야 한다.

코드 4-124 리스트 만들기

```
a = [1,2,3]
b = [4,5,6]
```

[코드 4-124]처럼 리스트를 만들고 실행해보자.

코드 4-125 산술연산 실행하기

```
In   a + b
Out  [1, 2, 3, 4, 5, 6]

In   a - b
Out  ---------------------------------------------------------------------
     TypeError                                 Traceback (most recent call last)
     <ipython-input-3-5ae0619f8fe1> in <module>
     ----> 1 a - b
     
     TypeError: unsupported operand type(s) for -: 'list' and 'list'
```

In	a[0] - b[0]
Out	-3

[코드 4-125]의 In 셀처럼 산술연산을 입력해 실행하면 그에 따른 결과가 나온다.

코드 4-126 딕셔너리 만들기

```
c = {"철수":1}
d = {"영희":2}
```

딕셔너리는 [코드 4-126]과 같이 입력해 만들 수 있다.

코드 4-127 산술연산 실행하기

In	c + d
Out	``` --- TypeError Traceback (most recent call last) <ipython-input-6-ad687b5fa348> in <module> ----> 1 c + d TypeError: unsupported operand type(s) for + : 'dict' and 'dict' ```
In	c['철수'] + d['영희']
Out	3

[코드 4-127]의 In 셀처럼 입력하면 [코드 4-126]의 딕셔너리에 따른 산술연산 결과가 출력된다.

코드 4-128 시리즈 자료 구조 입력하기

```
from pandas import Series
a = Series([1,2,3])
b = Series([1,2,3])
```

시리즈 자료 구조는 산술연산이 가능하다. 시리즈의 이런 특징은 현업의 데이터 처리에서 매우 유용하다. 시리즈 자료 구조의 산술연산을 알아보기 위해 먼저 [코드 4-128]처럼 입력해보자. 그리고 다음 코드를 보자.

코드 4-129 시리즈의 덧셈 연산

```
In    a + b
Out   0    2
      1    4
      2    6
      dtype: int64
```

산술연산은 각 시리즈의 인덱스 순서대로 실행된다. [코드 4-129]처럼 시리즈의 자료 구조는 + 연산자뿐만 아니라 다른 사칙연산자(-, *, /)도 결과가 출력된다.

이제 광고 데이터를 불러온 뒤 매체 보고서에서 제공되는 노출, 클릭, 비용 항목을 마케팅 지표로 계산해보자.

코드 4-130 광고 데이터 불러오기

```
df_report = pd.read_excel('./4장_예제_ads.xlsx',sheet_name='Sheet2')
```

4장_예제_ads.xlsx 파일의 Sheet2의 데이터를 불러온다.

코드 4-131 df_report 데이터

```
In    df_report
```
Out

	날짜	imp	clk	cost
0	8월 1일	9897	102	51000
1	8월 2일	5142	74	37000
2	8월 3일	5687	76	38000
3	8월 4일	9487	100	50000
4	8월 5일	8547	91	45500
5	8월 6일	8857	90	45000
6	8월 7일	7598	78	39000

[코드 4-131]의 출력된 데이터(날짜, imp, clk, cost)만으로는 광고 효과를 파악하기 어렵다. 광고 효과가 어땠는지 알아보기 위해 노출 대비 클릭률(CTR)과 클릭당 비용(CPC)을 코딩해 보겠다. 다음의 코드를 보자.

코드 4-132 시리즈 계산 후

In
```
df_report['CTR'] = df_report['clk'] / df_report['imp'] * 100
df_report['CPC'] = df_report['cost'] / df_report['clk']
df_report
```

Out

	날짜	imp	clk	cost	CTR	CPC
0	8월 1일	9897	102	51000	1.030615	500.0
1	8월 2일	5142	74	37000	1.439129	500.0
2	8월 3일	5687	76	38000	1.336381	500.0
3	8월 4일	9487	100	50000	1.054074	500.0
4	8월 5일	8547	91	45500	1.064701	500.0
5	8월 6일	8857	90	45000	1.016145	500.0
6	8월 7일	7598	78	39000	1.026586	500.0

[코드 4-132]처럼 입력하면 데이터가 계산되어 CTR과 CPC가 결과로 출력되고 광고 효과를 파악하기 쉬워진다.

구글, 페이스북, 인스타그램에 대한 일별 노출 데이터에 대하여 시리즈의 산술연산으로 사용하여 데이터 처리를 손쉽게 진행할 수도 있다.

코드 4-133 SNS 일별 노출 데이터 불러오기

In
```
df_imp = pd.read_excel('./4장_예제_ads.xlsx')
df_imp = df_imp.set_index('분류')
df_imp
```

Out

분류	7월 1일	7월 2일	7월 3일	7월 4일	7월 5일	7월 6일	7월 7일
구글	285074	293293	339713	252821	250520	273146	NaN
페이스북	156456	182968	100365	181700	194327	117196	NaN
인스타그램	198685	160298	134871	201317	209020	108881	NaN

[코드 4-133]처럼 입력해 4장_예제_ads.xlsx 파일의 데이터를 불러온다. 이때 분류를 인덱스로 다시 설정했다. 구글 페이스북, 인스타그램의 일별 노출 데이터가 출력됐다. 이제 일별 노출 수와 매체별 노출 수의 합계를 출력해보자.

코드 4-134 일별 노출 수 합계 계산하기

In
```
df_imp.loc['페이스북'] + df_imp.loc['인스타그램']
```

```
Out    7월 1일    355141.0
       7월 2일    343266.0
       7월 3일    235236.0
       7월 4일    383017.0
       7월 5일    403347.0
       7월 6일    226077.0
       7월 7일         NaN
       dtype: float64
```

[코드 4-134]처럼 loc 인덱서를 활용하면 한 주간 페이스북과 인스타그램 일별 노출 수의 합계한 결과가 출력된다.

코드 4-135 매체별 노출 수 합계 계산하기

```
In     df_imp['7월 1일'] + df_imp['7월 2일'] + df_imp['7월 3일']
Out    분류
       구글          918080
       페이스북        439789
       인스타그램       493854
       dtype: int64
```

[코드 4-135]처럼 입력하면 7월 1일부터 7월 3일까지의 매체별 노출 수를 합계한 결과가 노출된다.

4.6.2 시리즈 만들기

시리즈 자료 구조를 다루기 위하여 먼저 다음의 코드를 입력하여 시리즈 자료 구조를 파이썬으로 불러오는 과정이 필요하다.

코드 4-136 시리즈 자료 구조를 불러오는 기본 코드

```
from pandas import Series
```

시리즈는 Series 함수에 리스트 혹은 딕셔너리를 전달하여 만들 수 있다. 리스트로 만든 시리즈 변수를 출력한 경우 리스트로 전달된 값의 왼쪽에 매칭되는 인덱스가 0부터 자동적으로 생성된다.

[코드 4-137]을 보자.

코드 4-137 리스트로 시리즈 만들기

```
ser_list = Series([10,20,30])
```

리스트로 시리즈를 만들 때는 [코드 4-137]처럼 코드를 짜면 된다. 이제 시리즈를 확인해보자.

코드 4-138 시리즈 확인하기

```
In    ser_list
Out   0    10
      1    20
      2    30
      dtype: int64
```

실행 결과 시리즈가 제대로 생성됐음을 알 수 있다.

딕셔너리로 시리즈를 만들기 위해서는 [코드 4-139]와 같이 입력한다.

코드 4-139 딕셔너리로 시리즈 만들기

```
In    dic = {'one':10,'two':20,'three':30}
      ser_dic = Series(dic)
      ser_dic
Out   one      10
      two      20
      three    30
      dtype: int64
```

시리즈를 딕셔너리로 만들 경우 딕셔너리의 키가 인덱스가 되며 딕셔너리의 값이 시리즈의 값이 된다.

이제 index 매개변수를 활용해보자.

코드 4-140 index 매개변수 사용하기

```
In    ser_index = Series([10,20,30],index=['one','two','three'])
      ser_index
Out   one      10
      two      20
      three    30
      dtype: int64
```

[코드 4-140]처럼 index 매개변수를 사용하고 리스트 형태로 설정할 인덱스를 전달해서 시리즈를 만들 수도 있다.

> **알아보기** 파이썬과 판다스의 데이터 타입
>
> 실행 결과 마지막에 dtype라면서 출력되는 경우가 있다. 시리즈를 출력하면 출력 결과의 하단에 데이터 타입(dtype)을 표시해준다.
> [표 4-6]을 보자.
>
> **표 4-6** 파이썬과 판다스의 데이터 타입
>
> | 파이썬 | 판다스 | 내용 |
> |---|---|---|
> | string | object | 시리즈의 자료가 문자이거나 문자와 숫자의 혼합일 경우의 데이터 타입을 의미한다. |
> | int | int64 | 정수를 나타낸다. |
> | float | float64 | 실수를 나타낸다. 하나의 시리즈 안에서 숫자와 결측치가 함께 구성되어 있을 경우에도 해당 시리즈는 float64로 출력된다. |
> | None | NaN | 결측치를 나타낸다. |
>
> [표 4-6]에서 확인할 수 있는 것처럼 파이썬의 string, int, float은 판다스의 object, int64, float64에 대응된다. 64는 할당된 비트 수를 의미한다. 만약 int32로 32비트를 할당할 경우 메모리의 크기를 줄일 수 있지만 이는 개발자가 신경 쓸 문제이므로 마케터는 몰라도 된다.

1 시리즈 데이터 선택하기

다양한 방법으로 데이터를 선택할 수 있는데 슬라이싱의 경우 숫자 인덱스, 문자 인덱스의 출력값이 다르다. 숫자 인덱스는 입력된 인덱스 범위의 N-1까지, 문자 인덱스는 입력된 범위의 인덱스를 모두 포함한다.

다음 [표 4-7]을 참고하자.

표 4-7 데이터를 선택하는 다양한 방법

구분	숫자 인덱스 예시		문자 인덱스 예시	
인덱싱	In	ser_list[0]	In	ser_dic['one']
	Out	10	Out	10

슬라이싱	In Out	ser_list[0:2] 0 10 1 20 dtype: int64	In Out	ser_dic['one':'three'] one 10 two 20 three 30 dtype: int64
리스트 인덱싱	In Out	ser_list[[0,2]] 0 10 2 30 dtype: int64	In Out	ser_dic[['one','three']] one 10 three 30 dtype: int64
불리언 인덱싱 (앞서 소개된 데이터프레임의 불리언 인덱싱과 사용법이 동일)	In Out	ser_list[ser_list>10] 1 20 2 30 dtype: int64	In Out	ser_dic[ser_dic>10] two 20 three 30 dtype: int64

2 값 수정, 추가, 인덱스 변경하기

이제 ser_dic 변수에 새로운 인덱스를 지정하고 값과 인덱스를 수정하는 코딩을 진행해보자.

코드 4-141 새로운 인덱스 지정하기

```
In      ser_dic['four'] = 40
        ser_dic

Out     one      10
        two      20
        three    30
        four     40
        dtype: int64
```

[코드 4-141]처럼 입력해 새로운 인덱스를 지정하고 값을 입력할 수 있다.

코드 4-142 값 수정하기

```
In      ser_dic['one'] = 11
        ser_dic
```

```
Out    one      11
       two      20
       three    30
       four     40
       dtype: int64
```

값을 수정할 수도 있다. 기존 인덱스를 선택하고 대체할 값을 입력하면 된다.

코드 4-143 인덱스 수정하기

```
In     ser_dic.rename({'one':'하나'})
Out    하나     11
       two      20
       three    30
       four     40
       dtype: int64
```

인덱스 수정은 rename 함수에 딕셔너리로 기존 인덱스와 대체할 인덱스를 전달하면 된다.

3 시리즈 기술 통계량

시리즈는 describe 함수를 사용하여 요약 통계량을 계산할 수 있다. describe 함수는 데이터의 개수, 평균, 표준편차, 최솟값, 1사분위수, 2사분위수, 3사분위수, 최댓값을 출력해준다.

ser_dic 시리즈를 다시 만든 후 describe 함수를 실행해보자.

코드 4-144 describe 함수로 요약 통계량 계산하기

```
In     dic = {'one':10,'two':20,'three':30}
       ser_dic = Series(dic)
       ser_dic.describe()
Out    count     3.0
       mean     20.0
       std      10.0
       min      10.0
       25%      15.0
       50%      20.0
       75%      25.0
       max      30.0
       dtype: float64
```

코드를 실행하면 요약 통계량이 출력된다.

또한 시리즈는 데이터프레임과 동일하게 기술 통계량 함수를 집계 함수로 사용할 수 있다. [표 4-8] 함수를 각각 입력해보고 실행해보자.

표 4-8 기술 통계량 함수를 집계 함수로 사용하기

함수	설명		코드
count()	개수	In Out	ser_dic.count() 3
sum()	합계	In Out	ser_dic.sum() 60
mean()	평균	In Out	ser_dic.mean() 20.0
min()	최솟값	In Out	ser_dic.min() 10
max()	최댓값	In Out	ser_dic.max() 30
median()	중앙 값	In Out	ser_dic.median() 20.0
quantile()	분위수	In Out	ser_dic.quantile() 20.0
quantile(0.25)	1/4분위수	In Out	ser_dic.quantile(0.25) 15.0
idxmin()	최솟값의 인덱스	In Out	ser_dic.idxmin() 'one'
idxmax()	최댓값의 인덱스	In Out	ser_dic.idxmax() 'three'

pct_change()	변화율	In	ser_dic.pct_change()
		Out	one NaN two 1.0 three 0.5 dtype: float64
cumsum()	누적 합	In	ser_dic.cumsum()
		Out	one 10 two 30 three 60 dtype: int64
diff()	차이 값	In	ser_dic.diff()
		Out	one NaN two 10.0 three 10.0 dtype: float64

4.6.3 시리즈 함수

시리즈 자료 구조에서 사용할 수 있는 함수 목록을 알아보기 위해 4장_예제.xlsx 파일을 불러온다.

코드 4-145 엑셀 데이터 불러오기

```
In   df = pd.read_excel('./4장_예제.xlsx')
     df
```

Out

	Customer_ID	이름	나이	직업	성별	전환
0	10000	김영수	29	마케터	남	0
1	10001	조민지	30	마케터	여	0
2	10002	안영희	31	기획자	여	X
3	10003	차정민	32	개발자	남	0
4	10004	구지영	33	기획자	여	X
5	10005	박철호	34	디자이너	남	0
6	10006	김민철	35	마케터	남	X
7	10007	윤미희	36	디자이너	여	X
8	10008	황광수	37	기획자	남	0
9	10009	장지윤	38	마케터	여	0

[코드 4-145] 데이터의 Customer_ID를 인덱스로 설정하고 '전환' 값을 시리즈로 conv에 전달

하기 위해 [코드 4-146]처럼 입력한다.

코드 4-146 시리즈로 conv에 전달하기

```
df_name = df.set_index('Customer_ID')
conv = df_name['전환']
```

이제 본격적으로 시리즈 자료 구조에서 사용할 수 있는 함수를 하나씩 살펴보며 직접 실행해보자. 살펴볼 시리즈 함수는 head, tail, unique, value_counts, sort_values, drop, reset_index이다. 먼저 인덱스(index)와 값(values)을 확인해보자.

코드 4-147 index 확인하기

In	conv.index
Out	Int64Index([10000, 10001, 10002, 10003, 10004, 10005, 10006, 10007, 10008, 10009], dtype='int64', name='Customer_ID')

[코드 4-147]의 코드는 conv 시리즈의 인덱스(index)를 출력한다. 즉 앞서 인덱스로 설정한 Customer_ID의 값이다.

코드 4-148 values 확인하기

In	conv.values
Out	array(['O', 'O', 'X', 'O', 'X', 'O', 'X', 'X', 'O', 'O'], dtype = object)

위 코드는 시리즈의 값(value)을 출력한다. 즉 전환 값이다.

코드 4-149 head 출력하기

In	conv.head()
Out	Customer_ID 10000 O 10001 O 10002 X 10003 O 10004 X Name: 전환, dtype: object

head 함수는 첫 다섯 개의 데이터를 출력한다.

코드 4-150 tail 출력하기

```
In    conv.tail()
Out   Customer_ID
      10005    O
      10006    X
      10007    X
      10008    O
      10009    O
      Name: 전환, dtype: object
```

tail 함수는 마지막 다섯 개의 데이터를 출력한다. 참고로 head와 tail 함수에 숫자를 전달하여 입력된 숫자의 데이터를 출력할 수 있다.

코드 4-151 고윳값 출력하기

```
In    conv.unique()
Out   array(['O', 'X'], dtype=object)
```

unique 함수는 시리즈의 value를 구성하는 고윳값을 출력한다. 전환은 'O'와 'X' 두 개의 고윳값만 있다.

코드 4-152 고윳값의 빈도 출력하기

```
In    conv.value_counts()
Out   O    6
      X    4
      Name: 전환, dtype: int64
```

value_counts 함수는 고윳값의 빈도를 출력한다.

코드 4-153 값 정렬하기

```
In    conv.sort_values()              In    conv.sort_values(ascending=False)
Out   Customer_ID                     Out   Customer_ID
      10000    O                            10007    X
      10001    O                            10006    X
      10003    O                            10004    X
```

```
10005    0                           10002    X
10008    0                           10009    0
10009    0                           10008    0
10002    X                           10005    0
10004    X                           10003    0
10006    X                           10001    0
10007    X                           10000    0
Name: 전환, dtype: object            Name: 전환, dtype: object
```

정렬 함수 sort_values()의 디폴트 값은 오름차순이다. 내림차순으로 정렬하고 싶다면 ascending에 False 값을 전달한다.

코드 4-154 인덱스로 데이터 제거하기

```
In    conv.drop(10000)              In    conv.drop([10000,10001])
Out   Customer_ID                   Out   Customer_ID
      10001    0                          10002    X
      10002    X                          10003    0
      10003    0                          10004    X
      10004    X                          10005    0
      10005    0                          10006    X
      10006    X                          10007    X
      10007    X                          10008    0
      10008    0                          10009    0
      10009    0                          Name: 전환, dtype: object
      Name: 전환, dtype: object
```

drop 함수로 인덱스 제거의 경우 한 개를 선택할 수도 있고, 리스트로 여러 인덱스를 선택할 수도 있다.

코드 4-155 인덱스 리셋하기

```
In    conv.reset_index()            In    conv.reset_index(drop = True)
Out                                 Out   0    0
         Customer_ID    전환               1    0
      0     10000       0                 2    X
      1     10001       0                 3    0
      2     10002       X                 4    X
      3     10003       0                 5    0
      4     10004       X                 6    X
      5     10005       0                 7    X
                                          8    0
```

	Customer_ID	전환
6	10006	X
7	10007	X
8	10008	O
9	10009	O

```
9    O
Name: 전환, dtype: object
```

reset_index 함수를 사용하면 시리즈의 인덱스가 칼럼이 된다. 이때 해당 시리즈는 자료 구조가 데이터프레임으로 변경된다. 만약 매개변수 **drop**에 **True** 값을 전달하면 인덱스가 삭제되고 해당 시리즈도 계속해서 시리즈 자료 구조로 데이터를 처리할 수 있다. 즉 Customer_ID를 제거해서 시리즈 구조로 유지한다.

4.6.4 시리즈의 문자열 함수

다음의 데이터를 보자.

표 4-9 고객 데이터 예시

Customer_ID	이름	나이	직업	성별	전환	이메일	유입 경로
10000	김영수	29	마케터	남	O	*i*1*04@gmail.com	다음 -> 네이버
10001	조민지	30	마케터	여	O	*o*2*@naver.com	페이스북 -> 네이버
10002	안영희	31	기획자	여	X	*h*y*u*g@naver.com	다음 -> 구글
10003	차정민	32	개발자	남	O	*h*-j*n*@gmail.com	구글
10004	구지영	33	기획자	여	X	*i*o*n*@hanmail.net	구글 -> 페이스북 -> 구글
10005	박철호	34	디자이너	남	O	*a*k*5*2@gmail.com	다음 -> 구글
10006	김민철	35	마케터	남	X		

데이터에서 마지막 유입 경로가 다음에서 이뤄진 고객 데이터만 따로 추출하려면 어떻게 해야 할까? 혹은 구글 이메일인 gmail을 사용하는 고객 데이터만 따로 추출하려면 어떻게 해야 할까? 혹은 이메일 주소에서 아이디만 따로 추출하려면 어떻게 해야 할까?

현업에서 데이터를 다룰 때 이와 같은 주제로 업무를 진행해야 할 경우가 있다. 이러한 경우 시리즈가 제공하는 문자열 함수를 사용하여 업무를 처리할 수 있다. 먼저 준비된 예제 데이터를 불러온 뒤 이야기를 해보자. 데이터는 4장_예제_str.xlsx를 불러온다. [코드 4-156]과 같이 입력해 불러오자.

코드 4-156 엑셀 데이터 불러오기

```
In    df = pd.read_excel('./4장_예제_str.xlsx')
      df
```

```
Out       Customer_ID   이름   나이   직업     성별          유입경로
     0        10000    김영수    29   마케터    남        다음 -> 네이버
     1        10001    조민지    30   마케터    여       페이스북 -> 네이버
     2        10002    안영희    31   기획자    여         다음 -> 구글
     3        10003    차정민    32   개발자    남    ...         구글
     4        10004    구지영    33   기획자    여    구글 -> 페이스북 -> 구글
     5        10005    박철호    34   디자이너   남         다음 -> 구글
     6        10006    김민철    35   마케터    남              NaN
```

`Series.str.함수` 같은 형식으로 문자열 함수를 사용할 수 있고, 해당 시리즈의 각 문자열에 함수를 적용한다. 시리즈에 결측치가 있다면 결측치에 대한 함수 적용은 무시되고 결측치는 그대로 출력된다. 자주 사용되는 문자열 함수는 [표 4-10]과 같다.

표 4-10 데이터를 선택하는 다양한 방법

함수명	설명
startswith	전달된 문자로 시작하는지 여부를 불리언으로 반환한다.
endswith	전달된 문자로 끝나는지 여부를 불리언으로 반환한다.
contains	전달된 문자를 포함하는지 여부를 불리언으로 반환한다.
replace	일치하는 문자를 다른 문자로 치환한다.
split	전달된 구분자로 전체 문자열을 나누어 리스트로 반환한다.

전체 문자열 함수 목록은 pandas.pydata.org/pandas-docs/stable/user_guide/text.html#method-summary에서 확인할 수 있다.

이제 [표 4-10]에서 살펴본 함수를 어떻게 사용해야 하는지 알아보자. 첫 번째 유입 경로가 '다음'인 고객만 추출하려면 어떻게 해야 할까?

코드 4-157 startswith 함수 사용하기

```
In    df['유입경로'].str.startswith('다음')
Out   0     True
      1    False
      2     True
      3    False
      4    False
      5     True
      6      NaN
      Name: 유입경로, dtype: object
```

먼저 유입경로 칼럼에 startswith 함수를 사용하여 '다음'으로 시작하는지 여부를 불리언으로 확인한다.

코드 4-158 유입 경로가 '다음'으로 시작하는 고객 추출

```
In    df[df['유입경로'].str.startswith('다음') == True]
```

	Customer_ID	이름	나이	직업	성별		유입경로
0	10000	김영수	29	마케터	남	...	다음 -> 네이버
2	10002	안영희	31	기획자	여		다음 -> 구글
5	10005	박철호	34	디자이너	남		다음 -> 구글

[코드 4-158]을 데이터프레임에 적용해 유입 경로가 '다음'으로 시작하는 고객만 추출할 수 있다.

그렇다면 마지막 유입 경로가 구글에서 이뤄진 고객만 추출하려면 어떻게 해야 할까? 과정은 앞서 살펴본 것과 같다.

코드 4-159 endswith 함수 사용하기

```
In    df[df['유입경로'].str.endswith('구글') == True]
```

	Customer_ID	이름	나이	직업	성별		유입경로
2	10002	안영희	31	기획자	여		다음 -> 구글
3	10003	차정민	32	개발자	남	...	구글
4	10004	구지영	33	기획자	여		구글 -> 페이스북 -> 구글
5	10005	박철호	34	디자이너	남		다음 -> 구글

칼럼에 endswith 함수를 사용하여 '구글'로 끝나는지 여부를 불리언으로 확인하고 이를 데이터 프레임에 적용하면 된다.

이제 구글 이메일 즉 gmail을 쓰는 고객 데이터만 추출해보겠다.

코드 4-160 contains 함수 사용하기

In	`df[df['이메일'].str.contains('gmail') == True]`

Out

	Customer_ID	이름	나이	직업	성별	...	유입경로
0	10000	김영수	29	마케터	남	...	다음 -> 네이버
3	10003	차정민	32	개발자	남		구글
5	10005	박철호	34	디자이너	남		다음 -> 구글

이메일 칼럼에 contains 함수를 사용하여 gmail을 포함하는지 여부를 불리언으로 확인하고 데이터프레임에 적용한다.

유입경로 칼럼의 화살표로 표시된 진행 방향을 거꾸로 바꿀 수도 있다.

코드 4-161 replace 함수 사용하기

In	`df['유입경로'].str.replace('->','<-')`

```
Out  0          다음 <- 네이버
     1        페이스북 <- 네이버
     2          다음 <- 구글
     3                구글
     4   구글 <- 페이스북 <- 구글
     5          다음 <- 구글
     6                NaN
Name: 유입경로, dtype: object
```

replace 함수를 사용하여 첫 번째 전달인자에는 '->', 두 번째 전달인자에는 '<-'를 입력하여 바꿀 수 있다.

이메일 주소를 @를 기준으로 아이디와 도메인으로 나눌 수도 있다.

코드 4-162 split 함수 사용하기

In	`df['이메일'].str.split('@')`

```
Out  0      [kim1204, gmail.com]
     1       [jo724, naver.com]
```

```
2         [ahnyoung, naver.com]
3         [cha-jung, gmail.com]
4         [jiyoung, hanmail.net]
5         [park8552, gmail.com]
6                            NaN
Name: 이메일, dtype: object
```

split 함수에 전체 문자를 나누는 기준이 되는 문자를 전달한다.

4.6.5 시리즈 문자열을 인덱싱하고 슬라이싱하기

Series.str[인덱스] 형태로 코딩하여 시리즈의 각 문자열을 인덱싱하고 슬라이싱할 수 있다. 시리즈의 인덱싱, 슬라이싱과 시리즈 문자열 인덱싱, 슬라이싱을 비교해보자.

코드 4-163 시리즈(좌)와 시리즈 문자열(우)의 인덱싱

In	df['이름'][0]	In	df['이름'].str[0]
Out	'김영수'	Out	0 김 1 조 2 안 3 차 4 구 5 박 6 김 Name: 이름, dtype: object

[코드 4-163]의 좌측은 시리즈의 인덱싱이고 우측은 시리즈 문자열의 인덱싱이다. 좌측은 시리즈의 인덱스 0의 값이 출력된 반면 우측은 시리즈 전체에서 첫 번째 문자만 출력됐다.

코드 4-164 시리즈(좌)와 시리즈 문자열(우)의 슬라이싱

In	df['이름'][1:3]	In	df['이름'].str[1:3]
Out	1 조민지 2 안영희 Name: 이름, dtype: object	Out	0 영수 1 민지 2 영희 3 정민 4 지영 5 철호 6 민철 Name: 이름, dtype: object

[코드 4-164]의 좌측은 시리즈의 슬라이싱이고 우측은 시리즈 문자열의 슬라이싱이다. str을 통해 값에서 특정 문자열을 추출해 낼 수 있음을 알 수 있다.

앞서 데이터프레임의 이메일 칼럼에 시리즈 문자열 함수 중 split 함수를 사용하여 전체 이메일 주소 중 아이디와 도메인을 구분했다. 여기에 더하여 시리즈 문자열 인덱싱을 사용하여 아이디와 도메인을 따로 추출할 수 있다.

코드 4-165 아이디 추출하기

```
In    df['이메일'].str.split('@').str[0]
Out   0       kim1204
      1         jo724
      2      ahnyoung
      3      cha-jung
      4       jiyoung
      5      park8552
      6           NaN
      Name: 이메일, dtype: object
```

[코드 4-165]처럼 입력하면 이메일의 아이디만 추출된다.

코드 4-166 도메인 추출하기

```
In    df['이메일'].str.split('@').str[1]
Out   0     gmail.com
      1     naver.com
      2     naver.com
      3     gmail.com
      4   hanmail.net
      5     gmail.com
      6           NaN
      Name: 이메일, dtype: object
```

[코드 4-166]처럼 입력하면 아이디를 제외한 도메인만 추출된다.

… Chapter 05

조건문 if와 반복문 for

5.1 if문

조건문 if는 조건을 따져서 실행을 결정하는 제어문의 한 종류다. 제어문을 사용할 줄 안다는 것은 프로그래밍을 할 줄 안다는 것과 같은 말이다. 역사상 최초의 프로그래머라고 불리는 에이다 러브레이스^{Ada Lovelace}가 제어문이라는 개념을 만들었고, 그중 핵심이 조건문 if와 반복문(루프문) for이다. 제어문을 통해 프로그래밍과 좀 더 가까워질 수 있을 것이다. 제어문에는 if문 외에도 for문, while문이 있다. while문은 무한^{the infinite loop}으로 반복한다. 마케터가 다루는 마케팅 데이터의 양은 한정됐으니 while문은 소개하지 않는다. while문은 if문과 for문을 이해한다면 인터넷이나 다른 책의 정보로 어렵지 않게 습득할 수 있다.

if문은 조건에 따라 서로 다른 명령을 수행하는 파이썬 문법이다. 현업에서는 주어진 조건을 기준으로 여러 마케팅 활동을 진행하는데 if문을 사용해 자동화할 수 있다.

5.1.1 의사 결정과 if문

광고를 계속 집행할지 중단할지 의사 결정을 할 때 전환 수를 기준으로 하는 경우가 많다. 광고를 통한 전환 수가 일정 기준 이상이면 그 광고는 계속 집행하고, 일정 기준 미만이면 광고를 중단하는 식이다. 이러한 의사 결정 과정을 파이썬으로 구현하면 어떻게 구현할 수 있을까? 지금부터 예시를 살펴보면서 if문에 대한 감을 잡아보자.

1 조건문의 시작 if

예시 ①

팀장   이번 달에 진행한 SNS 이벤트 효과는 어떤가요? 지난달 전환이 150개였는데 이번에도 그만큼 나와야 다음 달에도 광고를 계속 진행할 수 있어요.

마케터   네, 팀장님. 이번 달에는 전환이 160개네요.

팀장   그래요? 좋네요. 그럼 계속 광고 진행하죠.

현업에서 예시의 대화처럼 광고 효율에 관한 미팅을 수없이 진행하고 광고 진행 여부를 내부 기준에 따라 판단한다. 팀장은 전월 전환 수를 광고 집행 여부의 기준으로 삼았다.

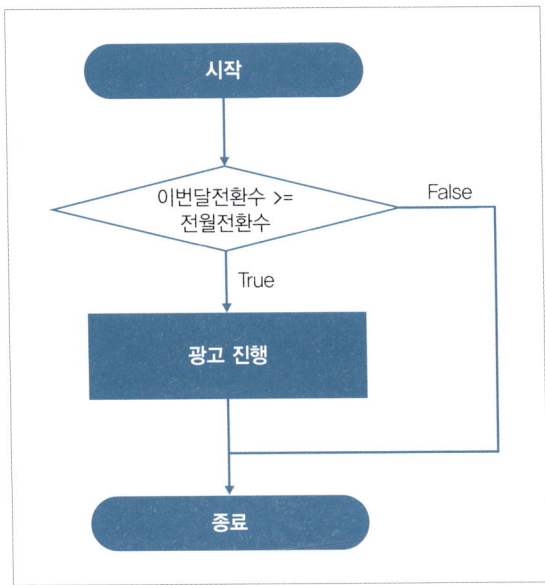

그림 5-1 순서도

이를 순서도로 표현하면 [그림 5-1]과 같다.

코드 5-1 광고 진행 여부 코드

```
In    이번달전환수 = 160
      전월전환수 = 150
      if 이번달전환수 >= 전월전환수:
          print('광고 진행')
Out   광고 진행
```

코드로 표현하면 [코드 5-1]과 같다.

'이번달전환수'와 '전월전환수' 값을 모르는 상황에서는 조건을 만족하는지 아닌지 알 수 없다. 조건을 만족하지 않으면 아무것도 나오지 않는다. 코딩할 때 먼저 값이 주어진 후 조건문이 나와야 한다. 그렇게 하지 않으면 오류가 발생한다. 데이터를 살펴본 결과 전월보다 이번 달의 전환이 더 많아 광고를 계속 집행하는 것을 결정하였고, if문을 통한 결과도 '광고 진행'이 출력되었다.

2 기준에 만족하지 않을 경우 else

예시 ②

팀장 이번 달에 진행한 SNS 이벤트 효과는 어떤가요? 지난달 전환이 150개였는데 이번에도 그만큼 나와야 다음 달에도 광고를 계속 진행할 수 있어요.

마케터 네, 팀장님. 이번 달에는 전환이 120개네요. 지난달 전환인 150개에 미치지 못했습니다. SNS 효과가 지난달보다 떨어졌습니다.

팀장 그래요? 그럼 광고 중지하고 새 콘텐츠를 다시 생각해봅시다.

설정한 조건에 만족하지 않을 경우도 존재한다. 이 경우 실행되는 코드도 별도로 작성할 수 있다. if문의 else 키워드를 사용하여 기준 조건에 만족하지 않을 시 수행되는 실행문을 설정할 수 있다.

예시를 보면 역시 팀장은 전환 수를 광고 집행 여부의 기준으로 삼았다. 그러나 전환이 기준이 미치지 못해 광고 중지를 결정했다.

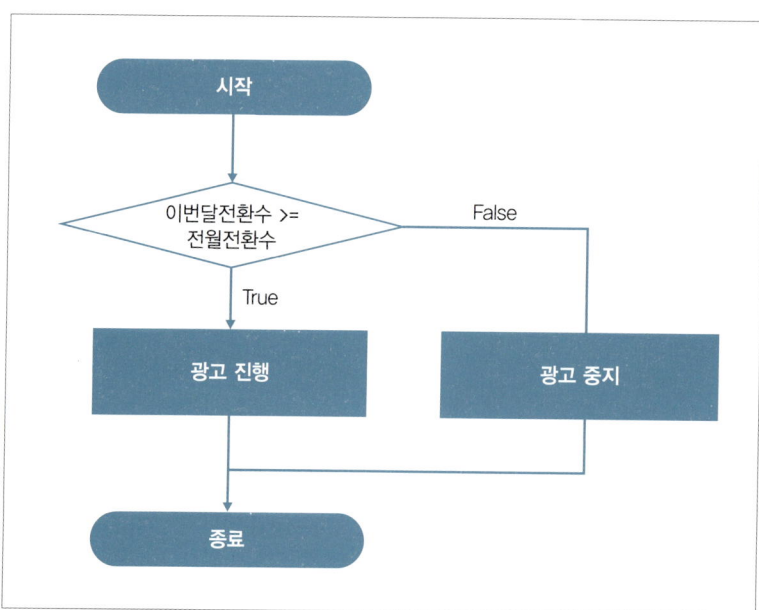

그림 5-2 순서도

이를 순서도로 표현하면 [그림 5-2]와 같다. 이제 이 내용을 코드로 작성한 다음의 [코드 5-2]를 보자.

코드 5-2 광고 진행 여부 코드

```
In    이번달전환수 = 120
      전월전환수 = 150
      if 이번달전환수 >= 전월전환수:
          print('광고 진행')
      else :
          print('광고 중지')
Out   광고 중지
```

이 코드는 if문의 결과를 보여주기 위해 작성되었다. 팀장과의 대화를 구현하려면 print 함수가 아니라 광고 진행 함수와 광고를 중지하고 새로운 콘텐츠를 생각하는 함수를 만들어야 한다.

3 여러 조건을 판단할 수 있는 elif

예시 ③

팀장 이번 달에 진행한 SNS 이벤트 효과는 어떤가요? 지난달 전환이 150개였는데 이번에도 그만큼 나와야 다음 달에도 광고를 계속 진행할 수 있어요.

마케터 네, 팀장님. 이번 달에는 120개네요. 그런데 지난 1년간 SNS 광고의 평균 전환 수가 100개거든요. 전월보다 이번 달 실적이 좋지는 않지만 효율이 아예 나쁘다고 할 수는 없습니다. 광고를 중지하기에는 아쉽습니다.

팀장 그래요. 지난달 전환 수와 비교했을 때보다 적었지만 평균 전환 수보다는 많으니 일단 광고를 계속합시다.

의사 결정 기준은 여러 가지일 수 있다. 예시에서 팀장은 광고 진행 여부에 대해 전월 전환 수와 전년 전환 수를 의사 결정의 기준으로 고려했다.

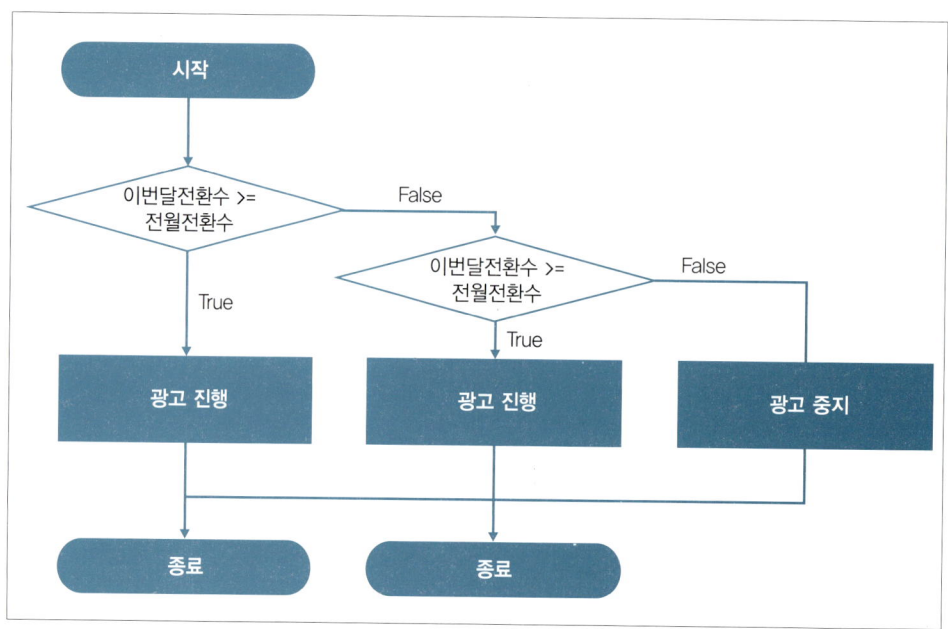

그림 5-3 순서도

이를 순서도로 표현하면 [그림 5-3]과 같다. 이 내용을 코드로 표현하면 [코드 5-3]과 같이 작성할 수 있다.

코드 5-3 광고 진행 여부 코드

```
이번달전환수 = 120
전월전환수 = 150
전년전환수 = 100
if 이번달전환수 >= 전월전환수:
    print('광고 진행')
elif 이번달전환수 >= 전년전환수:
    print('광고 진행')
else :
    print('광고 중지')
```

Out 광고 진행

이러한 경우 [코드 5-3]과 같이 if문의 elif(if와 else의 축약어) 키워드를 사용하여 의사 결정의 조건을 추가할 수 있다. 첫 번째 조건을 만족시키지 못해도 두 번째 조건에서 만족하면 광고는 계속된다.

4 if문의 구조

if문의 기본 구조는 다음과 같다.

```
❶ if 조건식1: ❷
❸   ⬭ 실행문1
    elif 조건식2:
        실행문2
❹ else :
        실행문3
```

그림 5-4 if문 기본 구조

if문은 파이썬의 키워드 if, elif, else로 구성됐다. if는 반드시 필요하고 elif나 else는 경우에 따라 생략할 수 있다(❶). 조건식 다음에는 콜론(:)을 붙인다. 콜론 다음에 실행문이 온다. 반드시 줄 바꿈을 할 필요는 없지만 코드를 깔끔하게 하기 위해 줄 바꿈을 권장한다(❷). 콜론을 입력한 후 엔터를 누르면 자동으로 들여쓰기가 된다. 들여쓰기는 if문, elif문, else문을 구분하는 역할이다. 만약 다음처럼 들여쓰기가 안 되면 탭이나 스페이스를 눌러 빈 공간을 만들어야 한다.

들여쓰기가 없는 [코드 5-4]를 보자.

코드 5-4 들여쓰기가 없는 코드

```
In      if 이번달전환수 >= 전월전환수:
        print('광고 진행')

Out     File "<ipython-input-7-101253f28e78>", line 2
            print('광고 진행')
            ^
        IndentationError: expected an indented block
```

빈 공간이 없다면 [코드 5-4]처럼 오류가 발생한다. 파이썬은 탭이나 스페이스 등 통일성을 가지고 코딩할 것을 권장한다(❸). if문, elif문에는 각각 해당하는 조건식과 실행문이 있다. else 문에는 조건식이 없고 실행문만 존재한다. else문은 모든 조건에 해당하지 않을 경우 실행된다(❹).

5 if문 형태의 종류

if문은 여러가지 형태로 만들 수 있다. 조건이 만족하지 못할 때 어떻게 할 것인가에 따라 else나 elif를 넣을지 결정한다.

먼저 if문을 살펴보자. 조건을 충족하면 실행하고 충족하지 못하면 아무것도 하지 않는다. if문은 다음과 같이 입력한다.

코드 5-5 단순 if문

```
if 조건식:
    실행문
```

In
```
고객A_구매개수 = 3
if 고객A_구매개수 >= 3:
    고객등급 = 'S'
고객등급
```

Out 'S'

[코드 5-5] 에서 고객A의 구매 개수가 두 개라고 해보자. 고객 등급이 부여되지 않으며 고객 등급을 출력할 때 오류가 발생한다. 이 상황을 막으려면 고객 등급을 무조건 부여해야 한다. 이때 if-else문을 사용한다.

코드 5-6 if-else문

```
if 조건식:
    실행문 1
else:
    실행문 2
```

In
```
고객A_구매개수 = 2
if 고객A_구매개수 >= 3:
    고객등급 = 'S'
else:
    고객등급 = 'A'
고객등급
```

Out 'A'

if 조건을 만족하면 if문 블록을 실행하고 만족하지 않으면 else문 블록을 실행한다.

만약 세 개 이상 구매 S 등급, 세 개 미만 두 개 이상이 A 등급이라고 하자. 조건이 두 개이므로 if-elif문이 사용된다.

코드 5-7 if-elif문

```
if 조건식:
    실행문 1
elif:
    실행문2
```

In
```
고객A_구매개수 = 2
if 고객A_구매개수 >= 3:
    고객등급 = 'S'
elif 고객A_구매개수 >= 2:
    고객등급 = 'A'
고객등급
```

Out `'A'`

if 조건을 만족하면 if문 블록을 실행하고 만족하지 않으면 elif 조건을 따져 만족하면 elif 블록을 실행, 만족하지 않으면 아무것도 하지 않는다. elif문은 if문에 계속 작성할 수 있다. 그래서 if문에 여러 조건을 추가할 수 있다.

[코드 5-7]은 구매 건수가 한 개일 경우 오류가 발생한다. 이 경우 등급을 세 개로 나누어야 모든 경우의 수가 나온다. 이때 사용하는 경우 if-elif-else문이다.

코드 5-8 if-elif-else문

```
if 조건식1:
    실행문1
elif 조건식2:
    실행문2
else:
    실행문3
```

In
```
고객A_구매개수 = 1
if 고객A_구매개수 >= 3:
    고객등급 = 'S'
elif 고객A_구매개수 >= 2:
    고객등급 = 'A'
else:
    고객등급 = 'B'
고객등급
```

Out `'B'`

if 조건을 만족하면 if문 블록을 실행하고 만족하지 않으면 elif 조건을 따져 만족하면 elif 블록을 실행하며 만족하지 않으면 else 블록을 실행한다.

우스갯소리로 개발자가 가장 불안할 때는 처음 작성된 코드에서 버그가 발견되지 않을 때라는 말이 있다. 프로그램이 복잡해질수록 경우의 수가 많아지고 오류가 생긴다. 경우의 수를 잘 따져서 조건문을 구성하자.

6 if문의 조건문

if문은 조건식과 실행문으로 구성되고 조건식이 반환하는 True 혹은 False에 따라 실행문의 내용이 실행된다. 조건식이 True 혹은 False를 반환하는 세 가지 경우를 지금부터 하나씩 살펴보겠다.

첫째, 비교연산자이다. if문과 함께 많이 사용된다. 비교연산자는 앞서 여러 차례 다뤘으므로 예제는 생략한다.

표 5-1 비교연산자 종류

비교연산자	예시	설명
>	x > y	x가 y보다 크다.
<	x < y	x가 y보다 작다.
==	x == y	x와 y가 같다.
!=	x != y	x와 y가 같지 않다.
>=	x >= y	x가 y보다 크거나 같다.
<=	x <= y	x가 y보다 작거나 같다.

둘째, 파이썬의 키워드 'in'이다. in 연산자는 멤버십 연산자에 속하며 자료에 특정 값이 있는지 검사한다. 있으면 True, 없으면 False를 반환한다.

코드 5-9 in 연산자의 기능

```
In    a = [1,2,3]
      1 in a
Out   True
```

[코드 5-9]는 리스트 a 안에 1이 있는지 검사한 것이다. 리스트 a에 1이 있어 True 값이 출력된다.

코드 5-10 딕셔너리

```
In      b = {1:2,3:4}
        3 in b
Out     True
```

[코드 5-10]을 설명하기 전에 멤버십에 대해서 간략히 설명한다. [코드 5-10] 딕셔너리에서 키(key)는 1과 3이고 값(value)은 3과 4이다. 여기서 멤버를 지칭한다면 키일까? 값일까? 값에 접근하려면 키가 필요하다. 즉 멤버 연산자는 키가 존재하는지 검사한다. [코드 5-10]은 딕셔너리 b 안에 3이란 키가 있어 True 값이 출력된다. 이는 시리즈도 마찬가지다.

코드 5-11 시리즈

```
In      from pandas import Series
        c = Series([1,2,3])
        0 in c
Out     True
```

[코드 5-11]을 보자. 인덱스 0이 시리즈 c에 존재하므로 True가 출력된다.

코드 5-12 문자열

```
In      d = "python"
        "py" in d
Out     True
```

문자열도 존재하는지 확인해서 판별할 수 있다.

조건식이 True 혹은 False를 반환하는 세 번째 이유는 변수에 True나 False를 바로 할당한 경우이다. 무조건 실행하고자 할 때 직접 입력한다.

변수에 직접 값을 할당한 [코드 5-13]을 보자.

코드 5-13 변수에 직접 부울값을 할당한 경우

```
In      CTR = True
        if CTR:
            print('마케팅 캠페인 진행')
```

```
    else:
        print('마케팅 캠페인 중지')
```
Out 마케팅 캠페인 진행

CTR에 True 값을 할당했으므로 if 블록이 실행돼 **마케팅 캠페인 진행**이 출력된다. 만약 False를 할당했다면 '마케팅 캠페인 중지'가 출력된다.

이제 if문의 조건문을 논리연산자(AND, OR, NOT)로 작성해보겠다. 다음의 예제를 통해 논리연산자를 살펴보자.

예시 ④

팀장 이번 달에 진행한 SNS 이벤트 효과는 어떤가요? 지난달 전환이 150개였는데 이번에도 그만큼 나와야 다음 달에도 광고를 계속 진행할 수 있어요. 아, 그리고 이번 달 전환은 130개 이상을 목표로 제시했습니다.

마케터 네, 팀장님. 이번 달에는 120개네요.

팀장 그래요? 지난달보다도 전환이 적고 광고주가 말한 조건보다도 적네요. 두 가지 조건 모두 만족하지 못했군요. 지금 나가는 광고는 중지하고 새로운 콘텐츠를 생각해봅시다.

대화에서 광고 진행은 전월 이상 성과가 나오거나 광고주 요청 전환 수만 채우면 된다. 대화를 보고 코드로 작성하면 if-elif문이 떠오를 것이다.

코드 5-14 광고 진행 여부 코드 if-elif문

```
In    이번달전환수 = 120
      전월전환수 = 150
      광고주요청전환수 = 130
      if 이번달전환수 >= 전월전환수:
          print('광고 진행')
      elif 이번달전환수 >= 광고주요청전환수:
          print('광고 진행')
      else:
          print('광고 중지')
```
Out 광고 중지

[코드 5-14]처럼 작성할 수도 있지만 두 가지 조건을 동시에 비교하는 방법이 있다. 바로 논리

연산자(and, or)를 사용하는 것이다. 논리연산자는 두 조건을 한 번에 비교할 수 있는 조건식을 작성할 수 있다.

코드 5-15 논리합 or를 사용한 코드

In
```
if 이번달전환수 >= 전월전환수 or 이번달전환수 >= 광고주요청전환수:
    print('광고 진행')
else:
    print('광고 중지')
```
Out   광고 중지

논리합 or는 둘 중 하나만 만족하면 True 값을 반환한다.

코드 5-16 논리합 and를 사용한 코드

In
```
if 이번달전환수 >= 전월전환수 and 이번달전환수 >= 광고주요청전환수:
    print('광고 진행')
else:
    print('광고 중지')
```
Out   광고 중지

논리곱 and는 두 조건을 동시에 만족할 때 True 값을 반환한다.

표 5-2 and(논리곱)

조건 A \ 조건 B	True	False
True	True	False
False	False	False

표 5-3 or(논리합)

조건 A \ 조건 B	True	False
True	True	True
False	True	False

논리연산자 and와 or은 학창 시절에 수학 시간에 '그리고', '또는'으로 배웠던 내용이며 두 조건의 논리연산을 [표 5-2], [표 5-3]과 같이 출력해준다.

표 5-4 not(부정)

연산	not True	not False
결과	False	True

또 다른 논리연산자로 not이 있는데 not은 부정을 나타낸다. 논리연산자 not은 True는 False로, False는 True로 변환한다.

그런데 앞선 코드에서 이상한 부분을 발견했을 수 있다. 팀장은 논리합을 구성할 수 있도록 말했지만 사실상 '광고요청전환수'만 충족하면 광고는 계속 진행된다. 즉 '광고주요청전환수'만 if문에 넣으면 깔끔하고 효율적이며 빠르게 실행된다. 일상생활에서 하는 말은 프로그래밍으로 짜보면 불합리한 경우가 종종 있다.

다음의 상황을 보자.

예시 ⑤

팀장 이번 달에 진행한 이벤트, 페이스북과 구글의 전환율은 어때요? 채널별로 200개 이상 나와야 할 텐데요.

마케터 페이스북은 50개, 구글은 400개입니다.

팀장 그래요? 페이스북과 구글의 차이가 너무 크군요. 지금 나가는 광고를 중지하고 왜 차이가 나는지 알아봅시다.

마케터 그래도 구글은 계속 집행하는 게 좋지 않을까요?

팀장 아니에요. 약간 변형해서 구글 전용으로 광고를 만들어서 집행하면 더 효과가 좋을 겁니다.

구글의 전환 수가 몇 개든 페이스북이 조건을 만족하지 못하면 광고는 중지된다. 구글 역시 마찬가지다. 이때 논리곱을 사용하면 깔끔하게 코딩된다. 물론 논리곱을 사용하지 않고도 코딩이 가능하지만 복잡하다.

한편 논리연산을 수행해야 하는 조건이 세 개 이상일 경우 and, or, not 중 연산의 우선순위가 가장 높은 연산자는 not, 다음으로 and, 마지막으로 or이다. 우선순위가 같은 연산자라면 왼쪽부터 연산을 차례로 진행한다.

코드 5-17 논리 연산 순서 지정하는 코드

```
In      True or False and False   # 괄호 미사용
Out     True

In      (True or False) and False   # 괄호 사용
Out     False
```

논리 연산 순서를 임의로 지정하기 위하여 [코드 5-17]처럼 괄호를 사용하면 된다. 또 논리연산자를 세 개 이상 사용하면 논리 연산 순서가 헷갈리므로 괄호를 사용하여 코딩하고 연산 순서를 판단할 수 있다.

이제 if문의 조건문을 pass 키워드를 사용해서 작성해보겠다. 다음의 예제를 통해 어떻게 사용하는지 살펴보자.

예시 ⑥

팀장　이번 달에 진행한 SNS 이벤트 효과는 어떤가요? 지난달 전환이 150개였는데 이번에도 그만큼 나와야 다음 달에도 광고를 계속 진행할 수 있어요.

마케터　네, 팀장님. 이번 달에는 160개네요.

팀장　그래요? 그럼 진행되는 광고는 그대로 두면 되겠네요. 전환이 적으면 중지하려고 했더니 잘됐네요.

대화처럼 조건을 충족했을 때 그대로 두려면 pass를 사용한다. pass는 아무것도 수행하지 않지만 문법적으로 필요할 경우 사용된다. 만약 [코드 5-18]에 pass가 없다면 오류가 발생한다.

코드 5-18 pass 키워드 사용하기

```
이번달전환수 = 160
전월전환수 = 150
if 이번달전환수 >= 전월전환수:
    pass
else:
    print('광고 중지')
```

[코드 5-18]은 대화 내용을 그대로 구현한 비효율적인 코딩이다.

코드 5-19 pass 키워드 사용보다 효율적인 코드

```
if 이번달전환수 < 전월전환수:
    print('광고 중지')
```

[코드 5-19]처럼 간단히 입력해도 결과적으로는 동일하게 출력된다.

1 if-else문 사용하기

if-else문을 사용하여 코딩해보자. 다음의 리스트에 있는 각 CTR에 대하여 2.0% 이상이라면 '고효율', 아니면 '저효율'을 출력하는 코드를 만들어보자.

```
ctr = [1.3, 2.1, 2.7]
```

일반적으로 CTR을 표기할 때는 CTR 수치와 %를 함께 작성하여 1.3%, 2.1%, 2.7%와 같이 표기하지만, 파이썬에서 수치와 %를 함께 표기하려면 문자열로 표기해야 하므로 수치에 대한 대소 비교를 할 수 없다. 따라서 %를 제외한 수치만 숫자 자료형으로 표기하여 대소 비교를 진행할 수 있다.

Answer

2 if-elif-else문 사용하기

어느 마케팅 대행사가 진행하는 광고에 대하여 CTR이 2.0% 이상이면 광고비를 증액하고, CTR이 2.0% 미만 1.0% 이상이면 광고를 그대로 진행하고, 둘 다 아니면 광고를 중지하기로 했다. 이러한 의사 결정을 if-elif-else문을 사용하여 파이썬 코드로 만들어보자. 현재 진행되는 광고의 CTR은 1.5%이다.

Answer

3 if-elif문 사용하기

어느 마케팅 대행사가 지난달에 집행된 광고 효과에 근거하여 이번 달 광고비를 증액하거나 감액하려고 한다. 지난달 CTR이 2.0% 이상이면 이번 달 광고비를 지난달 광고비에서 100만 원 증액한다. 또 지난달 CTR이 1.0% 이상이고 2.0% 미만이면 이번 달 광고비를 지난달 광고비에서 50만 원 감액한다. 둘 다 아니면 광고를 중단하려고 한다. 이를 if-elif문으로 만들어 이번 달 광고비를 출력해보자. 지난달 집행된 광고의 CTR은 1.8%이고 광고비는 100만 원이다.

Answer

4 if-elif-else문을 if-elif문으로 표현하기

어느 마케팅 대행사에서 인사고과 결과에 따라 연봉 협상을 진행한다고 가정해보자. 다음 표를 참고하여 인사고과 등급이 A이고, 연봉이 3600만 원인 마케터의 새로운 연봉을 if-elif-else문을 if-elif문을 사용하여 표현해보자.

인사고과	연봉 상승률(%)
S	20
A	15
B	10
C	5
D	동결

Answer

5 해답

A1 if-else문 사용하기

In
```
ctr = [1.3, 2.1, 2.7]
if ctr[0] >= 2.0:
    print('고효율')
else:
    print('저효율')
```
Out 저효율

In
```
if ctr[1] >= 2.0:
    print('고효율')
else:
    print('저효율')
```
Out 고효율

In
```
if ctr[2] >= 2.0:
    print('고효율')
else:
    print('저효율')
```
Out 고효율

A2 if-elif-else문 사용하기

In
```
ctr = 1.5
if ctr >= 2.0:
    print('광고비 증액')
elif ctr < 2.0 and ctr >= 1.0:
    print('광고 진행')
else:
    print('중지')
```
Out 광고 진행

A3 if-elif문 사용하기

In
```
ctr:1.8
cost = 1000000
if ctr >= 2.0:
    cost = cost + 1000000
elif ctr < 2.0 and ctr >= 1.0:
    cost = cost - 500000
else:
    print('광고 중단')
cost
```

Out 500000

A4 if-elif-else문을 if-elif문으로 표현하기

In
```
performance = 'A'
now = 3600
if performance == 'S':
    new = now * 1.2
elif performance == 'A':
    new = now * 1.15
elif performance == 'B':
    new = now * 1.10
elif performance == 'C':
    new = now * 1.05
elif performance == 'D':
    pass
new
```

Out 4140.0

5.2 for문

반복적인 작업은 인간보다 기계가 잘한다. 수많은 작업량을 순식간에 처리할 수 있다. 따라서 반복 작업은 기계에게 맡기고 마케터는 마케팅 크리에이티브에 집중한다면 마케터의 생산성은 증대된다. for문은 코드를 반복 실행하는 문법이다. for문 역시 if문과 마찬가지로 제어문이다. 현업에서 엑셀로 반복 처리했던 일을 파이썬으로 자동화할 수 있고 그 핵심이 바로 for문이라 할 수 있다.

표 5-5 홈페이지 방문 고객의 구매개수

고객명	구매 개수
고객 1	1
고객 2	2
고객 3	1
고객 4	3
고객 5	2
고객 6	1
고객 7	3
고객 8	3
고객 9	1
고객 10	2

우리 홈페이지에 들어온 고객이 위의 표와 같이 상품을 구매했다고 가정해보자. 수량의 경우 코딩을 간단하게 설명하기 위해 세 개까지만 구매할 수 있도록 제한을 두겠다. 이에 따라 고객이 구매한 상품의 수대로 고객의 등급을 A, B, C로 분류하는 업무를 진행할 수 있다. 상품을 세 개 구매한 고객은 A 등급, 두 개 구매한 고객은 B 등급, 한 개 구매한 고객은 C 등급으로 분류하고자 한다.

이러한 업무를 진행하기 위하여 구매 개수를 확인하고 구매 개수에 따라 고객 등급을 설정하면 된다. 번거로운 작업이지만 마케터가 현업에서 이미 하는 업무이다. 엑셀을 잘하는 마케터라면 엑셀의 `if` 함수를 사용해 처리하면 된다.

if문을 사용한 다음 코드를 보자.

코드 5-20 if문을 사용하여 고객 등급 처리하기

In
```
count = [1,2,1,3,2,1,3,3,1,2]
cust_1 = count[0]
if cust_1 == 3:
    print('고객등급 : A')
elif cust_1 == 2:
    print('고객등급 : B')
else:
    print('고객등급 : C')
```

Out   고객등급 : C

In
```
cust_2 = count[1]
if cust_2 == 3:
    print('고객등급 : A')
elif cust_2 == 2:
    print('고객등급 : B')
else:
    print('고객등급 : C')
```

Out   고객등급 : B

In
```
cust_3 = count[2]
if cust_3 == 3:
    print('고객등급 : A')
elif cust_3 == 2:
    print('고객등급 : B')
else:
    print('고객등급 : C')
```

Out   고객등급 : C

[코드 5-20]처럼 고객이 세 명이라면 파이썬의 if문을 사용하여 진행할 수 있다. 하지만 if문만 사용한다면 고객을 구매 개수별로 분류하는 작업은 할 수 있지만 전체 열 명의 고객에 대하여 일일이 코딩해야 하는 번거로움이 있다. 데이터의 고객이 1만 명 혹은 10만 명이라면 이와 같은 방법으로 처리할 수 없다.

코드 5-21 for문을 사용하여 고객 등급 처리하기

In
```
count = [1,2,1,3,2,1,3,3,1,2]
for num in count:
    if num == 3:
        print('고객등급 : A')
```

```
        elif num == 2:
            print('고객등급 : B')
        else:
            print('고객등급 : C')
```
Out 고객등급 : C
     고객등급 : B
     고객등급 : C
     고객등급 : A
     고객등급 : B
     고객등급 : C
     고객등급 : A
     고객등급 : A
     고객등급 : C
     고객등급 : B

하지만 [코드 5-21]처럼 for문을 사용하면 고객별로 진행해야 했던 열 번의 반복 작업이 한 번의 명령으로 끝난다. 만약 [코드 5-20]과 같은 작업을 매일 반복했던 마케터라면 이제 이러한 작업은 파이썬에 맡기고 그 시간에 커피 한 잔의 여유를 가질 수 있을 것이다.

5.2.1 for문의 구조

for문의 기본 구조는 다음과 같다.

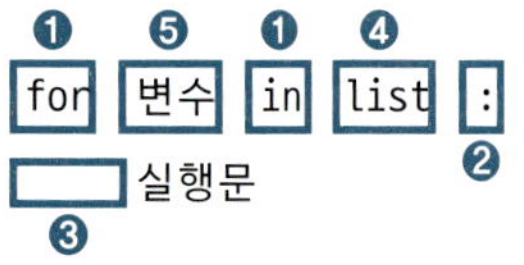

그림 5-5 for문 기본 구조

for문은 for와 in으로 구성된다(❶). 콜론 다음에 실행문이 온다(❷). 콜론 입력 후 엔터를 클릭하면 자동으로 들여쓰기가 된다. 들여쓰기가 된 코드는 for문의 실행문임을 나타낸다(❸). in의 오른쪽에는 자료 구조(리스트, 딕셔너리, 세트, 튜플, 시리즈, 데이터프레임), range 함수, 문자열이 온다. 이 위치에 쓰이는 공통점은 반복 가능iterable하다는 것이다. 실행문이 실행되면 자료 구조의 인덱스가 하나씩 증가해서 자료가 끝날 때까지 반복된다(❹). in의 왼쪽에는 in

의 오른쪽에서 반복적으로 넘어오는 자료를 받을 변수가 위치한다. 변수명은 사용자가 임의로 만들어 사용할 수 있다(❺).

다음 그림을 보자.

그림 5-6 for문의 실행문 예시

number 리스트의 첫 번째 자료 숫자 1이 for문의 변수 num에 할당된다. 숫자 자료 1을 담은 num 변수는 실행문에 있는 print 함수의 전달인자로 사용된다. 그 결과 숫자 자료 1이 출력된다. 이 과정이 number 변수가 담고 있는 자료의 개수대로 순회돼 끝까지 실행되면 종료한다.

5.2.2 for문을 활용하여 데이터 정리하기

for문을 사용한 실전 사례를 소개한다. 마케터가 광고 효율을 높이기 위하여 전환 데이터를 파악하는 것은 중요하며 전환 데이터가 세부 항목별로 나뉘어 있다면 더 좋은 분석을 진행할 수 있다.

표 5-6 5장_예제.xlsx 데이터

Customer_ID	이름	나이	직업	성별	영업결과
20001	김영수	29	마케터	남	등록 : 2,700,000
20002	조민지	30	마케터	여	등록 : 360,000
20003	안영희	31	기획자	여	등록 : 360,000
20004	차정민	32	개발자	남	관심없음
20005	구지영	33	기획자	여	등록 : 330,000
20006	박철호	34	디자이너	남	가망고객

20007	김민철	35	마케터	남	가망고객
20008	윤미희	36	디자이너	여	등록 : 1,444,000
20009	황광수	37	기획자	남	등록 : 750,000
20010	장지윤	38	마케터	여	등록 : 2,000,000

[표 5-6]은 5장_예제.xlsx 파일의 데이터이다. 영업 사원이 교육 상품을 영업한 결과에 대하여 임의적으로 구성한 데이터이다. 그런데 가장 오른쪽 칼럼 '영업결과'를 보면 등록 여부와 등록금이 하나의 칼럼으로 구성되었다.

표 5-7 '영업결과' 칼럼을 두 개로 나눈 표

Customer_ID	이름	나이	직업	성별	등록 여부	등록금
20001	김영수	29	마케터	남	등록	2,700,000
20002	조민지	30	마케터	여	등록	360,000
20003	안영희	31	기획자	여	등록	360,000
20004	차정민	32	개발자	남	관심 없음	-
20005	구지영	33	기획자	여	등록	330,000
20006	박철호	34	디자이너	남	가망고객	-
20007	김민철	35	마케터	남	가망고객	-
20008	윤미희	36	디자이너	여	등록	1,444,000
20009	황광수	37	기획자	남	등록	750,000
20010	장지윤	38	마케터	여	등록	2,000,000

만약 [표 5-7]처럼 [표 5-6]의 '영업결과' 칼럼을 '등록 여부', '등록금'이라는 칼럼 두 개로 나눈다면 마케터의 생산성은 더욱 향상될 것이다. 등록한 고객은 등록금 칼럼으로 광고 수익률$^{\text{return on ad spending}}$(ROAS)을 체크할 수 있고, 가망 고객은 리타깃팅 혹은 이메일 발송 등의 마케팅 전략으로 고객을 우리 홈페이지에 다시 한 번 유입시킬 수 있다.

하지만 엑셀만 다루는 마케터라면 [표 5-6]처럼 데이터를 처리하기가 굉장히 난감하다. 매번 등록과 미등록, 가망 고객을 나누고 등록한 고객의 등록금도 추출해야 하는 것은 번거롭다. 이렇게 번거로운 작업은 포기하는 마케터가 대부분이다. 물론 엑셀 함수에 능숙하거나 비주얼 베이식을 다루는 사람이라면 손쉽게 처리할 수 있다. 여기에 파이썬까지 안다면 훨씬 효율적으로

업무를 처리할 수 있으며, 이 책의 독자 역시 파이썬과 for문으로 데이터를 쉽게 처리할 수 있다. 또한 파이썬 스크립트를 한 번 짜면 동일한 양식의 다른 기간 데이터도 파이썬으로 읽고 주피터 노트북에서 'Cell 〉 Run All'을 선택해 한 번에 처리할 수 있다.

데이터를 처리하는 전체 과정은 다음과 같다.

① 엑셀 파일을 열어서 데이터를 가공하게끔 준비한다. 데이터프레임과 시리즈를 사용한다.
② 영업 결과 칼럼의 데이터를 텍스트를 분석해서 등록 여부에 대한 데이터와 등록금에 대한 데이터로 각각 분류한다.
③ 등록 여부 칼럼과 등록금 칼럼을 새로 만들고 기존의 영업 결과 칼럼은 삭제한다.
④ 데이터프레임을 엑셀 파일로 내보낸다.

②가 핵심 과정이고 나머지는 데이터프레임 내용을 숙지했으면 충분히 이해할 수 있다. 이제 본격적으로 코드를 만들어보자.

코드 5-22 데이터 파일 불러오기

In
```
import pandas as pd
from pandas import DataFrame
from pandas import Series

data = pd.read_excel("./5장_예제.xlsx")
data
```

Out

	Customer_ID	이름	나이	직업	성별	영업결과
0	20001	김영수	29	마케터	남	등록 : 2,700,000
1	20002	조민지	30	마케터	여	등록 : 360,000
2	20003	안영희	31	기획자	여	등록 : 360,000
3	20004	차정민	32	개발자	남	관심없음
4	20005	구지영	33	기획자	여	등록 : 330,000
5	20006	박철호	34	디자이너	남	가망고객
6	20007	김민철	35	마케터	남	가망고객
7	20008	윤미희	36	디자이너	여	등록 : 1,444,000
8	20009	황광수	37	기획자	남	등록 : 750,000
9	20010	장지윤	38	마케터	여	등록 : 2,000,000

엑셀 파일을 가공할 수 있도록 판다스와 데이터프레임, 시리즈 자료 구조를 파이썬에 불러온다.

이제 '영업결과'의 데이터를 분석해서 등록 여부 리스트와 등록금 리스트 만든다. 영업 결과는 '등록 : xxx', '관심없음', '가망고객'으로 나눌 수 있다. 여기서 등록 여부 리스트를 만들기 위해서는 if문을 활용해서 '등록', '관심없음', '가망고객'과 일치할 때 각 리스트에 할당하면 된다.

코드 5-23 영업결과 칼럼에서 텍스트 추출하기

```
prospects = []    # 등록 여부 데이터를 넣을 빈 리스트 생성
for prospect in data['영업결과']:
    if prospect == '가망고객':
        prospects.append(prospect)    # prospect 변수가 '가망고객'일 경우 리스트에 추가
    elif prospect == '관심없음':
        prospects.append(prospect)    # prospect 변수가 '관심없음'일 경우 리스트에 추가
    else :
        prospects.append('등록')    # 조건에 모두 해당되지 않으면 '등록'을 리스트에 추가
```

여기서 문제가 있다. '가망고객'과 '관심없음'은 데이터가 모두 동일하지만 '등록 : xxx'의 경우 숫자가 각각이라 데이터를 그대로 리스트에 할당할 수 없다. 논리적으로는 '등록'과 등록금인 'xxx'를 분리해서 텍스트인 '등록'만 리스트로 할당하는 것이 깔끔하다. 그러나 굳이 분리할 필요는 없다. 프로그램은 효율적으로 짜는 것이 좋다. 숫자를 분리하는 과정 없이 '등록'이라는 문자열이 있다면 데이터가 아닌 '등록'이란 값을 직접 할당한다.

다음은 수강 등록 금액을 추출하기 위한 리스트를 만들어보자.

코드 5-24 수강 등록 금액을 추출하기

```
sales = []    # 등록금 데이터를 넣을 빈 리스트 생성
for tuition in data['영업결과']:    # 영업 결과 데이터를 순차적으로 tution 변수에 대입

    if tuition.startswith('등록 : '):    # 문자열의 시작이 '등록 : '인지 여부 확인
        price = tuition.replace('등록 : ','')
                                        # '등록 : '은 ' '으로 대체해 숫자만 price 변수에 할당
        sales.append(price)    # append 함수를 사용해 price를 sales 리스트에 저장
    else :
        sales.append('-')    # '등록 : '이 아닌 경우 sales 리스트에 대시(-) 저장
```

먼저 등록만 조건을 따지면 된다. '가망고객'이든 '관심없음'이든 등록금을 내지 않았다. '등록 : xxx'의 경우 텍스트와 숫자로 나눠서 숫자만 추출해야 한다. 이를 위해서 숫자만 추출해 할당할 변수가 필요하다. 숫자만 추출하는 코딩은 다양한 방식이 있지만 여기서는 '등록 : 을 ' '로 대체해서 삭제하는 법을 쓴다. 참고로 오류를 줄이려면 콜론을 기준으로 삼고 오른쪽 숫자만 추출하

는 방식이 좋다. 만약 개발자가 공백 문자를 잘못 넣으면 제대로 작동하지 않는다. '가망없음'과 '가망고객'은 숫자가 없으니 대시(-)를 할당한다.

두 개의 리스트를 만들었으니 가장 어려운 부분은 끝났다.

코드 5-25 각 칼럼으로 만들어 데이터프레임에 추가하기

```
data['등록여부'] = prospects
data['등록금'] = sales
```

[코드 5-25]처럼 '등록여부' 리스트와 '등록금' 리스트를 각 칼럼으로 만들어 데이터프레임에 추가한다.

코드 5-26 기존 '영업결과' 칼럼 제거하기

```
data.drop('영업결과',axis=1,inplace=True)
```

이제 기존 '영업결과' 칼럼은 제거한다.

코드 5-27 데이터프레임 실행하기

In data
Out

	Customer_ID	이름	나이	직업	성별	등록여부	등록금
0	20001	김영수	29	마케터	남	등록	2,700,000
1	20002	조민지	30	마케터	여	등록	360,000
2	20003	안영희	31	기획자	여	등록	360,000
3	20004	차정민	32	개발자	남	관심없음	-
4	20005	구지영	33	기획자	여	등록	330,000
5	20006	박철호	34	디자이너	남	가망고객	-
6	20007	김민철	35	마케터	남	가망고객	-
7	20008	윤미희	36	디자이너	여	등록	1,444,000
8	20009	황광수	37	기획자	남	등록	750,000
9	20010	장지윤	38	마케터	여	등록	2,000,000

데이터프레임을 실행해보면 결과를 볼 수 있다.

코드 5-28 데이터프레임 엑셀 파일로 출력하기

```
data.to_excel('data_result.xlsx')
```

마지막으로 작업한 데이터프레임을 엑셀 파일로 출력한다. 만약 파일이 어디에 있는지 모른다면 지정한 경로를 찾을 수 있다. **%pwd**를 입력한다. 파이썬 함수가 아니라 주피터 노트북에서 제공하는 명령어_{magic command}이다.

5.2.3 for문 이해하기

for문을 이해하기 위해 다양한 자료를 익혀보겠다.

코드 5-29 구구단 2단 출력하기

```
In    for x in range(1,10):
          print(x*2)
Out   2
      4
      6
      8
      10
      12
      14
      16
      18
```

for문을 이용해 구구단 2단을 출력할 수 있다. 10을 20으로 입력하면 19개의 결과가 출력되며 *2를 *9로 입력하면 9단의 결과가 출력된다.

코드 5-30 문자열 출력하기

```
In    for x in 'abcde':
          print(x)
Out   a
      b
      c
      d
      e
```

for문을 이용해 문자열을 순회 출력할 수도 있다.

코드 5-31 리스트를 for문을 이용하여 출력하기 ①

```
List = [1,2,3,4,5]
```

[코드 5-31]의 리스트를 for문을 이용해 출력해보겠다.

코드 5-32 리스트를 for문을 이용하여 출력하기 ②

In
```
for x in List:
    print(x)
```
Out
```
1
2
3
4
5
```

[코드 5-32]는 문자열 자료를 출력한 일반적인 for문이다.

코드 5-33 리스트를 for문을 이용하여 출력하기 ③

In
```
for idx in range(0,len(List)):
    print(List[idx])
```
Out
```
1
2
3
4
5
```

[코드 5-32]와 [코드 5-33]은 같은 결과를 출력한다. 하지만 [코드 5-33]은 리스트의 인덱스를 사용하여 순회했다. 이를 위해 range와 len 함수를 함께 사용했다.

먼저 인덱스를 빠짐없이 순회하기 위해서는 List의 길이를 알아야 한다. List에 숫자가 5개가 있는데 4까지만 순회하면 마지막 5번째 값은 출력되지 않는다. len 함수를 사용한다. lent(List)를 실행하면 5가 반환되고 range(0, List 길이 값)이 된다. range(0,5)는 0부터 시작해서 5 미만까지 정수의 범위를 나타낸다. 이 범위는 곧 List의 인덱스와 일치한다. 리스트의 인덱스 값으로 idx가 들어가므로 List[0]부터 List[4]까지 모든 리스트 값을 출력하게 된다.

[코드 5-32]를 사용하면 편리한데 왜 복잡하게 쓰는지 의문이 들 수도 있다. 다음 코드를 보자.

코드 5-34 리스트를 for문을 이용하여 출력하기 ④

In
```
for idx in range(0,len(List),2):
    print(List[idx])
```
Out
```
1
3
5
```

range 함수를 사용하여 List를 건너 뛰고 출력했다. 데이터의 길이를 활용한 코딩은 for문에서 자주 쓰는 기법이므로 익숙해져야 한다.

코드 5-35 딕셔너리를 for문을 이용하여 출력하기 ①

```
dict = {"고객1":'구매',"고객2":'비구매'}
```

이제 딕셔너리를 for문을 이용하여 출력해보자.

코드 5-36 딕셔너리를 for문을 이용하여 출력하기 ②

In
```
for x in dict:
    print(x)
```
Out
```
고객1
고객2
```

[코드 5-36]은 딕셔너리의 자료를 순회한 일반적인 for문이다. 딕셔너리의 키가 출력된다.

코드 5-37 딕셔너리를 for문을 이용하여 출력하기 ③

In
```
for x in dict.keys():
    print(x)
```
Out
```
고객1
고객2
```

[코드 5-37]처럼 딕셔너리의 keys 함수를 사용하여 딕셔너리의 키를 순회할 수 있다.

코드 5-38 딕셔너리를 for문을 이용하여 출력하기 ④

In
```
for x in dict.values():
    print(x)
```

```
Out     구매
        비구매
```

[코드 5-38]과 같이 코드를 작성하여 딕셔너리의 values 함수를 사용하여 딕셔너리의 값을 순회할 수 있다.

코드 5-39 딕셔너리를 for문을 이용하여 출력하기 ⑤

```
In      for x,y in dict.items():
            print(x,y)
Out     고객1 구매
        고객2 비구매
```

[코드 5-39]와 같이 딕셔너리의 items 함수를 사용하여 딕셔너리의 키와 값을 순회할 수 있다. 여기서 for문에 x, y 변수가 궁금할텐데 이는 딕셔너리 같이 쌍으로 자료가 구성될 때 사용된다.

코드 5-40 시리즈를 for문을 이용하여 출력하기 ①

```
from pandas import Series
Ser = Series(['구매','비구매'],index=['고객1','고객2'])
```

시리즈를 for문을 이용하여 출력해보자. 이때 특징은 인덱스(key)가 아닌 값(value)을 순회한다는 점이다. 다음 코드를 보자.

코드 5-41 시리즈를 for문을 이용하여 출력하기 ②

```
In      for x in Ser:
            print(x)
Out     구매
        비구매
```

for문을 사용하여 시리즈의 값을 순회할 수 있다.

코드 5-42 시리즈를 for문을 이용하여 출력하기 ③

```
In      for x in Ser.index:
            print(x)
Out     고객1
        고객2
```

for문에 시리즈의 index를 활용하여 시리즈의 인덱스를 순회할 수 있다. 직접 Ser.values를 활용하여 결과를 비교해보자. index와 키 값의 차이를 알 수 있다.

5.2.4 range 함수와 for문

range 함수와 for문은 함께 쓰는 경우가 많다. 앞서도 등장했지만 range 함수를 어떻게 쓰는지 더 자세히 살펴보자. 다음에 살펴볼 세 개 코드는 동일한 결과가 출력된다.

코드 5-43 range 함수 사용하기 ①

```
In      range(10)
Out     range(0, 10)
```

위 코드처럼 숫자(int)를 하나 전달하면 0부터 해당 숫자 미만까지의 범위를 반환한다.

코드 5-44 range 함수 사용하기 ②

```
In      range(0,10)
Out     range(0, 10)
```

위 코드처럼 숫자(int)를 두 개 전달하면 첫 번째 숫자부터 두 번째 숫자 미만까지의 범위를 반환한다.

코드 5-45 range 함수 사용하기 ③

```
In      range(0,10,1)
Out     range(0, 10)
```

위 코드처럼 숫자(int)를 세 개 전달할 때 세 번째 숫자는 숫자의 간격(step)을 나타낸다.

list 함수와 range 함수를 함께 사용하여 range 함수로 생성한 숫자 범위를 리스트로 반환할 수도 있다.

코드 5-46 range 함수와 list 함수 사용하기

```
In      list(range(10))
```

Out	[0, 1, 2, 3, 4, 5, 6, 7, 8, 9]
In	`list(range(0,10))`
Out	[0, 1, 2, 3, 4, 5, 6, 7, 8, 9]
In	`list(range(0,10,1))`
Out	[0, 1, 2, 3, 4, 5, 6, 7, 8, 9]

[코드 5-46]처럼 앞서 살펴본 코드에 list 함수를 적용하면 세 개 코드의 결과가 동일하게 나온다는 것을 알 수 있다.

list 함수와 range 함수를 응용하면 짝수 리스트와 홀수 리스트를 생성할 수도 있다. 다음의 코드를 보자.

코드 5-47 range 함수와 list 함수로 홀수와 짝수 리스트 생성하기

In	`list(range(0,10,2))`
Out	[0, 2, 4, 6, 8]
In	`list(range(1,10,2))`
Out	[1, 3, 5, 7, 9]

시작을 어떻게 하느냐에 따라 짝수와 홀수 리스트가 생성된다. 첫 번째 숫자부터 두 번째 숫자 미만까지의 범위를 세 번째 숫자의 배수로 생성된다. [코드 5-47]을 보면 list(range(0, 10,2))은 0에서 9까지 범위의 짝수가, list(range(1,10,2))는 1에서 9까지 범위의 홀수가 생성된다.

이제 for문을 사용해 1에서 9까지 홀수를 출력하도록 코딩을 만들어보자.

코드 5-48 for문을 사용해 홀수 출력하기

In	`for num in range(1,10,2):` `    print(num)`
Out	1 3 5 7 9

[코드 5-48]처럼 작성하면 홀수 결과가 출력되며, range(1,10,2)에서 1을 0으로 바꾸면 짝수 결과가 출력된다.

인덱스를 사용하여 순회하기 위해서는 for문, range 함수, len 함수를 함께 사용하면 된다. 리스트를 먼저 만들어보겠다.

코드 5-49 list 함수와 range 함수로 리스트 만들기

```
List = list(range(1,6))
```

연습 삼아서 range 함수로 만들었다. 이제 [코드 5-49] 코드를 활용하여 다음 코드들을 살펴보자.

코드 5-50 리스트 순회하기

In
```
for idx in range(0,len(List)):
    print(List[idx])
```

Out
```
1
2
3
4
5
```

리스트의 길이를 알아내 순차적으로 idx를 증가시킨 후 print 함수를 통해 리스트에서 idx에 해당하는 인덱스 값을 출력한다. [코드 5-50]처럼 입력하면 리스트가 순회해 그 결과로 1, 2, 3, 4, 5가 출력된다.

코드 5-51 리스트를 시리즈로 만들기

In
```
from pandas import Series
Ser = Series(List)    # 리스트를 시리즈 Ser로 변환

for idx in range(0,len(Ser)):
    print(Ser[idx])
```

Out
```
1
2
3
4
5
```

[코드 5-51]처럼 입력해 리스트를 시리즈로 만들어서 순회했다. 시리즈라는 것을 제외하고는 리스트와 동일하게 결과가 출력된다.

이번에는 데이터프레임으로 만들어서 순회해보자. 앞서 파이썬으로 판다스와 데이터프레임을 불러온 것을 전제로 진행한다.

코드 5-52 시리즈로 만든 리스트를 데이터프레임으로 만들기

```
In      df = DataFrame(List)
        df
```

Out

	0
0	1
1	2
2	3
3	4
4	5

그런데 칼럼명이 없어서 인덱스 숫자 0이 매겨졌다. 칼럼명 0으로 코딩할 수도 있지만 자칫 헷갈릴 수 있다. 칼럼명 0을 1열로 바꿔보자.

코드 5-53 칼럼명 변경하기

```
In      df = df.rename({0:'1열'},axis=1)
        df
```

Out

	1열
0	1
1	2
2	3
3	4
4	5

#axis에 1을 할당해 칼럼을 선택하도록 했다. 이제 앞서 다뤘던 코드를 생각하면서 다음 코드를 해독해보자.

코드 5-54 loc 연산자 사용하기

```
In      for idx in range(0,len(df)):
            print(df.loc[idx,'1열'])
```

```
Out    1
       2
       3
       4
       5
```

데이터프레임의 길이와 loc 연산자를 활용했다.

5.2.5 중첩 for문

for문에서 자주 사용되는 형태가 중첩 for문이다. 중첩 for문을 이해하기 위해 다음을 입력해 보자.

코드 5-55 중첩 for문 알아보기

```
In    Outer_list = ['Outer1','Outer2']
      inner_list = ['inner1','inner2','inner3']

      for Outer in Outer_list:
          for inner in inner_list:
              print(Outer + '&' + inner)
Out   Outer1 & inner1
      Outer1 & inner2
      Outer1 & inner3
      Outer2 & inner1
      Outer2 & inner2
      Outer2 & inner3
```

바깥쪽 for문부터 루프가 시작된다. `Outer_list[0]`의 값이 Outer에 할당된 후 안쪽 for문의 `inner_list`가 순회되어 완료되면 바깥쪽 for문의 `Outer_list[1]`의 값이 할당되고 다시 안쪽 for문의 `inner_list`가 순회된다. 바깥쪽 for문에 할당할 `Outer_list`의 값이 없으면 중첩 for문이 완료된다.

구구단을 연속해서 출력하는 것은 중첩 for문을 이해하기 위한 좋은 예제이다. 다음과 같이 코딩하여 2단과 3단을 연속해서 출력해보자. 산수 시간에 배운 개념을 떠올리며 하는 것이 더 어렵게 느껴질 수 있다.

코드 5-56 구구단 연속해서 출력하기

In
```
for x in range(2,4):
    for y in range(1,10):
        print(x,"*",y,"=",x*y)
```

Out
```
2 * 1 = 2
2 * 2 = 4
2 * 3 = 6
2 * 4 = 8
2 * 5 = 10
2 * 6 = 12
2 * 7 = 14
2 * 8 = 16
2 * 9 = 18
3 * 1 = 3
3 * 2 = 6
3 * 3 = 9
3 * 4 = 12
3 * 5 = 15
3 * 6 = 18
3 * 7 = 21
3 * 8 = 24
3 * 9 = 27
```

곱해지는 수는 피승수라고 하며 여기서 2단이다. 곱하는 승수는 1~9까지이다. 바깥쪽 for문에 피승수를 배치하고 range 함수로 2, 4를 지정해 2단과 3단이 출력되도록 한다. 안쪽 for문에는 승수를 배치하고 range 함수로 1과 10을 입력해 1~9까지 결과가 출력되도록 한다.

코드 자체가 어렵지는 않지만 출력 결과가 길어서 보기가 좋지 않다. 더 깔끔하게 보이는 방법이 있다. 데이터프레임에 for문을 사용한다.

1 중첩 for문과 데이터프레임

출력 결과가 더 깔끔하게 보이도록 데이터프레임에 for문을 사용하여 자료를 입력한다. 구구단을 만들 때도 이를 응용한다. 응용하는 방식은 여러 가지 있지만 데이터프레임의 구조에 익숙해지도록 코딩을 해보겠다.

가로로 긴 데이터프레임에 중첩 for문을 사용하여 구구단을 입력해보자. 역시 파이썬으로 판다스와 데이터프레임 시리즈 자료 구조를 불러온 것을 전제로 코드를 진행한다.

먼저 중첩 for문을 사용한 [코드 5-57]을 보자.

코드 5-57 가로 데이터프레임에 중첩 for문 사용하기

In
```
df = DataFrame(data=None,columns=range(1,10), index=['구구단2단','구구단3단'])
df
```

Out

	1	2	3	4	5	6	7	8	9
구구단2단	NaN	NaN	NaN	NaN	NaN	NaN	NaN	NaN	NaN
구구단3단	NaN	NaN	NaN	NaN	NaN	NaN	NaN	NaN	NaN

2행 9열의 빈 데이터프레임을 만들었다. 여기에 데이터프레임에 `iloc` 인덱서를 사용한다. 정수로 인덱싱하는 방식이므로 적합하다. 이제 데이터프레임에 구구단 값을 넣자.

코드 5-58 가로 데이터프레임에 구구단 출력하기

In
```
for x in range(2,4):
    for y in range(1,10):
        df.iloc[x-2,y-1] = x * y
df
```

Out

	1	2	3	4	5	6	7	8	9
구구단2단	2	4	6	8	10	12	14	16	18
구구단3단	3	6	9	12	15	18	21	24	27

[코드 5-58]에서 `iloc` 인덱서에 x-2와 y-1를 넣었다. 그 이유는 인덱스를 맞추기 위해서이다. 바깥쪽 for문이 2부터, 안쪽 for문이 1부터 시작한다. `iloc[x,y]` 형태면 `iloc[2,1]`이므로 데이터프레임의 범위를 벗어난다. 0행부터 채우려면 `iloc[2-2,1-1]`가 되어야 한다.

이번에는 세로로 긴 데이터프레임에 중첩 for문을 사용하여 구구단을 입력해보겠다. 세로로 길게 되면 가로로 긴 데이터프레임의 코드와 어느 부분에서 바뀐 것인지 주목하자.

세로 데이터프레임에 구구단을 출력한 [코드 5-59]를 보자.

코드 5-59 세로 데이터프레임에 구구단 출력하기

In
```
df2 = DataFrame(data = None,columns = ['구구단2단','구구단3단'], index = range(1,10))

for x in range(1,10):
    for y in range(2,4):
```

```
        df2.iloc[x-1,y-2] = x * y
df2
```

Out

	구구단2단	구구단3단
1	2	3
2	4	6
3	6	9
4	8	12
5	10	15
6	12	18
7	14	21
8	16	24
9	18	27

데이터프레임이 9행 2열로 변했고 바깥쪽 for문에는 승수가, 안쪽 for문에는 피승수가 들어갔다. 사실 이 코딩은 포맷에 맞게 구구단의 숫자만 맞을 뿐이지 for문은 (1*2,1*3), (2*2,2*3), (3*2,3*3)순으로 연산된다.

5.2.6 continue, break와 for문

파이썬의 continue, break와 for문을 함께 사용하여 for문의 흐름을 제어할 수 있다. 다음 코드를 보면 continue와 break의 용도를 이해할 수 있다.

코드 5-60 continue 사용하기

In
```
for x in range(1,6):
    if(x == 4):
        continue
    print(x)
```

Out
```
1
2
3
5
```

continue는 현재의 순회에서 곧장 다음 순회로 넘어가도록 한다. continue는 특정 순회만 건너뛰고 싶을 때 실행한다. print 함수의 위치에 주목하자.

코드 5-61 break 사용하기

In
```
for x in range(1,6):
    if(x == 4):
        break
    print(x)
```

Out
```
1
2
3
```

break는 특정 순회에서 for문을 중단시키고자 할 때 사용한다. 네 번째 결과가 나오기 전에 멈췄다.

1 for문을 이용하여 출력하기 ①

이제 for문을 이해하기 위해 다룬 함수로 다음의 코드를 만들어보자. 매체 정보와 각 매체의 ctr 이다. ctr이 1.0% 이상인 매체만 추출해보자. 파이썬으로 판다스, 데이터프레임, 시리즈 자료 구조를 불러온 것을 전제로 진행한다.

예제 1 ctr 1% 이상인 매체만 출력하기

```
In      media = ['페이스북','인스타그램','네이버','다음','구글']
        ctr = [0.8, 2.4, 3.1, 1.9, 0.3]
        result = []      # 추출한 매체를 담는 빈 리스트 생성

        for idx in range(0,len(ctr)):    # for문 해설 참조
            if ctr[idx] >= 1.0:          # if문 해설 참조
                result.append(media[idx])

        result   # 결과 확인
Out     ['인스타그램', '네이버', '다음']
```

리스트 ctr의 데이터를 for문을 사용해 모두 체크한다. 이때 for문에 사용할 변수는 ctr 값이 아니라 ctr의 인덱스이다. 인덱스를 통해 media 리스트에 접근해야 하기 때문이다. for문에는 인덱스를 담당할 정수형 변수가 들어가야 하고 ctr 리스트의 크기를 알아내서 수행되어야 한다. 그리고 if문을 사용해 ctr이 1.0 이상인 값을 검사한다. ctr이 1.0% 이상이라면 해당 ctr의 인덱스와 동일한 인덱스에 위치한 media를 찾고 그 media를 리스트의 **append** 함수를 이용하여 result에 추가한다.

2 for문을 이용하여 출력하기 ②

제공된 파일 중 5장_예제2.xlsx 파일을 가져오자.

예제 2 예제 데이터 불러오기

```
In      df = pd.read_excel("./5장_예제2.xlsx")
        df
```

Out

	광고유형	CTR
0	콘텐츠1	1.79
1	콘텐츠2	2.67
2	콘텐츠3	4.38
3	콘텐츠4	2.69
4	콘텐츠5	6.64
5	콘텐츠6	0.07
6	콘텐츠7	0.02
7	콘텐츠8	3.70
8	콘텐츠9	3.76
9	콘텐츠10	6.32

[예제 ②]의 데이터를 보면 현재 광고 콘텐츠가 열 개 집행되고 있다. 이 중 CTR이 2.0% 이상이라면 고효율, 2.0% 미만이라면 저효율로 구분하고 그 결과를 result 칼럼에 추가해보자. [예제 ①]의 코드에 비해서는 쉽다.

이번에는 CTR 칼럼의 값을 판정하면 된다. 앞서 불러온 5장_예제2.xlsx 파일에 대해 다음과 같이 코드를 입력한다.

예제 2 데이터프레임에 판정결과 출력하기

In
```python
result = []    # 결과를 담을 빈 리스트를 만든다.

for ctr in df['CTR']:
    if ctr >= 2.0:
        result.append('고효율')
    else :
        result.append('저효율')

df['result'] = result    # 데이터프레임에 result 칼럼을 result 리스트를 사용하여 만든다.
df
```

Out

	광고유형	CTR	result
0	콘텐츠1	1.79	저효율
1	콘텐츠2	2.67	고효율
2	콘텐츠3	4.38	고효율
3	콘텐츠4	2.69	고효율
4	콘텐츠5	6.64	고효율
5	콘텐츠6	0.07	저효율
6	콘텐츠7	0.02	저효율

	광고유형	CTR	result
7	콘텐츠8	3.70	고효율
8	콘텐츠9	3.76	고효율
9	콘텐츠10	6.32	고효율

for문을 사용하여 CTR 칼럼에 있는 각 ctr을 순회하고, if문을 사용하여 ctr이 2.0% 이상이라면 고효율, 2.0 미만이라면 저효율을 result 변수에 추가한다.

참고로 append 함수를 사용하기 전에 ctr별로 고효율, 저효율이 어떻게 할당되는지 확인하고 싶다면 print 함수를 사용하여 살펴볼 수 있다.

예제 2 고효율/저효율 할당 수치 확인하기

In
```
for ctr in df['CTR']:
    if ctr >= 2.0:
        print(ctr,'고효율')
    else :
        print(ctr,'저효율')
```

Out
```
1.79 저효율
2.67 고효율
4.38 고효율
2.69 고효율
6.64 고효율
0.07 저효율
0.02 저효율
3.7 고효율
3.76 고효율
6.32 고효율
```

코딩을 하면 자신이 코딩한 결과가 예측되지 않는 경우가 많다. 그때마다 print 함수를 사용하여 살펴보면 된다.

3 중첩 for문을 이용하여 출력하기

파이썬을 사용하는 마케터라면 중첩 for문의 사용에 익숙해질 필요가 있다. 매체 보고서를 자동화하기 위해 중첩 for문을 사용하여 데이터프레임에 자료를 입력해야 한다. 다음의 예제를 살펴보자.

표 5-8 SA와 DA 보고서 양식

Search Ads				
날짜	요일	노출수	클릭수	ctr
1일	월	341979	3948	1.15
2일	화	197372	1522	0.77
3일	수	322498	3012	0.93
4일	목	661293	4410	0.67
5일	금	174522	1215	0.70
6일	토	494915	2284	0.46
7일	일	78893	1087	1.38
8일	월	118570	1487	1.25
9일	화	146684	1985	1.35
10일	수	141730	1211	0.85
11일	목	665707	4948	0.74
12일	금	412721	3874	0.94
13일	토	223921	2118	0.95
14일	일	99560	1015	1.02
15일	월	435071	4485	1.03
16일	화	466113	4878	1.05
17일	수			
18일	목			

Display Ads				
날짜	요일	노출수	클릭수	ctr
1일	월	1025936	11054	1.08
2일	화	592116	4587	0.77
3일	수	967494	9665	1.00
4일	목	1983879	14520	0.73
5일	금	523567	4587	0.88
6일	토	1484744	10005	0.67
7일	일	236678	3254	1.37
8일	월	355709	4148	1.17
9일	화	440053	4987	1.13
10일	수	425191	4587	1.08
11일	목	1997122	14280	0.72
12일	금	1238162	12498	1.01
13일	토	671762	6871	1.02
14일	일	298679	3346	1.12
15일	월	1305213	13487	1.03
16일	화	1398339	14057	1.01
17일	수			
18일	목			

일일 보고서				
날짜	요일	노출수	클릭수	ctr
1일	월	1367915	15002	1.10
2일	화	789488	6109	0.77
3일	수	1289992	12677	0.98
4일	목	2645172	18930	0.72
5일	금	698089	5802	0.83
6일	토	1979659	12289	0.62
7일	일	315571	4341	1.38
8일	월	474279	5635	1.19
9일	화	586737	6972	1.19
10일	수	566921	5798	1.02
11일	목	2662829	19228	0.72
12일	금	1650883	16372	0.99
13일	토	895683	8989	1.00
14일	일	398239	4361	1.10
15일	월			
16일	화			
17일	수			
18일	목			

[표 5-8]은 SA$^{search\ ads}$와 DA$^{display\ ads}$ 데이터, SA와 DA 데이터를 합산할 일일 보고서 양식이다. 현재 일일 보고서에는 14일까지의 데이터가 입력된 상태이며, 15일과 16일의 데이터를 입력해야 한다.

이제 코드를 작성해보자. 데이터 파일은 5장_예제3.xlsx을 불러온다. 파이썬으로 판다스, 데이터프레임, 시리즈 자료 구조를 불러온 것을 전제로 진행한다.

예제 3 데이터 불러오기

```
sa_df = pd.read_excel("./5장_예제3.xlsx",skiprows=[0],sheet_name='SA')
da_df = pd.read_excel("./5장_예제3.xlsx",skiprows=[0],sheet_name='DA')
daily_df = pd.read_excel("./5장_예제3.xlsx",skiprows=[0],sheet_name='일일보고서')
```

엑셀 파일을 열어 데이터프레임을 각각 만들고, `skiprows` 매개변수에 0을 전달해 0행을 제거한다.

다음 과정은 언제 데이터를 합산할지 입력을 받아야 한다. 중요한 것은 입력에 대한 약속이다. 코딩한 본인은 알겠지만 다른 사람은 연월일을 입력할지, 월일을 입력할지, 일자만 입력할지 알 수 없다. 날짜가 하나일 때나 날짜가 두 개일 때 등 어떻게 할지 알 수 없다. 보통 input을 받을 때 입력 방법을 알려주지만 코딩이 길어지므로 최소한만으로 가능하도록 코딩을 하겠다. 다음의 코드를 보자.

예제 3 입력 날짜 받기

In
```
days = input('입력할 날짜는? \n')
```
Out
입력할 날짜는?

실행하면 창이 나타나는데 여기에 15, 16을 입력해보자. 입력된 날짜는 15, 16 문자열로 처리된다. 이 문자열을 각각 분할해야 한다.

예제 3 문자열 분할하기

In
```
days = days.split(',')
days
```
Out
```
['15', '16']
```

','를 기준으로 분할해서 각 값을 days 리스트에 할당한다. 15행과 16행에 접근할 수 있는 숫자를 준비했다.

이제 for문에 days 리스트의 날짜를 적용한다.

예제 3 날짜 적용해서 계산하기

```
for day in days:
    day = int(day)
    daily_df.loc[day-1,'노출수'] = sa_df.loc[day-1,'노출수'] + da_df.loc[day-1,'노출수']
    daily_df.loc[day-1,'클릭수'] = sa_df.loc[day-1,'클릭수'] + da_df.loc[day-1,'클릭수']
    daily_df.loc[day-1,'ctr'] = daily_df.loc[day-1,'클릭수'] / daily_df.loc[day-1,'노출수'] * 100
```

그런데 loc 인덱서의 행 번호를 보면 day-1이다. 인덱스를 맞추기 위해서다. days 리스트의 값은 문자형이다. 즉 for문의 day에 전달된 값은 문자형이어서 **day-1** 연산을 할 수 없다. 따라서 day 값을 정수형으로 바꿔야 한다. 클릭률을 구하는 코드는 이해하기 쉬울 것이다. `sa_df` 데이터프레임과 `da_df` 데이터프레임의 노출 수와 클릭 수를 합산하고 클릭 수를 노출 수로 나누면 ctr이 계산된다.

예제 3 iloc 인덱서로 확인해보기

In
```
daily_df.iloc[14:16,0:]
```

Out

	날짜	요일	노출수	클릭수	ctr
14	15일	월	1740284.0	17972.0	1.032705
15	16일	화	1864452.0	18935.0	1.015580

입력된 부분을 `iloc` 인덱서를 사용하여 확인해볼 수 있다.

4 for문 문제 풀어보기

Q1 구구단 5단을 for문을 사용하여 출력해보자.

Answer

Q2 구구단 5단과 6단을 중첩 for문을 사용하여 연속하여 출력해보자.

Answer

Q3 준비된 데이터 5장_예제2.xlsx를 파이썬으로 불러온 후 해당 데이터를 다음 예시처럼 변형하여 보자.

광고유형	CTR
콘텐츠1	1.79
콘텐츠2	2.67
콘텐츠3	4.38
콘텐츠4	2.69
콘텐츠5	6.64
콘텐츠6	0.07
콘텐츠7	0.02
콘텐츠8	3.7
콘텐츠9	3.76
콘텐츠10	6.32

광고유형	CTR	round_CTR
콘텐츠1	1.79	1.8
콘텐츠2	2.67	2.7
콘텐츠3	4.38	4.4
콘텐츠4	2.69	2.7
콘텐츠5	6.64	6.6
콘텐츠6	0.07	0.1
콘텐츠7	0.02	0
콘텐츠8	3.7	3.7
콘텐츠9	3.76	3.8
콘텐츠10	6.32	6.3

Answer

Q4 5장_예제3.xlsx를 파이썬으로 불러온 뒤 일일 보고서에 17, 18일 데이터를 입력해보자.

Answer

5 for문 문제 해답

A1 구구단 5단 출력하기

In
```
for num in range(1,10):
    print(num*5)
```

Out
```
5
10
15
20
25
30
35
40
45
```

A2 중첩 for문으로 구구단 5단과 6단 출력하기

In
```
time = [5,6]
for num1 in time:
    for num2 in range(1,10):
        print(num1*num2)
```

Out
```
5
10
15
20
25
30
35
40
45
6
12
18
24
30
36
42
48
54
```

A3 데이터 변형하기

In
```python
import pandas as pd
from pandas import DataFrame
from pandas import Series
data = pd.read_excel("./5장_예제2.xlsx")
round_CTR = []
for ctr in data['CTR']
    round_CTR.append(round(ctr,1))
data['round_CTR'] = round_CTR
data
```

Out

	광고유형	CTR	round_CTR
0	콘텐츠1	1.79	1.8
1	콘텐츠2	2.67	2.7
2	콘텐츠3	4.38	4.4
3	콘텐츠4	2.69	2.7
4	콘텐츠5	6.64	6.6
5	콘텐츠6	0.07	0.1
6	콘텐츠7	0.02	0.0
7	콘텐츠8	3.7	3.7
8	콘텐츠9	3.76	3.8
9	콘텐츠10	6.32	6.3

A4 일일 보고서에 데이터 입력하기

In
```python
import pandas as pd
from pandas import DataFrame
from pandas import Series
sa_df = pd.read_excel("./5장_예제3.xlsx",skiprows=[0],sheet_name='SA')
da_df = pd.read_excel("./5장_예제3.xlsx",skiprows=[0],sheet_name='DA')
daily_df = pd.read_excel("./5장_예제3.xlsx",skiprows=[0],sheet_name='일일보고서')
days=input('입력할 날짜는? \n')
```

Out 입력할 날짜는?

In
```python
days = days.split(',')
days
```

Out ['17', '18']

In
```
for day in days:
    day = int(day)
    daily_df.loc[day-1,'노출수'] = sa_df.loc[day-1,'노출수'] + da_df.loc[day-1,'노출수']
    daily_df.loc[day-1,'클릭수'] = sa_df.loc[day-1,'클릭수'] + da_df.loc[day-1,'클릭수']
    daily_df.loc[day-1,'ctr'] = daily_df.loc[day-1,'클릭수'] / daily_df.loc[day-1,'노출수'] * 100
daily_df.iloc[16:,0:]
```

Out

	날짜	요일	노출수	클릭수	ctr
16	17일	수	1740284.0	17972.0	1.032705
17	18일	목	1864452.0	18935.0	1.015580

Chapter 06

매체 보고서 입력 자동화: 모듈과 매체 보고서 작성

6.1 마케터의 광고 성과 측정 기준, '일 단위'

마케터는 광고 지표를 '일 단위'로 측정하고 리포팅한다. 월 단위, 연 단위로 데이터를 처리하여 업무를 진행하거나 시간 단위로 측정하기도 하지만 대부분 '일 단위' 측정이 주 업무이다. 특히 리포팅 업무를 진행하며 어제의 데이터를 다룬다. 따라서 파이썬을 사용하면서 일 단위로 데이터를 처리할 수 있어야 한다.

파이썬은 프로그래밍에 유용한 기능을 '모듈(특정 기능을 제공하는 함수들의 집합)'의 형태로 제공하고 그 집합을 '파이썬 표준 라이브러리(docs.python.org/ko/3/library/index.html)'의 형태로 제공한다. 그중 datetime 모듈을 사용하여 '일 단위'로 데이터를 어떻게 처리할 것인지 알아볼 것이다.

6.1.1 datetime 자료형을 사용하여 시간 데이터 출력하기

datetime 모듈에는 모듈의 이름과 동일한 datetime 자료형이 있다. datetime 자료형은 날짜와 시간을 표현할 수 있다. 먼저 datetime 자료형의 now 함수를 사용하여 현재 시간의 데이터를 출력해보겠다.

다음 코드를 작성해서 실행해보자. 앞으로 진행할 코드는 datetime 자료형을 파이썬으로 불러온 것을 전제로 진행한다.

코드 6-1 now 함수로 현재 시간 출력하기

```
In    import datetime
      now = datetime.datetime.now()
      now
Out   datetime.datetime(2021,4,6,11,36,33,228328)
```

[코드 6-1] 코드는 먼저 datetime 모듈을 임포트했다. 그 후 now 함수를 사용하여 현재 시간을 불러왔으며, 연, 월, 일, 시, 분, 초, 마이크로초 순으로 출력되었다. 마이크로초는 100만분의 1초로 마케터가 사용할 일은 없다.

now 변수에는 시간 정보가 있다. 다음 코드를 보자.

코드 6-2 now 함수로 연도 출력하기

In	`now.year`
Out	`2021`

결과를 보면 현재 연도가 출력되었다. 코드 `now.year`의 정체는 무엇일까? 함수일까? 변수일까? 변수에 가깝지만 둘 다 아니다. 속성이다. '지금' 객체라는 자료 구조를 사용해서 시간을 다룬다. 하지만 객체에 대한 정통한 이해는 마케터에게 불필요하다. 프로그래머도 제대로 이해하는 사람이 적다. 물론 대략적인 개념 정도는 알아두는 것이 파이썬에 대한 이해도를 높이는 데 좋다.

[코드 6-1]에서 다룬 `datetime.datetime.now()`은 '모듈.클래스.메서드'로 구성되었다. `datetime` 모듈과 `datetime` 클래스명이 동일해서 헷갈릴 수 있지만 `datetime` 모듈이 특수한 편이다. 보통 모듈과 클래스명은 다르다. 알아야 할 것은 객체, 클래스, 속성, 메서드의 관계다.

클래스는 설계도이다. 무엇으로 구성됐는지 정의한다. 예를 들어 `datetime` 클래스는 `year`, `month`, `day`, `hour`, `minute`, `second`, `microsecond`, `tzinfo`의 속성이 있다. 이 속성에 값이 부여되면 클래스는 객체로 불린다. 즉 now 변수에 `datetime.datetime.now()`으로 속성 값이 부여되면 now는 객체가 된다. 만약 `now1 = datetime.datetime.now()` 코드를 실행하면 객체 now1이 생성된다. 이런 자료 구조는 여러 데이터를 한 묶음으로 취급할 때 편리한 경우가 많다. 예를 들어 보통 사람들은 생년월일만 따진다. 하지만 사주를 볼 때는 시간까지 따진다. 만약 1월 1일 대한민국에서 처음 태어난 아이를 찾는다면 초까지 따져야 할 수도 있다. 따라서 애초에 저장할 때 초까지 저장한 후 상황에 따라 사용하면 된다.

메서드란 클래스에 종속됐다는 것을 제외하고는 함수와 기능이 거의 같아 편의상 함수로 호칭할 때도 있다. `now.year`, `now.month` 등 각 속성을 입력해서 실행해보라. 메서드는 속성을 가지고 특정 목적의 기능을 실행한다. `date` 메서드는 연, 월, 일을 출력하며, `weekday` 메서드는 요일을 출력한다. 0부터 6까지 순서대로 월요일~일요일을 의미한다.

코드 6-3 date 메서드와 weekday 메서드

In	`now.date()`
Out	`datetime.date(2021, 4, 6)`

In	`now.weekday()`
Out	1

메서드란 개념을 알았으니 편의상 이를 다시 함수로 칭하겠다.

datetime 자료형에 year, month, day, hour, minute, second, microsecond 순으로 시간 데이터를 전달하면 임의의 시간을 표현할 수 있다. 기본적으로 year, month, day 정보를 입력해야 하며 hour, minute, second, microsecond를 따로 입력하지 않는다면 해당 시간 정보는 0으로 자동 설정된다.

코드 6-4 datetime모듈에서 datetime 클래스 불러오기

In	```from datetime import datetime```
	```now = datetime.now()```
	```now```

Out	`datetime.datetime(2021, 4, 6, 11, 36, 33, 228328)`

datetime.datetime은 작동은 하지만 번거롭다. 이럴 때는 위 코드처럼 작성해서 datetime 클래스를 임포트해서 단축할 수 있다.

코드 6-5 특정 시간 정보를 담은 datetime 자료형 만들기

In	`datetime(2019,12,2,23,15,10,295211)`
Out	`datetime.datetime(2019,12,2,23,15,10,295211)`

임의의 시간을 숫자 자료형으로 입력하여 특정 시간 정보를 담은 datetime 자료형을 만들 수 있다.

코드 6-6 원하는 시간 데이터 출력하기

In	```input_date = datetime(2019,12,2,23,15,10,295211)``` ```input_date.year```
Out	2019
In	`input_date.hour`
Out	23

[코드 6-6]처럼 변수에 datetime 값을 할당하여 원하는 시간 데이터를 출력할 수 있다.

6.1.2 datetime과 문자열을 교환하는 strftime과 strptime

datetime 자료형이 제공하는 함수 **strftime**와 **strptime**는 미리 정의된 출력 형식^{format}을 전달인자로 받는 함수이며, 그 결과로 datetime 자료형과 문자열을 서로 교환할 수 있다. 다음의 [표 6-1]을 참고하여 두 함수를 비교해보자.

표 6-1 함수 strftime과 strptime

구분	기능	입력 형태
strftime 함수	datetime 자료형을 문자열로 변환한다.	datetime.strftime(출력 형식)
strptime 함수	문자열을 datetime 자료형으로 변환한다.	datetime.strptime(문자열, 출력 형식)

datetime 자료형에서 사용할 수 있는 **strftime** 함수는 날짜, 시간 정보를 문자열 자료형으로 출력한다. 어떠한 형태로 출력할 것인지는 %Y처럼 미리 정의된 형식을 전달인자로 받는다. 대소문자를 구분하니 유의하기 바란다.

표 6-2 strftime 함수 사용 방법

시작 코드	
`import datetime` `now = datetime.datetime.now()`	
코드	설명
now.strftime('%Y')	네 자리 연도 출력
now.strtime(%y)	빈자리가 0인 두 자리 연도
now.strftime(%m)	빈자리가 0인 두 자리 월
now.strftime(%d)	빈자리가 0인 두 자리 일
now.strftime(%H)	빈자리가 0인 두 자리 시간
now.strftime(%M)	빈자리가 0인 두 자리 분
now.strftime(%S)	빈자리가 0인 두 자리 초
now.strftime(%w)	요일을 문자열 자료형으로 출력한다(월:0, 화:1, 수:2, 목:3, 금:4, 토:5, 일:6).

[표 6-2] 코드 중 하나를 입력하면 [코드 6-7]처럼 결과가 나온다. 이때 파이썬으로 `datetime` 모듈을 불러온 후 시작 코드에 적힌 코드를 반드시 입력해야 결과가 나오니 주의하자.

코드 6-7 strftime 함수로 연도 출력하기

```
In    now.strftime('%Y')
Out   '2021'
```

더 많은 출력 형식은 docs.python.org/3.7/library/datetime.html#strftime-and-strptime-behavior를 참고하자.

이러한 형식을 혼합하여 strftime 함수를 활용하여 다음과 같은 형식으로 출력할 수 있다.

코드 6-8 strftime 함수로 날짜 정보 출력하기

```
In    now.strftime('%Y-%m-%d')
Out   '2021-04-06'

In    now.strftime('%Y.%m.%d')
Out   '2021.04.06'

In    now.strftime('%Y:%m:%d')
Out   '2021:04:06'

In    now.strftime('%Y%m%d')
Out   '20210406'

In    now.strftime('%Y:%m:%d %H:%M:%S')
Out   '2021:04:06 12:23:18'
```

strptime 함수는 입력된 문자열을 출력 형식에 맞춰 datetime 자료형으로 반환한다. 다음을 참고하여 실습해보자.

코드 6-9 strptime 함수로 출력하기

```
In    datetime.datetime.strptime('21/04/06','%y/%m/%d')
Out   datetime.datetime(2021, 4, 6, 0, 0)

In    datetime.datetime.strptime('2021-04-06','%Y-%m-%d')
Out   datetime.datetime(2021, 4, 6, 0, 0)

In    datetime.datetime.strptime('2021/04/06 11:57:18','%Y/%m/%d %H:%M:%S')
Out   datetime.datetime(2021, 4, 6, 11, 57, 18)
```

strptime 함수의 첫 번째 전달인자로 입력된 문자열의 형태와 동일하게 두 번째 전달인자의 출력 형식을 작성한다.

6.1.3 기간을 표현하는 timedelta

datetime 모듈의 timedelta 자료형은 기간을 표현한다. 기간 범위는 마이크로초부터 주간까지이다. 월과 연도는 포함되지 않는다. 오늘 날짜를 기준으로 날짜 계산을 할 수 있다.

기간을 설명하기 전 다음에 나올 [코드 6-10]의 import timedelta의 의미에 대해서 이야기해보겠다. datetime 모듈에는 timedelta 클래스가 포함됐다. datetime 모듈만 불러와도(import) timedelta 클래스를 사용할 수 있다. 그렇다면 왜 import timedelta란 코드를 썼을까? 이는 편의성을 위해서이다. 해당 코드를 쓰지 않으면 중복을 방지하기 위해 datetime.timedelta(days=1)의 형식을 취해야 한다. 개발자가 소프트웨어를 프로그래밍할 경우 사용하는 모듈이 많아지면 함수가 중복될 수도 있다. 따라서 명확히 하기 위해 '모듈.클래스', '모듈.함수' 형식을 취하는 것이다. 중복될 일이 없다는 것이 명확하다면 datetime 모듈의 timedelta 클래스를 불러와서 클래스명만 사용할 수 있다.

그런데 from datetime import timedelta는 timedelta 클래스만 가져오기 때문에 datetime 모듈의 다른 클래스나 함수를 사용할 수 없다. 다른 함수를 사용해야 한다면 먼저 datetime을 불러온 후 timedelta 클래스를 불러오도록 한다.

코드 6-10 timedelta 자료형으로 어제 날짜 출력하기

```
In    from datetime import timedelta
      yesterday = now - timedelta(days=1)
      yesterday.strftime('%Y-%m-%d')

Out   '2021-04-05'
```

매개변수에 days=1을 전달하고 오늘 날짜에서 뺄셈으로 연산하여 어제의 날짜를 출력한다.

코드 6-11 timedelta 자료형으로 내일 날짜 출력하기

```
In    tomorrow = now + timedelta(days=1)
      tomorrow.strftime('%Y-%m-%d')

Out   '2021-04-07'
```

매개변수에 days=1을 전달하고 오늘 날짜에서 덧셈을 하면 내일의 날짜를 출력한다.

코드 6-12 timedelta 자료형으로 다음 주 날짜 출력하기

In	`nextweek = now + timedelta(weeks=1)` `nextweek.strftime('%Y-%m-%d')`
Out	`'2021-04-13'`

매개변수에 weeks=1을 전달하고 오늘 날짜에서 덧셈으로 연산하여 다음 주 날짜를 출력할 수 있다.

1 어제 날짜 데이터 불러오기

오늘 아침 출근하여 매체 보고서(6장_예제.xlsx)를 다운로드받았다. 보고서에서 어제 날짜의 데이터를 불러오려면 어떻게 해야 할까?

예제 1 어제 날짜 데이터 불러오기

```
In    import pandas as pd
      import datetime
      df = pd.read_excel('./6장_예제.xlsx',skiprows=[0])
      now = datetime.datetime.now()
      yesterday = now - datetime.timedelta(days=1)
      df.iloc[yesterday.day-1,:]

Out   일별             6
      imp         859084
      clk            699
      cost       5056441
      Name: 5, dtype: int64
```

`datetime` 모듈을 불러온 후 보고서 첫 행을 삭제하고 데이터프레임을 만든다. 그리고 오늘 날짜를 추출한 후 오늘에서 하루를 빼서 어제 날짜를 얻는다. 행 인덱스가 0부터 시작하므로 1을 뺀다.

출력 결과는 이 코드를 실행하는 오늘이 몇 일이냐에 따라 다르다. 마케터는 현업에서 이 코드를 응용하여 어제의 데이터를 불러올 수 있다. 각자의 상황에 맞게 변용하여 자신의 데이터를 불러오도록 하자.

2 파일 이름에 날짜 추가하기

회사에서 작업이 끝나면 파일 이름 뒤에 '날짜'를 붙인다. 오늘은 상사에게 다운로드한 매체 보고서에 ctr 칼럼을 추가해달라는 업무 지시를 받았다. ctr 칼럼을 추가한 후 파이썬으로 파일 이름에 날짜까지 추가해보자.

예제 2 파일 이름에 날짜 추가하기 ①

In
```
import pandas as pd
import datetime
df = pd.read_excel('./6장_예제.xlsx',skiprows = [0])
df['ctr'] = df['clk'] / df['imp'] * 100
df.head(3)
```

Out

	일별	imp	clk	cost	ctr
0	1	824162	1040	4942549	0.126189
1	2	811536	266	3882220	0.032777
2	3	999601	581	3728248	0.058123

datetime 모듈을 불러온 후 시리즈 간 연산을 수행하여 ctr을 계산하고 칼럼을 추가한다. 제대로 칼럼이 만들어졌는지는 df.head(3)를 입력해 세 줄만 출력해서 확인한 것이다. 이제 파일명을 입력해보자.

예제 2 파일 이름에 날짜 추가하기 ②

In
```
now = datetime.datetime.now()
today = now.strftime('%m%d')
today
```

Out `'0406'`

In
```
filename = '매체보고서_' + today + '.xlsx'
filename
```

Out `'매체보고서_0406.xlsx'`

In
```
df.to_excel(filename,index=False)
```

오늘 날짜를 월일 형태로 추출하고 날짜 형식과 문자열 간 덧셈 연산을 이용하여 파일 이름을 만들고 파일명을 확인해본다. 파일명이 제대로 입력되었다면 인덱스를 제거하고 엑셀 파일로 내보낸다.

파일 이름에 날짜를 붙이는 작업은 마케터가 많이 하는 작업이다. 위와 같은 코딩을 사용하면 파일 이름에 오늘 날짜를 자동으로 붙일 수 있다. 파일 이름을 만드는 방식은 데이터를 불러올 때도 가능하므로 상황에 맞게 변용하여 사용할 수 있다.

6.2 엑셀 서식을 보존하는 파이썬 프로그래밍

마케터가 다루는 보통의 엑셀 파일은 셀에 색이 설정되었고 테두리가 있으며 맨 하단의 합계 행에는 sum 함수 등의 집계 함수가 정의되었다. 마케터가 다루는 엑셀 파일은 언제나 클라이언트 혹은 상사에게 보고할 준비가 된 것이다.

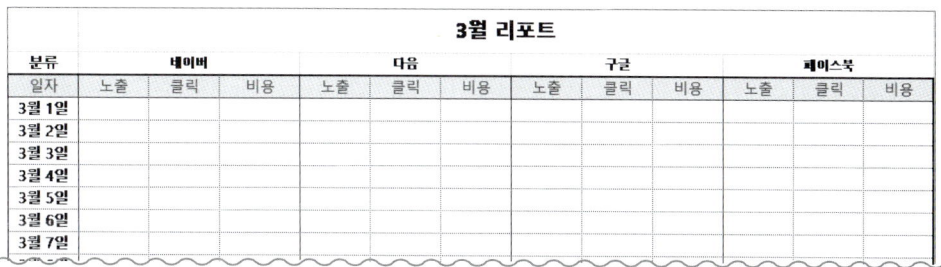

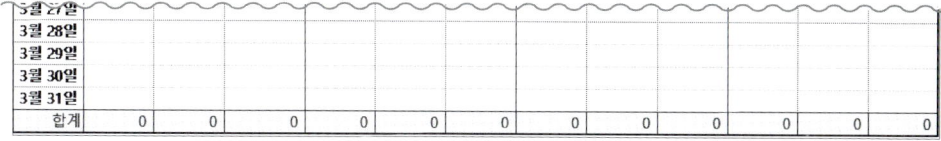

그림 6-1 3월 리포트 엑셀 파일

지금까지 배운 판다스의 `read_excel` 함수를 사용하여 엑셀 파일을 입출력하면 이 과정에서 서식과 함수가 제거된다. 또 시트도 하나에 대하여만 작업할 수 있다. 이렇듯 판다스로 작업하면 기존 엑셀 파일의 형식을 갖추기 위해 `read_excel` 함수로 출력된 파일을 마케터가 다시 작업해야 하는 문제가 생긴다. 그러나 `openpyxl` 모듈과 판다스를 함께 사용하면 해결된다. 서식이 있는 엑셀 파일의 경우 `openpyxl`과 판다스를 이용해서 불러온 다음 데이터를 판다스로 처리해서 `openpyxl`로 내보내는 것이다.

표 6-3 openpyxl과 판다스 과정

과정	데이터 불러오기	→	데이터 처리 및 분석	→	데이터 내보내기
작업 툴	openpyxl		판다스		openpyxl

openpyxl(openpyxl.readthedocs.io/en/stable)은 파이썬의 서드파티이고 아나콘다 설치 시 함께 설치되고, 엑셀 2010 버전 이상의 xlsx, xlsm, xltx, xltm 확장자를 지원한다. 그리고 다음과 같이 코딩하여 openpyxl로 엑셀 파일을 읽은 후 내보낼 수 있다.

코드 6-13 openpyxl 파일 살펴보기

```
import openpyxl
wb = openpyxl.load_workbook('./report_sample.xlsx')
wb.save('openpyxl.xlsx')
wb.close()
```

[코드 6-13]의 코딩을 통해 새로 생성한 openpyxl.xlsx 파일을 살펴보자. 참고로 이번 절의 코드들 실행 시 오류가 발생한다면 `openpyxl`을 `import`했는지 확인하자.

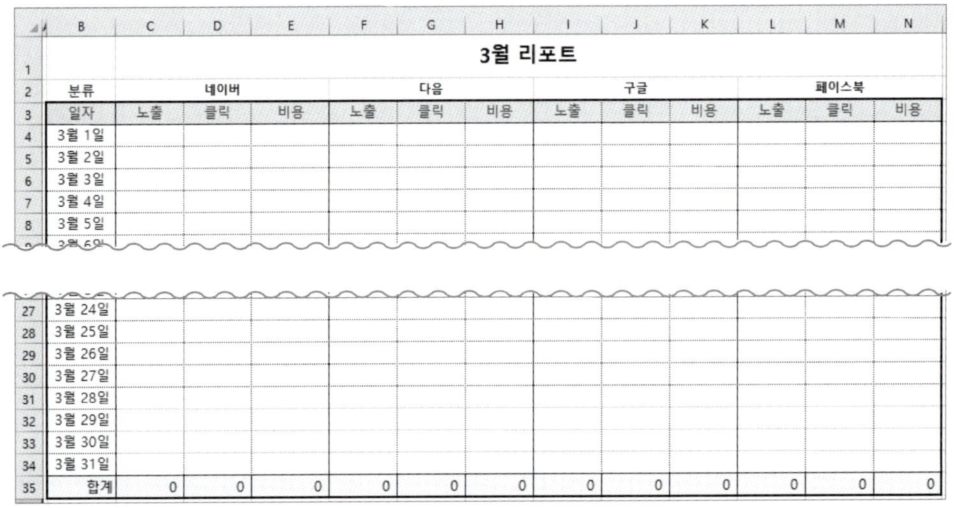

	B	C	D	E	F	G	H	I	J	K	L	M	N
1		3월 리포트											
2	분류	네이버			다음			구글			페이스북		
3	일자	노출	클릭	비용	노출	클릭	비용	노출	클릭	비용	노출	클릭	비용
4	3월 1일												
5	3월 2일												
6	3월 3일												
7	3월 4일												
8	3월 5일												
27	3월 24일												
28	3월 25일												
29	3월 26일												
30	3월 27일												
31	3월 28일												
32	3월 29일												
33	3월 30일												
34	3월 31일												
35	합계	0	0	0	0	0	0	0	0	0	0	0	0

그림 6-2 openpyxl.xlsx 엑셀 문서

판다스를 사용하여 내보낸 파일과 달리 서식이 보존된 것을 확인할 수 있다.

6.2.1 openpyxl과 엑셀 파일의 구조

`openpyxl`은 하나의 엑셀 파일에 대하여 [그림 6-3]과 같은 구조를 갖는다. `openpyxl`의 workbook은 엑셀 파일, worksheet는 엑셀 시트, cell은 셀에 대응된다.

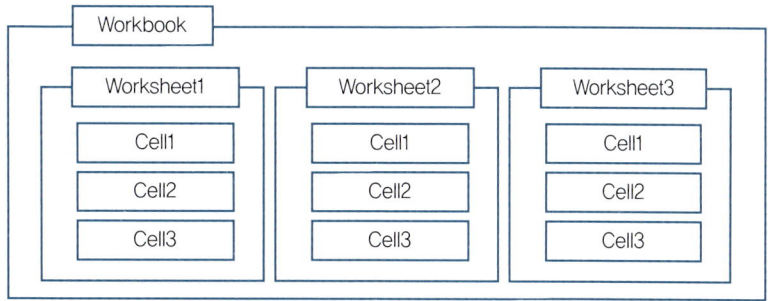

그림 6-3 openpyxl의 엑셀 파일 구조

하나의 셀에 접근하기 위해서는 'workbook→worksheet→cell' 순서로 접근해야 한다. 이를 알아보기 위해 파일은 report_sample.xlsx를 불러온다.

코드 6-14 openpyxl 파일 구조 살펴보기

```
In    wb = openpyxl.load_workbook('./report_sample.xlsx')
      wb.sheetnames
Out   ['매체별리포트', '모니터링그룹', '고효율그룹']
```

openpyxl 모듈을 불러온 후 `load_workbook` 함수로 엑셀 파일을 불러온다. 워크북의 `sheetnames`을 확인해보면 문자열 리스트임을 알 수 있다.

워크시트는 두 가지 방식으로 할당할 수 있다.

코드 6-15 워크시트 할당 방식

```
In    ws = wb['모니터링그룹']
      ws
Out   <Worksheet "모니터링그룹">

In    ws = wb.worksheets[1]
      ws
Out   <Worksheet "모니터링그룹">
```

파일 변수에 시트 이름을 인덱싱하여 접근하거나 워크시트 리스트에 시트 순서를 인덱싱하여 시트에 접근할 수 있다. 시트 번호가 1인 이유는 0번부터 시작하기 때문이다.

모니터링 그룹 시트는 다음과 같다.

	A	B	C	D	E	F	G	H
1								
2	순번	광고그룹	노출수	클릭수	CPC	총비용	클릭률(%)	
3	1							
4	2							
5	3							
6	4							
7	5							
8	6							
9	7							
10	8							
11	9							
12	10							
13		합계		0	0	0	0	0.00
14								

그림 6-4 모니터링 그룹 시트

셀의 내용에 접근하기 위해서는 워크시트에 셀의 주소를 인덱싱한 후 값을 이용한다.

코드 6-16 cell 함수로 값을 출력하기

In
```
ws['B2'].value
```
Out `'광고그룹'`

In
```
ws.cell(row=2,column=2).value
```
Out `'광고그룹'`

혹은 cell 함수에 셀의 위치를 전달한 후 값을 이용한다. 셀을 다룰 때는 다른 인덱스 방식과 다르다. 엑셀 시트와 동일하게 행, 열 번호를 사용한다. 즉 인덱스가 0부터 시작하지 않고 1부터 시작한다.

행과 열 데이터를 출력하기 위해 for문을 사용할 수도 있다.

코드 6-17 for문으로 행 데이터 출력하기

In
```
for cell in ws[2]:
    print(cell.value)
```
Out
```
순번
광고그룹
노출수
클릭수
CPC
총비용
클릭률(%)
```

[코드 6-17]과 같이 입력하면 행 데이터를 출력한다.

코드 6-18 for문으로 열 데이터 출력하기

In
```
for cell in ws['C']:
    print(cell.value)
```

Out
```
None
노출수
None
None
None
None
None
None
None
None
None
None
=SUM(C3:C12)
```

열을 출력하려면 [코드 6-18]과 같이 입력해 열 이름을 이용한다.

코드 6-19 중첩 for문과 슬라이싱 사용하여 행과 열 출력하기

In
```
for row in ws[2:3]:
    for cell in row:
        print(cell.value)
```

Out
```
순번
광고그룹
노출수
클릭수
CPC
총비용
클릭률(%)
1
None
None
None
None
None
None
None
```

In
```
for col in ws['A:B']:
    for cell in col:
        print(cell.value)
```

Out
```
None
순번
1
2
3
4
5
6
7
8
9
10
합계
None
광고그룹
None
None
None
None
None
None
None
None
None
None
None
None
```

[코드 6-19]처럼 중첩 for문과 슬라이싱을 사용하여 여러 행과 열을 출력할 수 있다.

코드 6-20 중첩 for문으로 범위 지정하기

In
```
for cells in ws['A2:B3']:
    for cell in cells:
        print(cell.value)
```

Out
```
순번
광고그룹
1
None
```

[코드 6-20]처럼 for문을 중첩하여 엑셀처럼 범위를 지정할 수도 있다.

6.2.2 데이터 입력 및 엑셀 파일로 내보내기

셀에 값을 할당하는 법은 쉽다. 해당 셀의 value에 값을 할당하면 된다.

코드 6-21 셀에 값을 할당하기

```
ws['B2'].value = 'group'
ws['C2'].value = 'imp'
ws['D2'].value = 'clk'
wb.save('result.xlsx')
wb.close()
```

save 함수로 파일을 저장하고 엑셀로 열어서 결과를 확인해보자. 참고로 모니터링 그룹 시트를 확인해야 한다. 작업이 완료되었다면 close 함수로 엑셀 파일을 종료한다.

이 기능 외에도 openpyxl은 테두리 설정하기, 도표 그리기, 함수 입력하기, 셀 병합하기 등 다양한 엑셀 기능을 파이썬으로 다룰 수 있다. 다만 openpyxl의 모든 기능을 잘 다루기 위해서는 시간을 들여야 하므로 openpyxl을 사용해 엑셀의 모든 기능을 자유자재로 다루기보다 openpyxl에서 꼭 필요한 기능만 익히는 것이 더 낫다. 이 책에서는 openpyxl에 대하여 파일 입출력까지만 소개한다.

6.3 파이썬으로 매체 보고서 작성하기

매체 보고서를 다운로드한 후 데이터를 일일 마케팅 보고서에 입력하거나 복사하여 붙여넣어 일일 보고서를 만드는 것은 매일 아침 마케터가 해야 할 주요 업무 중 하나다. 사람이라면 이런 일을 진행하면서 실수는 당연히 일어난다. 물론 상사나 클라이언트에게는 당연하지 않은 일이다.

파이썬을 사용하는 마케터라면 이러한 일을 컴퓨터에게 맡겨 처리할 수 있어야 한다. 파이썬을 통해 자동화하는 방법은 여러 가지가 있다. 각 매체에서 제공하는 보고서를 다운로드받은 후 제공되는 데이터를 자신의 마케팅 보고서에 입력하는 방식과 매체에서 제공하는 API(Application Programming Interface)를 파이썬으로 코딩하여 데이터를 전달받고 그 데이터를 일일 보고서에 입력하는 방식이다.

표로 정리한 다음의 [표 6-4]를 보자.

표 6-4 보고서 다운로드와 API 비교

순서 \ 방식	보고서 다운로드	API
매체 로그인	수동	자동
데이터 확인	보고서 다운로드	자동
엑셀 보고서에 데이터 입력	자동	자동

API를 이용하기 위해서는 파이썬 프로그래밍에 더해 통신 프로토콜에 대한 지식이 필요하다. 매체마다 API를 제공하는 방법이 달라 API를 사용하는 마케터가 되고 싶다면 개발자적인 지식도 필요하다. 이 경우 프로그래밍에 대해 깊이 있는 공부를 해야 한다.

책에서 다루는 파이썬 프로그래밍만으로도 충분히 할 수 있는 보고서 입력 자동화 예제를 소개한다. 이 같은 방법으로 한 번 코딩을 진행해놓으면 이후부터 같은 형식의 매체 데이터 처리 과정을 자동화할 수 있다.

6.3.1 웹 사이트의 검색 광고 데이터를 자동화하기

네이버, 다음, 구글의 검색 광고 데이터와 페이스북 광고 데이터를 가상 데이터로 준비했다. 보고서 항목의 경우 네이버, 구글, 페이스북 보고서는 광고 시스템에서 날짜 구분을 일별, 광고 지표는 노출 수, 클릭 수, 총 비용으로 지정하였다. 다음 보고서는 광고 시스템에서 설정되어 있는 보고서의 항목 원본이다. 데이터의 형태는 광고 시스템에서 다운로드받을 수 있는 csv 파일 형식이다.

예시로 준비된 보고서는 필자가 직접 만든 데이터지만 실제로 매체에서 데이터를 다운받아 파이썬으로 불러올 경우 매체 데이터별 인코딩이 필요하다. 2019년 10월 각 매체에서 csv 파일로 보고서를 다운로드했다면 인코딩 방식은 네이버, 구글, 페이스북은 utf-8, 다음은 euc-kr이다.

표 6-5 전체 데이터 처리 과정

작업 순서	주요 작업 내용
매체 데이터 불러오기	판다스의 read_csv 함수 사용
데이터 처리	• concat 함수를 사용하기 위한 날짜 형식 변경 • 문자열 타입의 숫자를 숫자 타입으로 변경
데이터 합치기	concat 함수 사용
엑셀로 출력하기	openpyxl로 엑셀 파일 출력

전체 과정 중 매체 데이터 불러오기, 데이터 합치기, 엑셀로 출력하는 과정은 앞서 다뤘기에 어렵지 않을 것이다. 데이터 처리 과정의 설명을 더하자면 첫째, concat 함수를 사용하여 매체 데이터가 있는 데이터프레임을 합칠 때 데이터프레임의 인덱스를 날짜로 설정하여 합쳐 각 매체의 데이터프레임의 날짜 형식을 '년-월-일'로 일치시키는 과정을 진행한다. 둘째, 파이썬은 천 단위에 콤마(,)가 있는 숫자를 문자열로 인식하므로 파이썬에서 통계량을 계산하는 등의 작업을 할 수 없다. 따라서 데이터 처리 과정에서 문자열 타입의 숫자를 숫자 타입으로 변경하는 과정을 진행한다. 이제 본격적으로 코딩을 시작해보자.

코드 6-22 판다스, 데이터프레임, 시리즈 자료 구조 불러오기

```
import pandas as pd
from pandas import DataFrame
from pandas import Series
```

먼저 판다스와 데이터프레임, 시리즈 자료 구조를 불러온다.

1 네이버 검색 광고 데이터

데이터 파일은 6장_naver.csv를 사용한다.

코드 6-23 네이버 광고 데이터 불러오기

In
```
naver = pd.read_csv('./6장_naver.csv',engine='python',skiprows=[0],encoding='euc-kr')
naver.head(3)
```

Out

	캠페인유형	일별	노출수	클릭수	총비용(VAT포함,원)
0	파워링크	2019.03.01.	145,363	85	990,870
1	파워링크	2019.03.02.	104,564	82	897,401
2	파워링크	2019.03.03.	114,241	54	487,597

네이버 광고 데이터를 불러온다. head 함수로 어떤 형태인지 확인한다.

코드 6-24 .을 -로 바꾸기

In
```
naver_daily = naver['일별'].str.replace('.','-')
naver_daily.head(3)
```

Out
```
0    2019-03-01-
1    2019-03-02-
2    2019-03-03-
Name: 일별, dtype: object
```

일별 칼럼에서 마침표(.)를 -로 바꾸면 되지만 끝에 있는 마침표도 -로 변환된다. 해결 방법은 마지막의 -를 없애는 것이다. 여러 방법이 있다. 세 번째 나타나는 -를 삭제하는 법도 고려해 볼 수 있겠지만 이 포맷은 -가 마지막 문자이다. 문자열에서 마지막 문자만 없애면 된다.

코드 6-25 마지막 - 없애기

In
```
naver_daily = naver_daily.str[0:-1]
naver_daily.head(3)
```

Out
```
0    2019-03-01
1    2019-03-02
2    2019-03-03
```

문자열을 인덱싱해서 마지막 문자를 제외시켜 새롭게 할당한다.

코드 6-26 날짜 형식 변경하기

In
```
naver['일별'] = naver_daily
naver.head(3)
```

Out

	캠페인유형	일별	노출수	클릭수	총비용(VAT포함,원)
0	파워링크	2019-03-01	145,363	85	990,870
1	파워링크	2019-03-02	104,564	82	897,401
2	파워링크	2019-03-03	114,241	54	487,597

[코드 6-26]을 보면 '년-월-일' 형식의 날짜로 기존 naver['일별'] 칼럼의 날짜를 대체한다. '노출수' 칼럼은 숫자로 구성돼 있어 숫자 자료형으로 생각할 수 있지만 세 자리마다 쉼표가 표기되는 판다스의 object 타입이다. dtype 함수를 사용하면 object의 o가 출력되는 것을 확인할 수 있다.

이제 세 자리마다 있는 콤마를 없애보자.

코드 6-27 쉼표 없애기

In
```
if naver['노출수'].dtype == 'O':
    naver_imp = naver['노출수'].str.replace(',','')
    naver['노출수'] = naver_imp.astype(int)
if naver['총비용(VAT포함,원)'].dtype == 'O':
    naver_price = naver['총비용(VAT포함,원)'].str.replace(',','')
    naver['총비용(VAT포함,원)'] = naver_price.astype(int)
naver.head(3)
```

Out

	캠페인유형	일별	노출수	클릭수	총비용(VAT포함,원)
0	파워링크	2019-03-01	145363	85	990870
1	파워링크	2019-03-02	104564	82	897401
2	파워링크	2019-03-03	114241	54	487597

'노출수' 칼럼의 타입이 object일 경우 astype 함수를 이용해 데이터를 숫자 타입으로 변경하는 과정을 거친다. 총 비용도 마찬가지 과정을 거친다. 첫 3행을 출력해보면 쉼표가 사라졌음을 알 수 있다.

이제 인덱스를 바꿔보자.

코드 6-28 '일별' 칼럼을 인덱스로 설정하기

In
```
naver.drop('캠페인유형',axis=1,inplace=True)
naver = naver.set_index('일별')
naver.head(3)
```

Out

일별	노출수	클릭수	총비용(VAT포함,원)
2019-03-01	145363	85	990870
2019-03-02	104564	82	897401
2019-03-03	114241	54	487597

'캠페인유형' 칼럼을 삭제하고 '일별' 칼럼을 인덱스로 설정한다. `inplace=True`는 내용을 원래 변수에 적용한다. 첫 3행을 불러와서 확인해보면 제대로 적용된 것을 확인할 수 있다. 이제 네이버 데이터 전처리가 끝났다.

2 다음 검색 광고 데이터

데이터 파일은 6장_daum.csv를 사용한다.

코드 6-29 다음 광고 데이터 불러오기

In
```
daum = pd.read_csv('./6장_daum.csv',engine='python')
daum.head(3)
```

Out

	날짜	노출수	클릭수	클릭률	평균클릭비용	총비용		전환율
0	2019.03.01	7154	15	0.21%	410.27	6154	...	6.67%
1	2019.03.02	5124	9	0.18%	2053.11	18478		0.00%
2	2019.03.03	4481	10	0.22%	512.4	5124		0.00%

이제 다음 데이터를 전처리해보자. 먼저 daum.csv를 열고 첫 3행을 출력했다. 네이버보다 제공 데이터가 많다. 필요한 칼럼은 날짜, 노출 수, 클릭 수, 총 비용 네 가지다. 그런데 노출 수와 총 비용을 보니 숫자에 쉼표가 없다. 처리해야 할 업무를 덜었다.

코드 6-30 날짜 데이터 전처리

In
```
daum['날짜'] = daum['날짜'].str.replace('.','-')
daum['날짜'].head(3)
```

```
Out    0    2019-03-01
       1    2019-03-02
       2    2019-03-03
       Name: 날짜, dtype: object
```

다음도 날짜가 마침표로 분류되었지만 끝에는 마침표가 없다. 네이버보다 과정이 쉽다. [코드 6-30]처럼 입력해 마침표(.)를 -로 바꿨다.

코드 6-31 필요한 칼럼 추출하기

```
In     daum = daum.loc[:,['날짜','노출수','클릭수','총비용']]
       daum.head(3)
```

Out

	날짜	노출수	클릭수	총비용
0	2019-03-01	7154	15	6154
1	2019-03-02	5124	9	18478
2	2019-03-03	4481	10	5124

loc 인덱서를 사용하여 보고서 작성에 필요한 칼럼만 추출한다. 추출한 칼럼을 daum에 넣음으로써 데이터프레임을 바꿨다.

코드 6-32 '날짜' 칼럼을 인덱스로 설정하기

```
In     daum = daum.set_index('날짜')
       daum.head(3)
```

Out

날짜	노출수	클릭수	총비용
2019-03-01	7154	15	6154
2019-03-02	5124	9	18478
2019-03-03	4481	10	5124

이제 '날짜' 칼럼을 인덱스로 삼으면 된다. 이제 다음 데이터 전처리가 끝났다.

3 구글 검색 광고 데이터

이제 구글 검색 광고 데이터 차례다. 데이터 파일은 6장_google.csv를 사용한다.

코드 6-33 구글 광고 데이터 불러오기

In
```
google = pd.read_csv('./6장_google.csv',engine='python',skiprows=[0,1])
google.head(3)
```

Out

	일	통화	노출수	클릭수	비용
0	2019-03-01	KRW	1,101	46	59,042.00
1	2019-03-02	KRW	1,320	54	50,201.00
2	2019-03-03	KRW	715	25	24,250.00

파일을 열고 첫 3행을 분석해보자. [코드 6-33]과 같이 구글은 첫 2행을 제거해서 열었다. 날짜는 그대로 쓰고 '통화' 칼럼을 제거하여 전처리에 필요한 칼럼들을 추출할 것이다. 그런데 노출수와 비용에 문제가 있다. 숫자에 쉼표와 마침표가 있다.

코드 6-34 쉼표와 마침표를 제거하기

In
```
if google['노출수'].dtype == 'O':
    google_imp = google['노출수'].str.replace(',','')
    google['노출수'] = google_imp.astype(int)
if google['비용'].dtype == 'O':
    google_cost = google['비용'].str.replace(',','')
    google_cost = google_cost.astype(float)
    google['비용'] = google_cost.astype(int)
google.head(3)
```

Out

	일	통화	노출수	클릭수	비용
0	2019-03-01	KRW	1101	46	59042
1	2019-03-02	KRW	1320	54	50201
2	2019-03-03	KRW	715	25	24250

비용 칼럼의 숫자가 쉼표(,)와 마침표(.)로 구성되었다. 구글은 통화를 소수점 두 자리 수까지 분류하기 때문이다. 이럴 경우 쉼표를 제거해서 바로 정수형으로 전환이 안 된다. 따라서 첫 번째 astype 함수에 float을 전달한 후(문자열을 실수형으로 바꾼다) 두 번째 astype 함수에 int를 전달하였다.

코드 6-35 '일' 칼럼을 인덱스로 설정하기

In
```
google.drop('통화',axis=1,inplace=True)
google = google.set_index('일')
google.head(3)
```

Out

일	노출수	클릭수	비용
2019-03-01	1101	46	59042
2019-03-02	1320	54	50201
2019-03-03	715	25	24250

이제 '통화' 칼럼을 제거하고 '일' 칼럼을 인덱스로 설정하면 된다.

4 페이스북 데이터

이제 페이스북 데이터만 남았다. 데이터 파일은 6장_facebook.csv를 사용한다.

코드 6-36 페이스북 데이터 불러오기

```
In    facebook = pd.read_csv('./6장_facebook.csv',engine='python')
      facebook.head(3)
```

Out

	일	노출	클릭(전체)	지출 금액 (KRW)	보고 시작	보고 종료
0	2019-03-01	30124	617	251478	2019-03-01	2019-03-01
1	2019-03-02	18954	314	194875	2019-03-02	2019-03-02
2	2019-03-09	21548	375	214152	2019-03-09	2019-03-09

파일을 열고 분석해보니 숫자에 쉼표도 없고, 날짜도 우리가 원하는 형식이다.

코드 6-37 '일' 칼럼을 인덱스로 설정하기

```
In    facebook = facebook.loc[:,['일','노출','클릭(전체)','지출 금액 (KRW)']]
      facebook = facebook.set_index('일')
      facebook.head(3)
```

Out

일	노출	클릭(전체)	지출 금액 (KRW)
2019-03-01	30124	617	251478
2019-03-02	18954	314	194875
2019-03-09	21548	375	214152

[코드 6-37]처럼 필요한 칼럼을 추출하고 '일' 칼럼을 인덱스로 설정한다. 별도의 해설 없이 코드만 나열해도 이해하는 데 어려움은 없을 것이다.

6.3.2 concat 함수로 데이터 합치기

이제 데이터를 합쳐보자. concat 함수에 axis=1을 전달하여 날짜 인덱스를 기준으로 데이터를 합친다. sort 매개변수가 사용되었는데 코드처럼 concat 함수에 axis=1과 sort=True 둘 다 전달할 경우 행 인덱스를 정렬하고 sort=True만 전달될 경우 열 인덱스를 정렬하는 역할을 한다. sort 매개변수를 전달하지 않으면 FutureWarning이 출력된다. utureWarning이 출력되더라도 코드가 실행되는데 지장은 없다. 하지만 앞으로 버전이 릴리즈되면서 변경될 사항에 대해 미리 알려준다.

다른 매체 데이터는 3월 1일부터 18일까지의 데이터가 모두 존재하지만 페이스북 데이터는 3월 3일부터 8일까지의 데이터가 없다. 이는 페이스북 매체만 광고를 하지 않은 상황을 가정한 것이다.

코드 6-38 데이터 합쳐서 3행 출력하기

```
In    df = pd.concat([naver,daum,google,facebook],axis=1,sort=True)
      df.head(3)
```

Out

	노출수	클릭수	총비용(VAT포함,원)	노출수	클릭수		클릭(전체)	지출 금액(KRW)
2019-03-01	145363	85	990870	7154	15	...	617.0	251478.0
2019-03-02	104564	82	897401	5124	9		314.0	194875.0
2019-03-03	114241	54	487597	4481	10		NaN	NaN

각 데이터의 3행을 출력했다. [코드 6-38]을 보면 페이스북의 3월 3일의 데이터가 NaN으로 표기된 것을 확인할 수 있다. 파이썬에서 결측치를 None으로 표현하는 것처럼 NaN은 판다스에서 결측치를 표현하는 방식이다.

코드 6-39 데이터 합쳐서 5행 출력하기

```
In    df = df.fillna(0)
      df.head(5)
```

Out

	노출수	클릭수	총비용(VAT포함,원)	노출수	클릭수		클릭(전체)	지출 금액(KRW)
2019-03-01	145363	85	990,870	7154	15	...	617.0	251478.0
2019-03-02	104564	82	897,401	5124	9		314.0	194875.0
2019-03-03	114241	54	487,597	4481	10		0	0
2019-03-04	110487	75	697,412	6487	15		0	0
2019-03-05	124587	45	481,124	4514	8		0	0

fillna 함수를 사용하여 광고를 하지 않는 날짜의 데이터(결측치)를 0으로 변경한다. 첫 5행을 보면 NaN이 0으로 바뀌었음을 알 수 있다.

6.3.3 openpyxl을 사용한 데이터 내보내기

이제 가공된 데이터 df를 엑셀 파일로 내보내는 순서다. 양식의 서식을 유지하기 위해 openpyxl 모듈을 사용할 것이다. report_sample.xlsx를 불러오자.

코드 6-40 openpyxl 모듈 사용하기

```
import openpyxl
wb = openpyxl.load_workbook('./report_sample.xlsx')
ws = wb['매체별리포트']  # 매체별 리포트 시트를 ws 변수에 입력
```

엑셀에 데이터를 채우기 위해서 사용해야 할 것은 for문이다. 여러 행과 열에 채워야 하므로 중첩된 for문을 사용한다. 행부터 시작할지 열부터 시작할지는 임의로 선택할 수 있지만 행부터 시작하겠다.

코드 6-41 데이터프레임의 개수 알아보기

```
In   col_len = len(df.columns)
     row_len = len(df)
     print('column:',col_len,'row:',row_len)
Out  column: 12 row: 18
```

먼저 for문에 사용될 데이터프레임 df의 행과 열의 개수를 알아야 한다. [코드 6-41]처럼 입력해서 행과 열의 개수를 출력한다.

코드 6-42 중첩 for문으로 데이터 값 채워 넣기

```
for x in range(0,row_len):
    for y in range(0,col_len):
        ws.cell(row = 4 + x,column = 3 + y).value = df.iloc[x,y]
```

중첩된 for문을 사용해서 ws 시트의 셀에 df 프레임의 데이터 값을 채워 넣는다. 사용된 중첩 for문의 바깥쪽 for문은 df 변수의 행 수만큼 순회하고 안쪽 for문은 열 수만큼 순회한다. 따라

서 [코드 6-42]의 중첩 for문은 3월 1일의 네이버 노출 데이터부터 페이스북 비용 데이터까지 부터 입력한 다음 3월 2일, 3월 3일 등의 데이터도 마찬가지 순서로 데이터를 채워나간다. 데이터프레임의 인덱싱에는 `iloc` 인덱서를 사용했다.

	B	C	D	E	F	G	H	I	J	K	L	M	N
1		3월 리포트											
2	분류	네이버			다음			구글			페이스북		
3	일자	노출	클릭	비용	노출	클릭	비용	노출	클릭	비용	노출	클릭	비용
4	3월 1일												
5	3월 2일												
6	3월 3일												
7	3월 4일												
8	3월 5일												

그림 6-5 매체별 시트

row에 4와 column에 3을 더한 이유는 매체별 시트의 3월1일이 4행 3열(c4)이기 때문이다.

코드 6-43 매체 보고서 저장하기

```
import datetime
now = datetime.datetime.now()
today = now.strftime('%m%d')    # 월일 형식으로 오늘 날짜를 today에 할당
filename = '매체보고서_' + today + '.xlsx'  # 파일 이름에 오늘 날짜와 엑셀 확장자를 결합
wb.save(filename)   # wb 엑셀 파일 저장
wb.close()
```

매체 보고서의 파일 이름은 datetime 모듈을 사용해서 오늘 날짜로 자동 생성하고 저장한다.

분류	3월 리포트											
	네이버			다음			구글			페이스북		
일자	노출	클릭	비용	노출	클릭	비용	노출	클릭	비용	노출	클릭	비용
3월 1일	145,363	85	990,870	7,154	15	6,154	1,101	46	59,042	30,124	617	251,478
3월 2일	104,564	82	897,401	5,124	9	18,478	1,320	54	50,201	18,954	314	194,875
3월 3일	114,241	54	487,597	4,481	10	5,124	715	25	24,250	0	0	0
3월 4일	110,487	75	697,412	6,487	15	34,154	611	21	27,814	0	0	0
3월 5일	124,587	45	481,124	4,514	8	12,415	678	23	30,241	0	0	0
3월 6일	112,115	84	745,142	7,748	15	15,412	1,060	42	42,878	0	0	0
3월 7일	154,847	124	1,147,849	7,741	16	11,241	1,958	71	82,421	0	0	0
3월 30일												
3월 31일												
합계	2,548,509	2,034	18,834,512	87,410	199	310,171	23,881	947	1,116,298	161,818	3,938	2,185,970

그림 6-6 데이터가 입력된 매체 보고서

새로 생성된 파일을 살펴보면 매체 보고서 형식에 데이터가 입력된 것을 살펴볼 수 있다. 코딩은 과정을 보여주기 위해 쪼갰지만 프로그램이 제대로 되었다면 세세한 출력 과정은 볼 필요 없이 한 번에 실행하면 된다.

6.4 파이썬으로 광고 효과 리포트 작성하기

마케팅 현업에서는 개별 광고의 효과를 매일 리포팅하는 업무가 진행된다. 이러한 리포팅에 대하여 두 가지 예시를 준비하였다. 제공되는 데이터는 검색 광고 형태이며 광고 그룹과 지표 데이터 모두 가상으로 작성된 데이터이다. 또한 매일 아침 마케터가 매체 보고서를 작성하고 광고 효과를 체크하는 것처럼 이전에 코딩으로 매체 보고서 파일을 만든 후 같은 파일의 모니터링 그룹, 고효율 그룹 시트에 리포팅 데이터를 입력하는 상황을 가정하였다.

	A	B	C	D	E	F	G	H
1	광고그룹 ID	상태	광고그룹 이름	노출수	클릭수	평균클릭비용(VAT포함)	총비용(V	클릭률(%
2			광고그룹 65개 결과	29050	771	12970	9999242	2.66
3	grp-a001-01-00000001xxxxxxx	노출가능	필라테스(주요)	4454	101	15054	1520409	2.27
4	grp-a001-01-00000015xxxxxxx	노출가능	헬스(주요)	2971	12	4765	57178	0.41
5	grp-a001-01-00000003xxxxxxx	노출가능	단백질보충제(주요)	2681	98	7626	747351	3.66
6	grp-a001-01-00000004xxxxxxx	노출가능	홈짐(주요)	2405	50	14083	704154	2.08
7	grp-a001-01-00000006xxxxxxx	노출가능	한방(주요)	1903	29	13175	382074	1.53
8	grp-a001-01-00000002xxxxxxx	노출가능	유기농(주요)	1654	137	9256	1268113	8.34
9	grp-a001-01-00000009xxxxxxx	노출가능	단백질보충제(세부)	1585	30	6500	194997	1.9
10	grp-a001-01-00000000xxxxxxx	노출가능	다이어트_도시락(주요)	1495	104	33065	3438820	6.96
11	grp-a001-01-00000016xxxxxxx	노출가능	필라테스(세부)	1141	6	4851	29106	0.53
12	grp-a001-01-00000007xxxxxxx	노출가능	다이어트_도시락(세부)	1068	51	6433	328108	4.78
13	grp-a001-01-00000021xxxxxxx	노출가능	헬스(세부)	1028	3	2409	7227	0.3
14	grp-a001-01-00000022xxxxxxx	노출가능	크로스핏(주요)	1020	2	2723	5445	0.2
15	grp-a001-01-00000020xxxxxxx	노출가능	프로그램(주요)	887	2	5852	11704	0.23
16	grp-a001-01-00000005xxxxxxx	노출가능	팔뚝살(주요)	878	21	20646	433576	2.4
17	grp-a001-01-00000024xxxxxxx	노출가능	홈짐(세부)	803	6	425	2552	0.75
18	grp-a001-01-00000008xxxxxxx	노출가능	단식(세부)	675	41	7607	311883	6.08
19	grp-a001-01-00000014xxxxxxx	노출가능	크로스핏(세부)	369	11	5522	60742	2.99
20	grp-a001-01-00000010xxxxxxx	노출가능	유기농(세부)	308	14	11804	165253	4.55

그림 6-7 키워드 광고 그룹

예제 엑셀 파일은 6장_keyword.xlsx을 사용한다.

6.4.1 리포팅 주제 ① 주요 모니터링 광고 그룹 효율 체크

주요 모니터링 광고 그룹의 이름은 '필라테스(주요)', '헬스(주요)', '다이어트_도시락(주요)'이다. 6장_keyword.xlsx에서 이들 그룹만 추출하자.

코드 6-44 데이터 불러오기

```
import pandas as pd
data = pd.read_excel('./6장_keyword.xlsx',skiprows=[1])
```

먼저 엑셀 파일을 열어 data 데이터프레임에 할당한다. 데이터에서 필요 없는 두 번째 행을 삭제했다.

코드 6-45 광고 그룹을 선택하고 내림차순 정렬하기

In
```
monitoring = data[(data['광고그룹 이름'] == '필라테스(주요)')
                 |(data['광고그룹 이름'] == '헬스(주요)')
                 |(data['광고그룹 이름'] == '다이어트_도시락(주요)')]
monitoring = monitoring.sort_values('노출수',ascending=False)
monitoring
```

Out

	광고그룹 ID	상태	광고그룹 이름	노출수	총비용 (VAT포함)	클릭률 (%)
0	grp-a001-01- 00000001xxxxxxx	노출가능	필라테스(주요)	4454	1520409	2.27
1	grp-a001-01- 00000015xxxxxxx	노출가능	헬스(주요)	2971	57178	0.41
7	grp-a001-01- 00000000xxxxxxx	노출가능	다이어트_도시락(주요)	1495	3438820	6.96

불리언으로 주요 모니터링 광고 그룹을 선택하고 or 조건으로 광고 그룹을 선택하기 위하여 파이프(|)를 이용한다. 그후 `sort_values` 함수를 사용하여 노출 수 기준으로 내림차순 정렬한다. `monitoring`을 코드로 입력해 모니터링 그룹을 확인할 수 있다.

코드 6-46 매체 보고서 불러오기

```
filepath = './' + filename
wb = openpyxl.load_workbook(filepath)
ws = wb['모니터링그룹']
```

앞서 만든 매체 보고서의 모니터링 그룹 시트에 데이터를 채워보자. 이번에는 색다르게 파일에 접근해보겠다. 경로를 `filepath` 변수에 할당한다. 매체 보고서가 저장된 경로는 독자의 환경마다 모두 다르므로 코드의 .에 자신의 경로를 파악하여 입력한다. 필자는 user 폴더 루트에 있다.

코드 6-47 데이터 입력하기

```
for x in range(0,len(monitoring)):
    for y in range(2,len(monitoring.columns)):
        ws.cell(row = 3 + x,column = y).value = monitoring.iloc[x,y]
```

중첩for문을 사용하여 모니터링 광고 그룹의 데이터를 입력한다.

	A	B	C	D	E	F	G	H
1								
2	순번	광고그룹	노출수	클릭수	CPC	총비용	클릭률(%)	
3	1							
4	2							
5	3							
6	4							
7	5							

그림 6-8 모니터링 그룹 엑셀

cell의 행과 열 계산에 3과 0을 더한 이유는 B3부터 시작하기 때문이다. monitoring 데이터프레임에서도 광고 그룹 이름부터 복사하기에 colunm에는 0을 더했다. column 순서로 세 번째(인덱스 순으로 [2])이지만 엑셀에서 2는 B여서 그대로 채우면 된다.

코드 6-48 파일 저장하기

```python
import datetime
now = datetime.datetime.now()
today = now.strftime('%m%d')
filename_1 = '매체보고서_' + today + '(1)' + '.xlsx'
wb.save(filename_1)
wb.close()
```

datetime 모듈을 사용하여 '매체보고서_오늘날짜' 형식의 형식으로 저장한다.

	A	B	C	D	E	F	G
1							
2	순번	광고그룹	노출수	클릭수	CPC	총비용	클릭률(%)
3	1	필라테스(주요)	4,454	101	15,054	1,520,409	2.27
4	2	헬스(주요)	2,971	12	4,765	57,178	0.41
5	3	다이어트_도시락(주요)	1,495	104	33,065	3,438,820	6.96
6	4						
7	5						
8	6						
9	7						
10	8						
11	9						
12	10						
13	합계		8,920	217	52,884	5,016,407	2.43

그림 6-9 데이터가 입력된 모니터링 그룹 시트

코딩으로 출력된 엑셀 파일의 모니터링 그룹 시트는 [그림 6-9] 같은 결과를 얻을 수 있다

6.4.2 리포팅 주제 ② 고효율 광고 그룹 데이터 추출

광고 그룹에서 고효율만 가져와보자. 고효율 기준은 다음 조건을 모두 만족하는 경우다.

> 기준: 노출수 > 100, 클릭수 > 20, CPC < 15000, CTR > 1.00

얼핏 어려워 보이지만 쉽다. 조건을 모두 만족하는 것은 논리곱이다.

코드 6-49 만족하는 조건 불러오기

```
highefficiency = data[(data['노출수'] > 100)
                & (data['클릭수'] > 20)
                & (data['평균클릭비용(VAT포함)'] < 15000)
                & (data['클릭률(%)'] > 1.00)]
```

앰퍼샌드(&)를 이용해 and 조건으로, 즉 불리언으로 광고 그룹을 선택해서 highefficiency에 할당한다.

코드 6-50 노출 수 기준으로 불러오기

```
highefficiency = highefficiency.sort_values('노출수',ascending=False)
```

고효율은 고효율인데 어떤 것을 기준으로 둘지 고민을 해봐야 한다. 평균클릭비용이 기준일 수도 있겠지만 광고이므로 노출 수도 고려해야 한다. 일정 기준의 조건을 통과한 그룹이니 노출수 기준으로 정하겠다.

코드 6-51 고효율 그룹 시트에 데이터 채워 넣기

```
filepath = './' + filename
wb = openpyxl.load_workbook(filepath)
ws = wb['고효율그룹']
for x in range(0,len(highefficiency)):
    for y in range(2,len(highefficiency.columns)):
        ws.cell(row = 3 + x,column = y).value = highefficiency.iloc[x,y]
```

이후 앞의 예제와 비슷하다. openyxl 모듈을 이용해서 고효율 그룹 시트에 데이터를 채워서 저장할 것이다. 시트에 채워 넣는 방식도 변수 이름만 다르며 앞의 예제와 비슷하다.

코드 6-52 데이터 파일 저장하기

```
import datetime
now = datetime.datetime.now()
today = now.strftime('%m%d')
filename_2 = '매체보고서_' + today + '(2)' + '.xlsx'
wb.save(filename_2)
wb.close()
```

이번에는 (2)를 붙여서 저장했다.

	A	B	C	D	E	F	G
1							
2	순번	광고그룹	노출수	클릭수	CPC	총비용	클릭률(%)
3	1	단백질보충제(주요)	2,681	98	7,626	747,351	3.66
4	2	홈짐(주요)	2,405	50	14,083	704,154	2.08
5	3	한방(주요)	1,903	29	13,175	382,074	1.53
6	4	유기농(주요)	1,654	137	9,256	1,268,113	8.34
7	5	단백질보충제(세부)	1,585	30	6,500	194,997	1.9
8	6	다이어트_도시락(세부)	1,068	51	6,433	328,108	4.78
9	7	단식(세부)	675	41	7,607	311,883	6.08
10	8						
11	9						
12	10						
13	합계		11,971	436	64,680	3,936,680	3.64

그림 6-10 데이터가 입력된 고효율 그룹 시트

코딩으로 출력된 엑셀 파일의 고효율 그룹 시트에 [그림 6-10] 같은 결과를 얻을 수 있다.

코딩은 핵심 부분만 제대로 설계하면 나머지는 복사 붙여넣기와 비슷하다. 실제로 개발자는 다른 개발자의 코드를 활용하여 프로그램을 개발한다. 여기까지 소화했다면 이제 여러분은 마케터 수준에 필요한 코딩의 기본적인 개념은 어느 정도 따라온 것이다. 이제는 각종 다양한 함수를 활용할 차례다.

Chapter 07

데이터 시각화와 고객 데이터 분석

7.1 데이터 시각화

데이터의 크기가 크면 클수록 시각화로 데이터를 파악하는 것이 굉장히 중요하다. 데이터를 하나하나 살펴보는 데는 한계가 있기 때문이다. 많은 마케터에게 매일 대량의 고객 데이터가 쏟아지는데 대부분 엑셀로 살펴본다. 위아래로 스크롤하며 데이터를 보기만 한다면 데이터 기반의 의사 결정이라기보다 직관적 판단에 가깝다. 하지만 시각화를 진행한다면 데이터의 구성과 패턴을 파악할 수 있어 데이터를 통한 의사 결정에 뒷받침이 된다.

현업에서의 문제는 시각화를 진행하더라도 팀의 누군가가 엑셀로 시각화를 진행해야 해 거기에 대한 리소스가 든다. 시각화를 진행하기 위하여 단순히 엑셀에서 그래프 버튼만 누르면 끝나는 일이 아니라 데이터 전처리 작업이 선행되어야 한다. 이러한 일은 마케터의 주 업무가 아니므로 시각화가 마케터의 주요 업무 중 하나로 다뤄지지 않는다면 결국 유야무야되는 것이 보통이다. 하지만 파이썬으로 코딩을 진행해놓으면 같은 형식으로 생성되는 데이터에 대하여 계속적인 시각화를 진행할 수 있다. 이번 장에서는 마케터에게 유용한 파이썬을 사용한 시각화 방안을 소개하고자 한다.

이번 장에서 소개할 Matplotlib 라이브러리는 파이썬에서 사용할 수 있는 강력한 시각화 도구다. Matplotlib은 아나콘다를 설치할 때 함께 설치되어 별도의 설치 과정 없이 바로 사용할 수 있다. 또한 판다스와 함께 사용할 수 있다. 판다스로 데이터 가공, 처리, 분석을 진행함과 동시에 Matplotlib으로 시각화를 진행할 수 있어서 데이터를 다루는 마케터에게 매우 유용한 도구이므로 알아두면 좋다.

다만 Matplotlib의 기능은 한 권의 책으로 다뤄야 할 정도로 방대해 이번 장에서는 전체 기능 중 일부만 소개한다. 마케터가 현업에서 자주 사용하는 막대그래프, 선 그래프, 히스토그램을 파이썬에서 어떻게 구현할 수 있는지 설명하고, 마케터가 현업에서 판다스로 데이터를 처리함과 동시에 Matplotlib으로 시각화를 진행하여 데이터를 살펴볼 수 있는 능력을 갖출 수 있도록 한다. Matplotlib 홈페이지 주소는 matplotlib.org이다.

7.1.1 시리즈 자료 구조를 사용한 시각화

시각화를 진행하기 위하여는 코딩으로 파이썬에 불러올 수 있다.

코드 7-1 Matplotlib 라이브러리의 pyplot 모듈 불러오기

```
import matplotlib.pyplot as plt
```

Matplotlib 라이브러리의 **pyplot** 모듈은 그래프를 그릴 수 있는 함수를 내장하고 있다. 코딩 시 보통 plt라는 약어를 사용한다.

코드 7-2 판다스 함께 사용하기

```
import pandas as pd
from pandas import DataFrame
from pandas import Series
```

Matplotlib은 판다스와 함께 사용할 수 있다. 특히 시리즈 자료 구조와 함께 사용하면 간단한 코딩으로도 시각화를 진행할 수 있다. 데이터를 처리하는 동시에 시각화도 함께 진행하며 데이터의 분석이 가능하다.

코드 7-3 데이터프레임 만들기

```
In    dict_data = {"A":[1,2,3,3],"B":[2,3,4,5]}
      df = DataFrame(dict_data)
      df['A']
Out   0    1
      1    2
      2    3
      3    3
      Name: A, dtype: int64
```

하나의 칼럼을 선택하면 그 칼럼의 자료 구조는 시리즈이다. [코드 7-3]처럼 입력해 데이터프레임을 만들고 A열을 출력해보자.

코드 7-4 그래프 출력하기

```
In    df['A'].plot()
      plt.show()
```

Out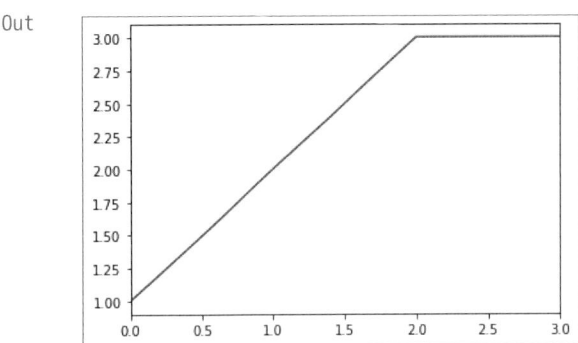

이제 [코드 7-4]처럼 코드를 입력하여 그래프를 출력해보자.

코드 7-5 시각화를 진행한 막대형 그래프

In
```
df['A'].plot(kind='bar')
plt.show()
```

Out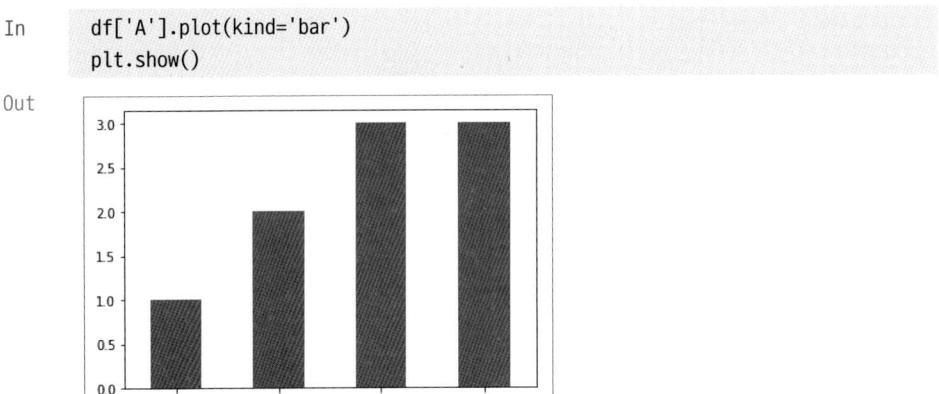

In
```
df['A'].plot(kind = 'barh')
plt.show()
```

Out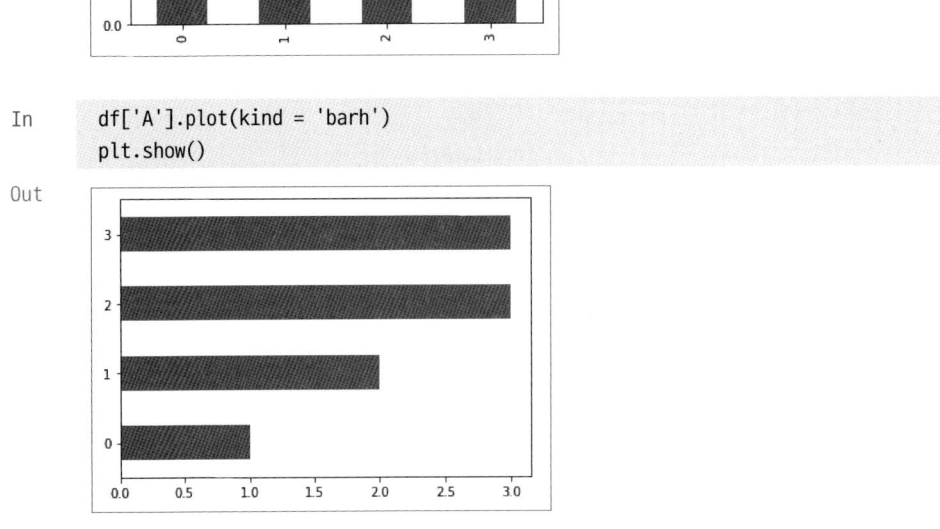

공통적으로 코딩의 첫 번째 줄에는 앞의 코드처럼 시리즈 자료 구조 뒤에 .plot을 붙여 시각화를 진행한다. 코딩의 두 번째 줄에는 plt.show()를 입력한다. plot 함수에 매개변수가 없으면 선 그래프를, kind 매개변수에 bar를 전달하면 막대그래프를, barh를 전달하면 가로 막대그래프를 그려준다. 선 그래프, 막대그래프, 가로 막대그래프를 살펴보면 시리즈의 인덱스가 x축이 되며, 시리즈의 값이 y축의 값의 범위를 만들고 이에 기반하여 전체 그래프가 출력된다.

이제 kind에 hist를 전달해 히스토그램을 만들어보겠다. 히스토그램은 상황에 따라 수정해야 한다.

다음 코드를 보자.

코드 7-6 계급구간이 어긋난 히스토그램(상)과 수정한 히스토그램(하)

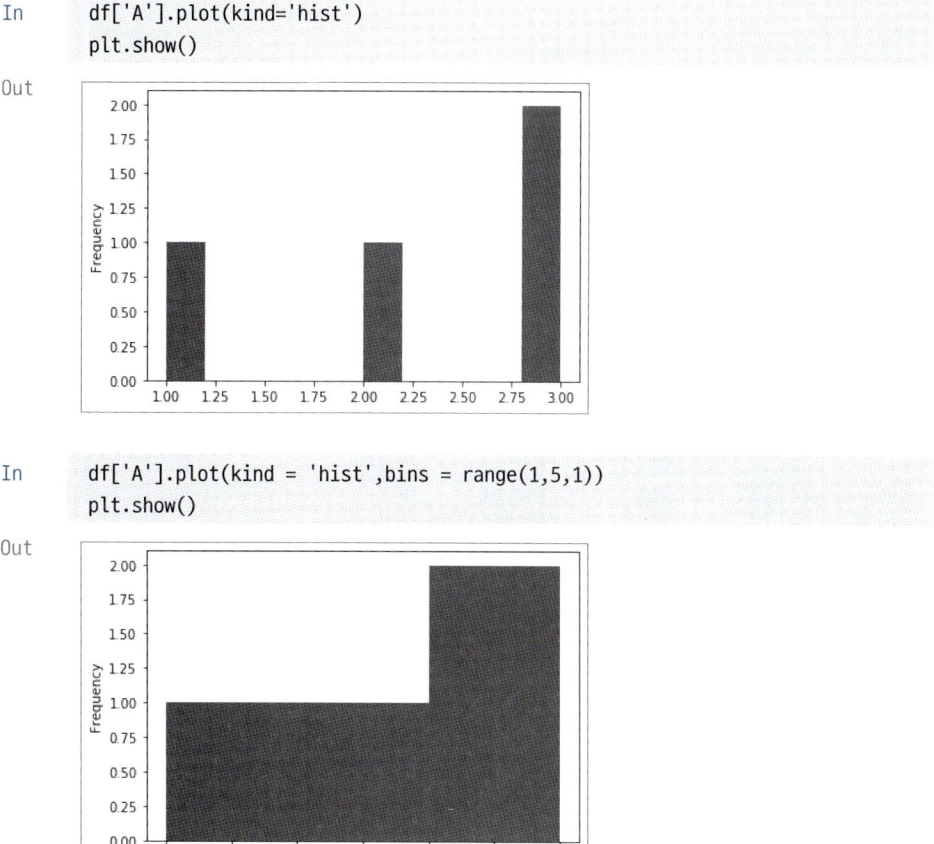

첫 번째 히스토그램인 세로형 막대그래프를 살펴보면 히스토그램을 만든 시리즈의 값 중에는

숫자 3이 있는데 히스토그램의 x축에는 3~4에 해당하는 계급 구간이 없어 히스토그램의 막대 위치가 다른 계급과 다른 것을 알 수 있다. 이를 수정하기 위하여 두 번째 히스토그램에서는 계급 구간을 만드는 bins 매개변수에 range(1,5,1)을 전달하여 전체 계급 구간의 범위를 1~2, 2~3, 3~4로 만들어주었다. 참고로 bins 매개변수에 range 함수 대신 bins[1,2,3,4]와 같이 리스트를 전달해서 계급 구간을 생성할 수 있다.

1 차트에 옵션 추가하기

기본 그래프는 단순해서 제대로 알아보기 힘들다. 여러 옵션을 줘서 그래프를 변형 및 추가할 수 있다.

다음은 막대그래프 크기를 조정하고 그래프의 이름을 붙이는 코드다.

코드 7-7 막대그래프 크기 조정하고 이름 만들기

In
```
df['A'].plot(kind='bar', figsize=[10,6])    # 그래프 사이즈를 10,6으로 키운다.
plt.title('graph')   # 그래프 제목으로 graph 출력
plt.show()
```

Out
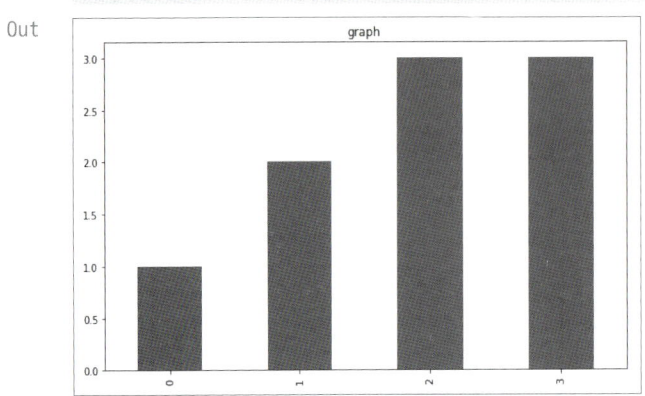

코드의 결과를 보면 그래프 사이즈를 10, 6으로 키우고([10,6]), 그래프 제목으로 graph를 출력한다.

코드 7-8 그래프의 폰트 크기 수정하기

In
```
df['A'].plot(kind='bar', figsize=[10,6])
plt.title('graph', fontsize=18)
plt.show()
```

Out

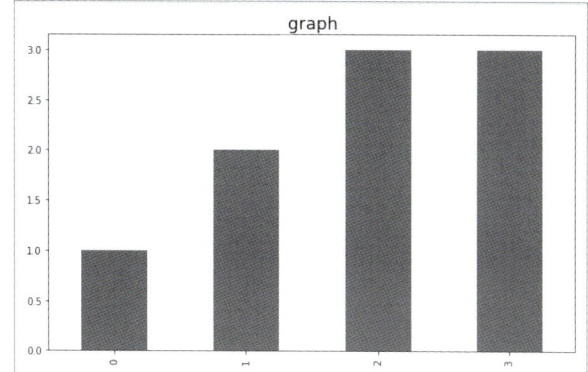

그래프의 제목 폰트가 작아 보이므로 `plt.title` 함수에 `fontsize`를 넣어 폰트 크기를 조정할 수 있다.

코드 7-9 그래프에 한글 출력하기

```
import matplotlib
from matplotlib import font_manager, rc
# 사용하는 시스템 환경 불러오기
import platform
if platform.system() == 'Windows':
# 윈도우
    font_name = font_manager.FontProperties(fname="c:/Windows/Fonts/malgun.ttf").get_name()
    rc('font', family=font_name)
elif platform.system() == 'Darwin':
# 맥
    rc('font', family='AppleGothic')

# 그래프에 마이너스 표시 깨짐 방지
matplotlib.rcParams['axes.unicode_minus'] = False
```

참고로 Matplotlib은 기본적으로 한글이 정상적으로 출력되지 않는다. [코드 7-9]의 코드를 실행시키면 윈도우나 맥에서 정상적으로 한글을 출력할 수 있다. 마이너스인 경우에도 정상 출력되지 않으니 마지막 줄에 코드를 추가한다.

이제 그래프의 폰트 크기를 조정해보겠다.

코드 7-10 그래프의 폰트 크기 수정하기

In
```
df['A'].plot(kind='bar', figsize=[10,6])
plt.title('graph',fontsize=18)
plt.xlabel('xlabel',fontsize=16)
plt.ylabel('ylabel',fontsize=16)
plt.show()
```

Out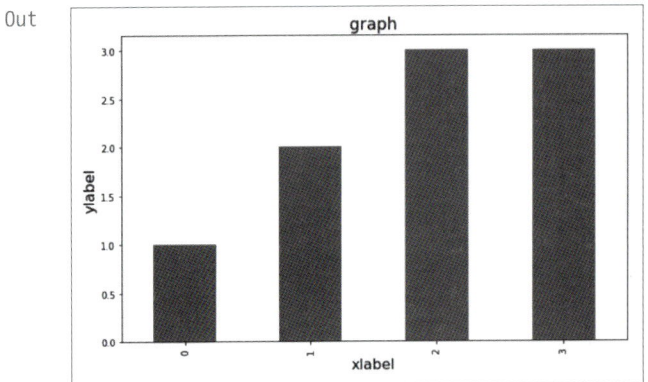

x축에는 xlabel, y축에는 ylabel으로 이름을 설정하고, 폰트 크기가 작으므로 크기를 16으로 설정했다. 이제 x축 눈금 이름을 변경해보겠다.

코드 7-11 x축 눈금 이름 변경하기

In
```
df['A'].plot(kind='bar', figsize=[10,6])
plt.title('graph',fontsize=18)
plt.xlabel('xlabel',fontsize=16)
plt.ylabel('ylabel',fontsize=16)
plt.xticks([0,1,2],['first','second','third'])
plt.show()
```

Out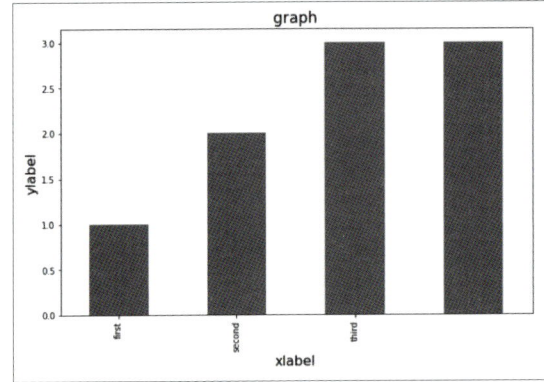

xticks 함수를 사용하여 변경할 눈금의 리스트와 변경하는 내용을 리스트로 전달한다. 이때 축 눈금 전체가 바뀐다. 즉 [코드 7-11]처럼 전달할 경우 3이 없어서 3의 눈금이 사라진다.

출력된 결과의 눈금 이름이 세로로 되어 있어 읽기 불편하니 눈금 방향과 폰트 크기를 변경해보겠다.

코드 7-12 x축 눈금 이름의 방향과 폰트 크기를 변경하기

In
```
df['A'].plot(kind='bar', figsize=[10,6])
plt.title('graph',fontsize=18)
plt.xlabel('xlabel',fontsize=16)
plt.ylabel('ylabel',fontsize=16)
plt.xticks([0,1,2],['first','second','third'],fontsize=12,rotation=0)
plt.show()
```

Out

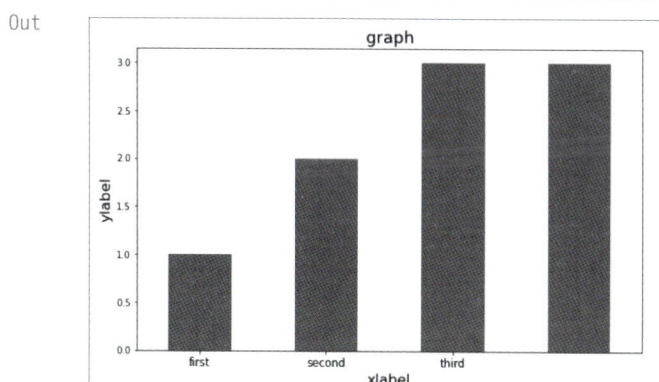

그런데 [코드 7-12]의 출력된 결과를 보니 x축의 눈금 이름 역시 세로여서 읽기가 불편하다. rotation 옵션을 줘서 눈금 이름의 각도를 회전시켰다. 또한 글자의 크기가 작아 폰트 크기를 12로 변경시켰다.

코드 7-13 y축 범위 변경하기

In
```
df['A'].plot(kind='bar', figsize=[10,6])
plt.title('graph',fontsize=18)
plt.xlabel('xlabel',fontsize=16)
plt.ylabel('ylabel',fontsize=16)
plt.xticks([0,1,2],['first','second','third'],fontsize=12,rotation=0)
plt.yticks([1,3,5,7],['first','third','fifth','seventh'])
plt.show()
```

Out
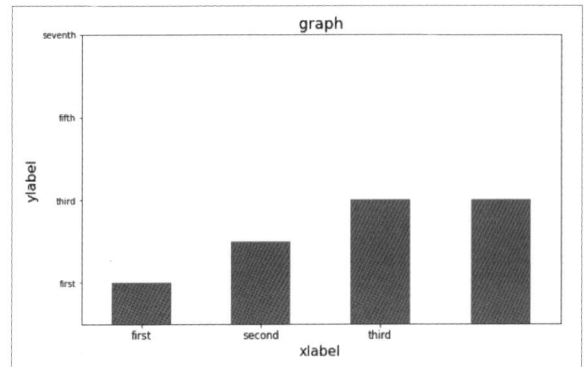

y축 눈금도 동일하게 변경할 수 있다. 지금까지 df['A']에서 3이 최댓값이어서 Matplotlib이 여기에 맞춰 최적화시켰다. 리스트의 크기를 조정해서 y축의 범위를 임의로 변환할 수 있다.

x축에 이 방식을 적용할 수 있을까? 직접 숫자를 바꿔서 실행해보자. 기대와 어긋나는 결과가 나올 것이다. x축의 범위를 바꾸는 것이 가능하긴 하다. xlim([시작 값, 끝 값])으로 범위를 지정하는 것이다.

코드 7-14 x축 범위 변경하기

In
```
df['A'].plot(kind='bar', figsize=[10,6])
plt.title('graph',fontsize=18)
plt.xlabel('xlabel',fontsize=16)
plt.ylabel('ylabel',fontsize=16)
plt.xticks([0,1,2],['first','second','third'],fontsize=12,rotation=0)
plt.yticks([1,3,5,7],['first','third','fifth','seventh'])
plt.xlim([-1,4])
plt.show()
```

Out
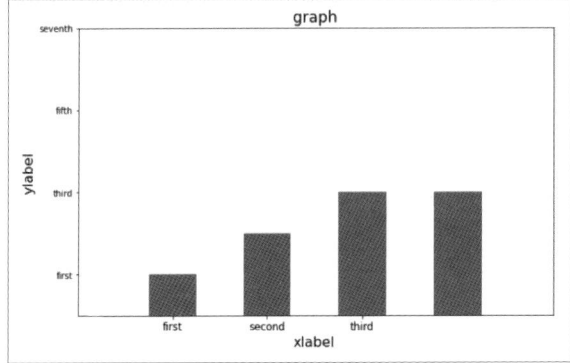

이전 그래프보다 공간이 더 넓어진 것을 알 수 있다. 이전에는 눈금이 네 개였지만 입력 후에 여섯 개까지 넣을 수 있을 정도로 증가한 것을 확인할 수 있다.

y축도 이 방식으로 적용할 수 있다. 그런데 y축은 x축과는 달리 인덱스가 아니므로 숫자로 표기되는 게 더 바람직하다.

코드 7-15 y축 범위 변경하기

In
```
df['A'].plot(kind='bar', figsize=[10,6])
plt.title('graph',fontsize=18)
plt.xlabel('xlabel',fontsize=16)
plt.ylabel('ylabel',fontsize=16)
plt.xticks([0,1,2],['first','second','third'],fontsize=12,rotation=0)
# 주석으로 실행 막기
# plt.yticks([1,3,5,7],['first','third','fifth','seventh'])
plt.xlim([-1,4])
plt.ylim([-1,8])
plt.show()
```

Out
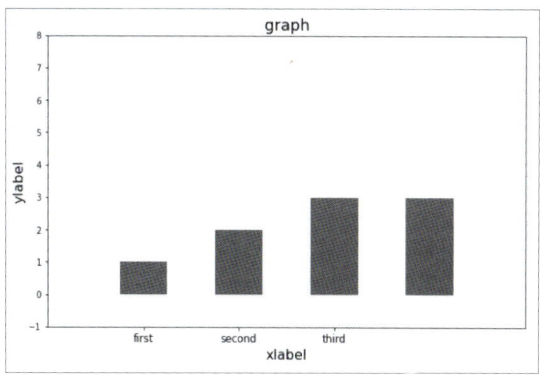

y축은 숫자가 표기되도록 주석문으로 처리하고 y축의 범위만 넓혔다. 주석문의 용도는 원래 코드를 설명하는 것이지만 때로는 실행을 막는 용도로도 쓴다. 코드를 짜다 보면 테스트를 하기 위해 수시로 변경하는데 이때 기존 작성 코드로 되돌릴 상황이 생긴다. 이때 주석 처리한 후 다시 필요할 때 주석 처리한 #만 지우면 된다.

7.2 고객 데이터 분석

현업에서 대부분의 마케터가 다루는 데이터는 매체 데이터이다. 매체에서 전달되는 데이터는 광고 지표를 중심으로 일목요연하게 정리되어 엑셀로 간단하게 살펴볼 수 있다. 하지만 고객 데이터를 살펴보고자 한다면 마케터가 직접 데이터를 가공해서 필요한 정보를 추출해야 한다. 고객 데이터 분석을 파이썬으로 어떻게 진행할 수 있는지 살펴보자. 매체 데이터와 고객 데이터를 함께 분석할 수 있는 마케터는 더욱 높은 생산성을 발휘할 수 있다.

이번 절에서는 실제 데이터셋을 사용하여 파이썬을 활용한 데이터 가공 및 처리를 진행한다. 데이터는 해외의 사이트 UCI Machine Learning Repository(archive.ics.uci.edu/ml/index.php)에서 제공되는 Bank Marketing Data Set이며, 이 데이터는 41,188개의 행과 21개의 열로 구성되었다. 지금부터 과정을 하나씩 따라 하면 현업에 있는 데이터도 파이썬으로 무리 없이 다룰 수 있을 것이다.

파이썬을 활용한 마케터의 데이터 분석 과정은 다음과 같이 네 가지이다.

데이터를 불러온 뒤 데이터를 탐색하며 데이터에 대한 이해를 높인다. 또 시각화로 데이터의 분포와 형태를 파악한다. 그리고 데이터 탐색 과정과 시각화 과정에서 얻은 인사이트로 분석 주제 혹은 가설을 세워 데이터 분석을 진행한다.

7.2.1 데이터셋 다운로드하기

데이터셋은 [표 7-1]과 같이 있다. 이 데이터는 한 포르투갈 은행 기관의 다이렉트 마케팅 캠페인(전화 통화)과 관련되어 있다. 분류 목표는 고객이 정기 예금(변수 y)에 가입할지 예측하기 위한 것이다.

표 7-1 데이터셋 종류

분류	순서	칼럼명	설명
은행 고객 데이터	1	age	나이
	2	job	직업
	3	marital	결혼 여부
	4	education	교육 수준
	5	default	파산여부
	6	housing	주택 대출 여부
	7	loan	개인 대출 여부
현재 캠페인의 마지막 연락과 관련된 데이터	8	contact	고객과 접촉한 기기의 유형
	9	month	가장 최근 고객과 연락한 달
	10	day_of_week	가장 최근 고객과 연락한 요일
	11	duration	가장 최근 고객과 연락했을 때의 통화 시간
기타 다른 데이터	12	campaign	이번 마케팅 캠페인으로 고객과 연락한 횟수
	13	pdays	이전 마케팅 캠페인으로 고객과 연락한 후 경과된 일 수
	14	previous	이전 마케팅 캠페인으로 고객과 연락한 횟수
	15	poutcome	이전 마케팅 캠페인의 결과
사회적/경제적 맥락의 데이터	16	emp.var.rate	고용 변동율
	17	cons.price.idx	소비자 물가지수
	18	cons.conf.idx	소비자 신뢰지수
	19	euribor3m	유로존에서 은행간 적용되는 3개월간의 이자율
	20	nr.employed	취업자 수
결과 데이터	21	y	상품 가입 여부

출처: S. Moro, P. Cortez and P. Rita, A Data-Driven Approach to Predict the Success of Bank Telemarketing, Decision Support Systems, Elsevier, 62:22-31, June 2014

[표 7-1]로 정리한 항목은 데이터셋 홈페이지의 Attribute Information 항목에서 영어 원문으로 확인할 수 있다.

1 데이터셋 다운로드

이제 데이터셋을 다운로드해보자.

그림 7-1 데이터셋 다운받기 ①

먼저 archive.ics.uci.edu/ml/datasets/Bank + Marketing에 접속한 후 'Data Folder'를 클릭한다.

그림 7-2 데이터셋 다운받기 ②

'bank-additional.zip'을 클릭하여 파일을 다운로드하고 압축을 해제한다.

그림 7-3 데이터셋 다운받기 ③

bank-additional 폴더를 클릭한다.

그림 7-4 데이터셋 다운받기 ④

bank-additional-full.csv 파일을 실습 파일로 사용한다.

7.2.2 데이터 탐색하기

파일을 엑셀로 열어 데이터를 살펴보면 이제까지 다뤘던 데이터처럼 행과 열로 구성된 형식이 아니라 콜론(;)으로 각각의 데이터가 구분된 것을 볼 수 있다.

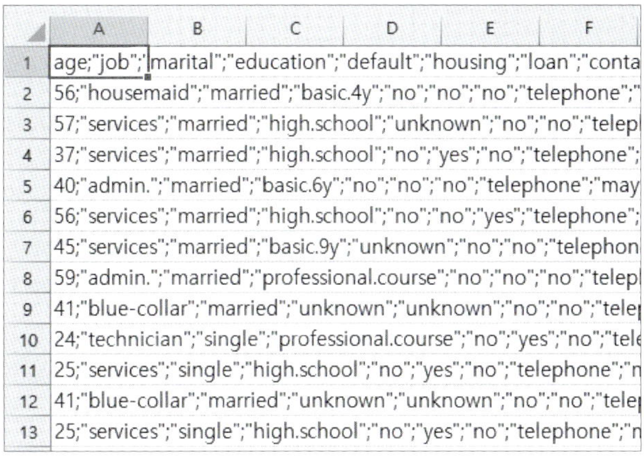

그림 7-5 콜론으로 데이터가 구분된 엑셀 파일

이 경우 read_csv 함수에 sep 매개변수를 사용하여 데이터를 구분하는 구분자separator가 콜론임을 전달할 수 있다.

코드 7-16 한글이 포함된 데이터 불러오기

```
df = pd.read_csv('./bank-additional-full.csv',sep=';',engine='python')
```

데이터를 불러올 때 다운로드 혹은 프로그램 코드가 있는 경로에 파일을 가져다 놓자. 디렉토리에 한글이 포함되었다면 'Initializing from file failed' 오류가 발생할 수 있다. 이 경우 함수 매개변수로 `engine='python'`을 추가 입력하면 정상적으로 데이터를 불러올 수 있다.

이제 본격적으로 데이터를 탐색해보자. 먼저 데이터를 불러온다.

코드 7-17 데이터 불러오기

```
import matplotlib.pyplot as plt
import pandas as pd
from pandas import DataFrame
from pandas import Series
df = pd.read_csv('./bank-additional-full.csv',sep=';')
```

앞서 언급했듯이 bank-additional-full.csv는 41,188개의 행과 21개의 열로 구성돼 결과가 길게 출력된다. 따라서 데이터의 첫 5행과 마지막 5행만 체크해보겠다.

코드 7-18 데이터의 첫 부분과 끝 부분 불러오기

In `df.head()`

Out

	age	job	marital	education	default	housing	loan	contact
0	56	housemaid	married	basic.4y	no	no	no	telephone
1	57	services	married	high.school	unknown	no	no	telephone
2	37	services	married	high.school	no	yes	no	telephone
3	40	admin.	married	basic.6y	no	no	no	telephone
4	56	services	married	high.school	no	no	yes	telephone

In `df.tail()`

Out

	age	job	marital	education	default	housing	loan	contact
41183	73	retired	married	professional.course	no	yes	no	cellular
41184	46	blue-collar	married	professional.course	no	no	no	cellular
41185	56	retired	married	university.degree	no	yes	no	cellular
41186	44	technician	married	professional.course	no	no	no	cellular
41187	74	retired	married	professional.course	no	yes	no	cellular

41187로 끝이 나며 0부터 시작하니 41188행이다. 여기서는 contact 칼럼까지만 표기했지만 실제로는 y 칼럼까지 출력된다.

코드 7-19 결측치 여부 알아보기

```
In    df.isnull().sum()
Out   age               0
      job               0
      marital           0
      education         0
      default           0
      housing           0
      loan              0
      contact           0
      month             0
      day_of_week       0
      duration          0
      campaign          0
      pdays             0
      previous          0
      poutcome          0
      emp.var.rate      0
      cons.price.idx    0
      cons.conf.idx     0
      euribor3m         0
      nr.employed       0
      y                 0
      dtype: int64
```

iisnull 함수는 데이터프레임의 개별 자료마다 결측치 여부를 불리언으로 출력해준다. 여기에 sum 함수와 함께 사용하여 칼럼별로 결측치가 얼마나 있는지 확인할 수 있다. 확인해보니 결측치가 하나도 없는 데이터이다.

코드 7-20 데이터프레임의 모양 알아보기

```
In    df.shape
Out   (41188, 21)
```

shape는 데이터프레임의 모양을 알려준다.

코드 7-21 행 인덱스의 처음과 끝 알아보기

```
In    df.index
Out   RangeIndex(start=0, stop=41188, step=1)
```

index는 행 인덱스의 처음과 끝, 그리고 단계를 담고 있다.

코드 7-22 칼럼명 알아보기

```
In    df.columns
Out   Index(['age', 'job', 'marital', 'education', 'default', 'housing', 'loan',
             'contact', 'month', 'day_of_week', 'duration', 'campaign', 'pdays',
             'previous', 'poutcome', 'emp.var.rate', 'cons.price.idx',
             'cons.conf.idx', 'euribor3m', 'nr.employed', 'y'],
            dtype='object')
```

columns는 칼럼명을 담고 있다.

코드 7-23 칼럼별 요약 통계량 알아보기

```
In    df.describe()
```

Out

	age	duration	campaign	pdays	previous	emp.var.rate
count	41188.00000	41188.000000	41188.000000	41188.000000	41188.000000	41188.000000
mean	40.02406	258.285010	2.567593	962.475454	0.172963	0.081886
std	10.42125	259.279249	2.770014	186.910907	0.494901	1.570960
min	17.00000	0.000000	1.000000	0.000000	0.000000	-3.4.00000
25%	32.00000	102.000000	1.000000	999.000000	0.000000	-1.8.00000
50%	38.00000	180.000000	2.000000	999.000000	0.000000	1.1.00000
75%	47.00000	319.000000	3.000000	999.000000	0.000000	1.4.00000
max	98.00000	4918.000000	56.000000	999.000000	7.000000	1.4.00000

[코드 7-23]은 emp.var.rate 칼럼까지만 표기했지만 실제로는 nr.employed 칼럼까지 출력된다. 계산 데이터의 개수, 평균, 표준편차, 최솟값, 1사분위수, 2사분위수, 3사분위수, 최댓값의 칼럼별 요약 통계량을 출력한다. 이때 계산 가능한 칼럼만 출력해준다.

코드 7-24 칼럼별 고윳값 알아보기

```
In    df['job'].unique()
Out   array(['housemaid', 'services', 'admin.', 'blue-collar', 'technician',
             'retired', 'management', 'unemployed', 'self-employed', 'unknown',
             'entrepreneur', 'student'], dtype=object)

In    df['marital'].unique()
Out   array(['married', 'single', 'divorced', 'unknown'], dtype=object)
```

unique 함수를 사용하여 칼럼별 고윳값을 살펴볼 수 있다. 일(job)과 결혼(marital) 유무를 확인해보자.

코드 7-25 칼럼별 고윳값의 빈도 세기

In   `df['job'].value_counts()`

Out
```
admin.          10422
blue-collar      9254
technician       6743
services         3969
management       2924
retired          1720
entrepreneur     1456
self-employed    1421
housemaid        1060
unemployed       1014
student           875
unknown           330
Name: job, dtype: int64
```

In   `df['marital'].value_counts()`

Out
```
married     24928
single      11568
divorced     4612
unknown        80
Name: marital, dtype: int64
```

value_counts 함수는 칼럼별로 고윳값의 빈도를 셀 수 있다. 칼럼별로 데이터가 너무 많아 하나하나 셀 수 없어 대량의 데이터를 다루는 데 유용한 함수이다.

코드 7-26 데이터를 순차적으로 정렬하기

In   `df['age'].sort_values()`

Out
```
38274    17
37579    17
37539    17
37140    17
37558    17
          ...
40450    92
38921    94
27826    95
```

```
38455    98
38452    98
Name: age, Length: 41188, dtype: int64
```

sort_values 함수는 데이터를 순차적으로 정렬하여 데이터의 형태를 파악하는 데 사용할 수 있다. 다만 데이터의 수가 너무 많은 경우 데이터를 파악하기 어렵다. 이때는 정렬 방법과 함께 시각화를 함께 진행하는 것이 효과적이다. 정렬만 할 경우 주피터 노트북은 일부 결과만 보여준다. 여기서는 age 칼럼을 순차적으로 정렬했다.

7.2.3 데이터 시각화하기

데이터의 age 칼럼과 duration 칼럼, job 칼럼, day_of_week 칼럼을 각각 히스토그램과 막대그래프로 시각화해보겠다.

1 히스토그램

현업에서 제공되는 고객 데이터 중 빠지지 않는 데이터가 바로 나이 데이터이다. 현재 다루는 데이터셋도 나이 데이터를 제공하며 Matplotlib을 사용하여 나이대별 빈도를 알려주는 히스토그램을 그려볼 수 있다.

코드 7-27 age 칼럼의 계급 구간 설정하기

```
In    df['age'].plot(kind='hist',bins=[10,20,30,40,50,60,70,80,90,100])
      plt.show()
```

Out
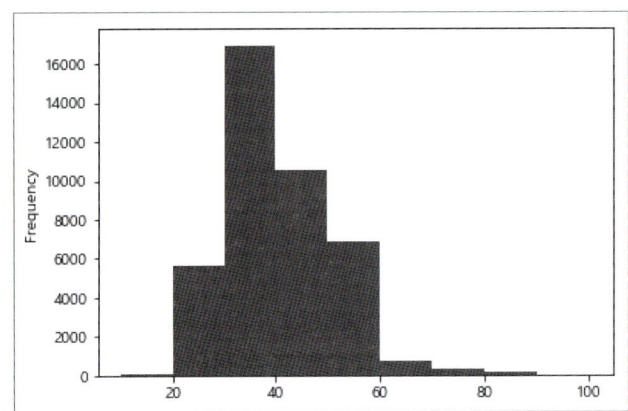

데이터를 보면 연령 98이 최고로 높다. age 칼럼을 히스토그램으로 그리고, 계급 구간을 bins 매개변수를 사용하여 10대부터 90대까지 설정할 수 있다.

이제 age 칼럼의 이름 및 크기를 설정해보겠다.

코드 7-28 age 칼럼의 이름 및 크기 설정하기

In
```
df['age'].plot(kind='hist',bins=[10,20,30,40,50,60,70,80,90,100])

plt.title('Histogram of df.age',fontsize=20)    # 그래프 타이틀 설정 및 크기 조절
plt.xticks(fontsize=15)    # x축 눈금 숫자 크기 조절
plt.yticks(fontsize=15)    # y축 눈금 숫자 크기 조절
plt.xlabel('age',fontsize=18)    # x축 이름 설정 및 크기 조절
plt.ylabel('Freqeuncy',fontsize=18)    # y축 이름 설정 및 크기 조절
plt.show()
```

Out

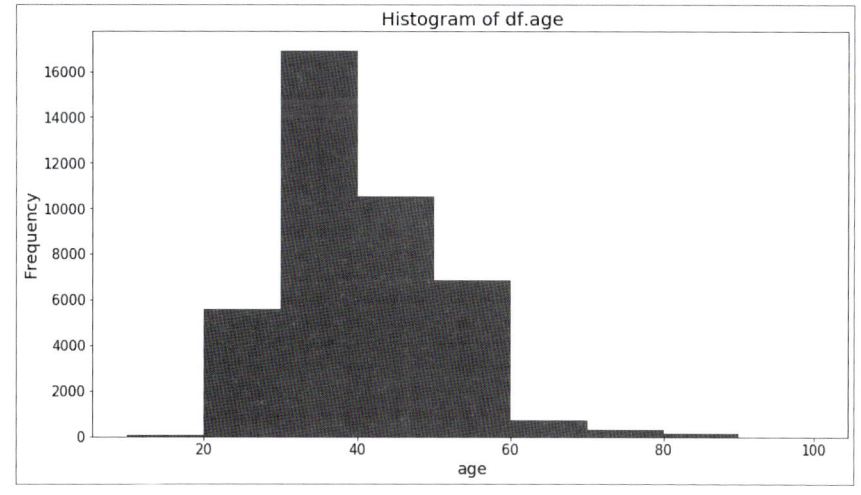

기본적인 히스토그램에 대하여 여러 옵션을 추가할 수 있다. y축 Freqeuncy는 디폴트로 주어졌지만 폰트 확대를 위해서 다시 이름을 설정했다.

고객과의 통화 시간에 대한 duration 칼럼에 대하여 히스토그램을 그려보겠다. 다음의 코드를 보자.

코드 7-29 duration 칼럼의 최댓값, 최솟값 알아보기

In
```
df['duration'].describe()
```

```
Out    count    41188.000000
       mean       258.285010
       std        259.279249
       min          0.000000
       25%        102.000000
       50%        180.000000
       75%        319.000000
       max       4918.000000
       Name: duration, dtype: float64
```

히스토그램의 계급 구간을 설정하기 위해 데이터의 최댓값, 최솟값을 알아야 하는데 이는 describe 함수를 사용하여 간단히 알 수 있다.

최솟값은 0이고 최댓값은 4918이다. bins 매개변수에 range(0,5001,100)을 전달하여 최솟값 0부터 최댓값 5,000, 간격을 100을 입력하여 히스토그램을 출력해보자.

코드 7-30 duration 칼럼의 히스토그램 출력하기

```
In    df['duration'].plot(kind='hist',bins=range(0,5001,100))
      plt.show()
```

Out

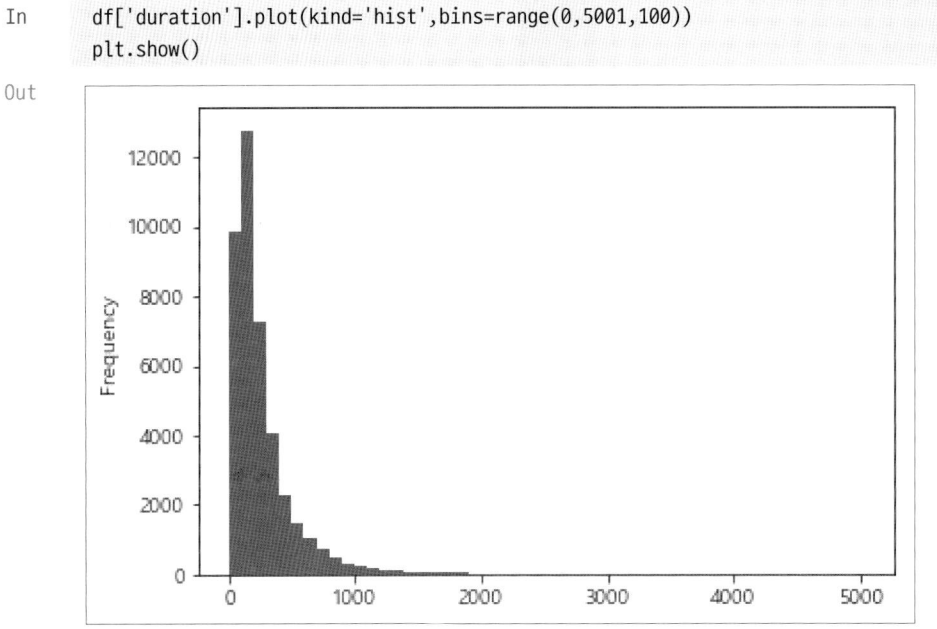

age 칼럼을 출력할 때는 계급 구간이 많지 않아 리스트로 일일이 입력할 수 있었지만 duration 칼럼은 계급 구간이 많아 range 함수를 사용했다.

코드 7-31 duration 칼럼의 이름 및 크기 설정하기

```
df['duration'].plot(kind='hist',bins=range(0,5001,100), figsize=[15,8])

plt.title('Histogram of df.duration',fontsize=20)   # 그래프 타이틀 설정 및 크기 조절
plt.xticks(fontsize=15)   # x축 눈금 숫자 크기 조절
plt.yticks(fontsize=15)   # y축 눈금 숫자 크기 조절
plt.xlabel('duration',fontsize=18)   # x축 이름 설정 및 크기 조절
plt.ylabel('Frequency',fontsize=18)   # y축 이름 설정 및 크기 조절
plt.show()
```

duration 칼럼에 대하여도 이해하기 쉽도록 추가적인 옵션을 설정했다. 이번에는 실행 결과는 보여주지 않겠으니 직접 프로그램에서 확인해보자.

2 막대그래프

job 칼럼을 막대그래프로 시각화해보겠다. 현업에서도 고객의 직업군에 대한 데이터는 대부분 회사가 수집하는 데이터의 유형 중 하나다.

코드 7-32 job 칼럼의 막대그래프 출력하기

In
```
job=df['job'].value_counts()

job.plot(kind='bar', figsize=[15,8])   # 막대그래프 설정 및 그래프 크기 조절
plt.title('Bar Chart of df.job',fontsize=20)   # 제목 설정 및 폰트 크기 조절
plt.xticks(fontsize=10,rotation=0)   # X축 눈금 사이즈 조절 및 회전
plt.yticks(fontsize=15)
plt.xlabel('job',fontsize=18)   # X축 이름 설정 및 폰트 크기 조절
plt.show()
```

Out
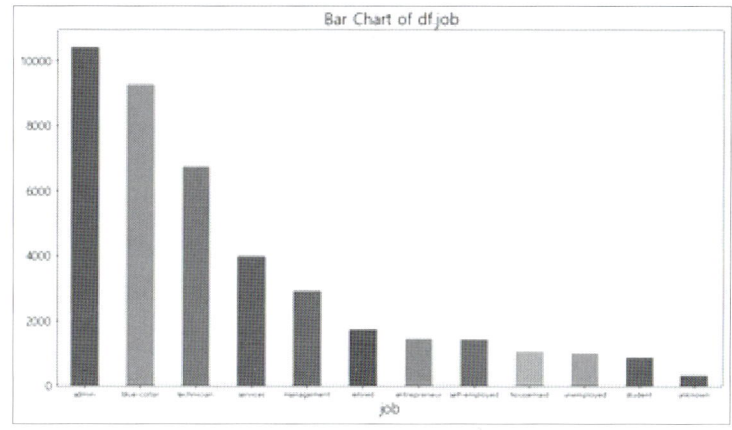

value_counts 함수를 사용하여 job 칼럼에 있는 고윳값의 빈도 수를 job 변수에 할당한 뒤 이 변수를 사용하여 막대그래프로 그릴 수 있다. 기본 그래프는 보기가 약간 불편하니 히스토그램 그래프처럼 몇 가지 옵션을 추가하자.

요일 데이터도 고객 데이터에서 수집하는 단골 데이터 중 하나다.

코드 7-33 day_of_week 칼럼의 막대그래프 출력하기

In
```
day_of_week=df['day_of_week'].value_counts()

day_of_week.plot(kind='bar', figsize=[15,8])   # 막대그래프 설정 및 그래프 크기 조절
plt.title('Bar Chart of df.job',fontsize=20)   # 제목 설정 및 폰트 크기 조절
plt.xticks(fontsize=15,rotation=0)             # X축 눈금 사이즈 조절 및 회전
plt.yticks(fontsize=15)
plt.xlabel('day_of_week',fontsize=18)          # X축 이름 설정 및 폰트 크기 조절
plt.show()
```

Out
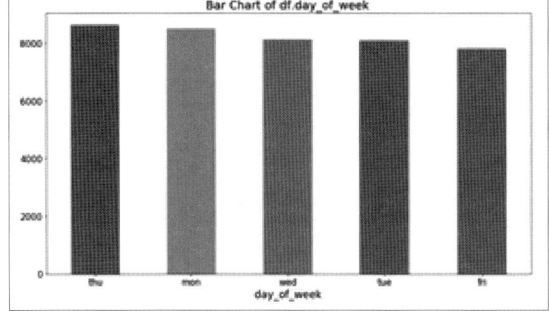

요일 데이터도 value_counts 함수로 요일별 빈도를 구한 뒤 막대그래프로 시각화할 수 있다.

코드 7-34 day_of_week 칼럼을 요일순으로 인덱싱하기

In
```
day_of_week2=day_of_week.reindex(['mon','tue','wed','thu','fri'])
day_of_week2.plot(kind='bar', figsize=[15,8])
plt.title('Bar Chart of df.day_of_week',fontsize=20)
plt.xticks(fontsize=15,rotation=0)
plt.yticks(fontsize=15)
plt.xlabel('day_of_week',fontsize=18)
plt.show()
```

Out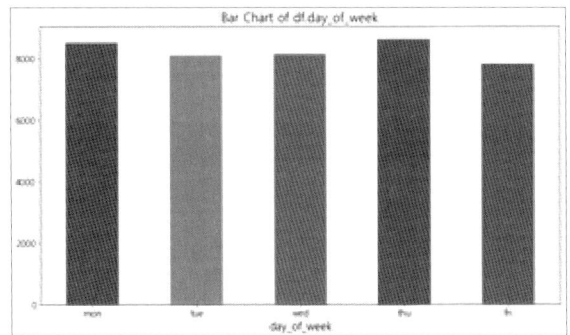

그런데 valuecout 함수는 내림차순 정렬로 리스트를 만든다. 요일 데이터의 경우 시간순으로 보는 경우가 많다. 이때는 요일 데이터를 reindex 함수를 이용해서 요일순으로 다시 인덱싱을 하면 된다.

7.3 파이썬을 사용한 고객 데이터 분석

지금까지의 내용을 토대로 현업에서 파이썬을 어떻게 적용할 수 있는지 알아보자. 현업에서 진행할 수 있는 분석 예시와 함께 데이터 분석을 효과적으로 진행할 수 있는 판다스의 함수를 소개한다.

7.3.1 직업별 현황

전체 고객을 직업, 성별, 주소 등 각 그룹으로 분류하는 것은 데이터 분석에서 기본적으로 진행되는 분석 중 하나이다. 첫 번째 고객 데이터를 직업군별로 어떻게 나눌 수 있는지 살펴보자.

1 판다스의 groupby 함수

groupby 함수는 전체 데이터를 지정된 칼럼을 기준으로 그룹화하는 함수이다. 그룹별 데이터를 집계하는 데 유용하게 사용될 수 있다. 엑셀에서 피벗 테이블을 작성해봤다면 이해하기 쉽다. 데이터는 계속해서 bank-additional-full.csv를 사용한다.

코드 7-35 일부 칼럼과 행만 추출하기

```
In    df2 = df[['y','duration','campaign']]       # 일부 칼럼만 추출
      df3 = df2.loc[[0,22418,2,41158,41100,41163],:]   # 일부 행의 데이터만 추출
      df3
```

Out		y	duration	campaign
	0	no	261	1
	22418	no	140	4
	2	no	226	1
	41158	yes	363	1
	41100	yes	482	1
	41163	yes	385	3

df에서 전환 여부(y), 통화 시간(duration) 캠페인 수(campaign)를 추출해서 새로운 데이

터프레임을 만들고 일부 행만 임의로 추출했다. 행 번호도 정렬시키지 않았다.

만약 데이터프레임에서 전환한 사람 yes의 평균 통화 시간만 알고 싶다면 어떻게 하면 좋을까? 여러 가지 방안이 있는데 그중 판다스에서 제공하는 groupby 함수가 가장 편한 방안이다.

다음 코드를 보자.

코드 7-36 groupby 함수의 기본 형태

```
dataframe.groupby('칼럼명')
```

groupby 함수의 기본 형태이다.

코드 7-37 y 칼럼에 고윳값 설정하기

```
In    grouped3 = df3.groupby('y')
      df['y'].unique()
Out   array(['no', 'yes'], dtype=object)
```

[코드 7-37]은 y 칼럼에 고윳값을 설정하는 코드이다. groupby 함수에 데이터프레임 df3의 y 칼럼을 전달하고 이를 grouped3라는 변수에 할당한다. groupby 함수에 전달된 y 칼럼의 고윳값은 'yes'와 'no'이다.

코드 7-38 y 칼럼의 그룹 나누기

```
In    grouped3.sum()
Out
```

y	duration	campaign
no	627	6
yes	1230	5

고윳값이 grouped 변수에서 no 그룹과 yes 그룹으로 나뉜다. 칼럼별로 각 그룹의 합이 계산되었다.

이를 도식화하면 다음의 [표 7-2]와 같다. [표 7-2]의 데이터프레임에서 행 인덱스를 살펴보면 yes와 no인 것을 알 수 있다.

표 7-2 데이터 결과의 도식화

grouped3			분리(Split)			적용(apply)	결합(Combine)		
	y	duration	campaign	y	duration	campaign	sum		duration	campaign

y	duration	campaign
no	261	1
no	140	4
no	226	1
yes	363	1
yes	482	1
yes	385	3

y	duration	campaign
no	261	1
no	140	4
no	226	1

y	duration	campaign
yes	363	1
yes	482	1
yes	385	3

y	duration	campaign
no	627	6
yes	1230	5

전체 데이터프레임이 y 칼럼의 값이 yes인 그룹과 no인 그룹으로 나뉘었다. 즉 groupby 함수는 전달된 칼럼의 고윳값별로 전체 데이터를 그룹화하고 집계 함수에 따른 결과 값을 출력한다.

groupby 함수는 그룹별 기술 통계량을 추출할 수 있다. 그룹별로 기술 통계량을 추출해보자.

코드 7-39 기술 통계량 추출하기

```
grouped = df.groupby('y')
```

groupby 함수에 데이터프레임 df의 y 칼럼을 전달하고 이를 grouped라는 변수에 할당한다. groupby 함수로 만든 변수에 집계 함수를 사용하면 그룹별 기술 통계량을 추출할 수 있으며, 결측치는 집계되지 않는다(size 함수 제외).

표 7-3 집계 함수와 그 코드

집계 함수	코드
sum(총 합계)	grouped.sum()
mean(평균)	grouped.mean()
min(최솟값)	grouped.min()
max(최댓값)	grouped.max()
std(표준편차)	grouped.std()
var(분산)	grouped.var()
median(중앙값)	grouped.median()
quantile(분위수)	grouped.quantile()

여기서는 결과를 추출하지 않았지만 [표 7-3]을 통해 집계 함수와 코드를 알아보고 직접 입력하여 각 결과를 살펴보자.

집계 함수 중 count와 size는 데이터의 수를 출력하는데 차이점은 두 가지이다. 바로 결측치 포함 여부와 출력 형태이다. count는 결측치를 미포함하고 size는 포함한다. 또한 count는 데이터프레임 혹은 시리즈를 출력하고 size는 시리즈를 출력한다.

[코드 7-40]을 보자.

코드 7-40 집계 함수 count와 size 비교

In	grouped.count()

Out

y	age	job	marital	education	default	housing	loan	contact	month
no	36548	36548	36548	36548	36548	36548	36548	36548	36548
yes	4640	4640	4640	4640	4640	4640	4640	4640	4640

In	grouped.size()

Out
```
y
no     36548
yes     4640
dtype: int64
```

두 함수의 출력 결과를 비교했다. count 함수는 [코드 7-40]에 결과가 모두 표기되지는 않았지만 nr.employed 칼럼까지 모두 출력된다. 그런데 이 데이터에는 결측치가 없으므로 결측치가 있는 데이터를 만들어서 두 함수를 비교해보자.

[코드 7-41]은 결측치가 있는 데이터프레임을 만든다.

코드 7-41 결측치가 있는 데이터프레임 만들기

In	`data = {'col1':[None,1,2,3],'col2':['가','가','나','나']}`
	`df_ex = DataFrame(data)`
	`df_ex`

Out

	col1	col2
0	NaN	가
1	1.0	가
2	2.0	나
3	3.0	나

데이터프레임의 col1 칼럼에는 결측치가 있다. col2 칼럼을 groupby시킨 후 count와 size를 비교해보겠다.

코드 7-42 col2 칼럼 groupby하기

In	`grouped_ex = df_ex.groupby('col2')` `grouped_ex['col1'].count()`
Out	col2 가 1 나 2 Name: col1, dtype: int64
In	`grouped_ex['col1'].size()`
Out	col2 가 2 나 2 Name: col1, dtype: int64

count 함수는 NaN을 세지 않고 size 함수는 NaN을 고려한다.

7.3.2 특정 고윳값이 있는 데이터만 추출

`get_group` 함수를 이용하면 그룹으로 묶은 칼럼의 고윳값별로 데이터를 나눌 수 있다. 앞서 [코드 7-39]에서 만든 `grouped` 함수는 y 칼럼을 그룹화했으므로 고윳값 yes와 no만 각각 추출해보자. [코드 7-43]에서 고윳값을 출력하는 코드를 작성했다.

코드 7-43 특정 고윳값 추출하기

In	`grouped.get_group('yes')`
Out	... cons.price.idx cons.conf.idx euribor3m nr.employed y ... 93.994 -36.4 4.857 5191 yes ... 93.994 -36.4 4.857 5191 yes ... 93.994 -36.4 4.857 5191 yes ... 93.994 -36.4 4.857 5191 yes ... 93.994 -36.4 4.857 5191 yes ... .

In	grouped.get_group('no')

Out	...	cons.price.idx	cons.conf.idx	euribor3m	nr.employed	y
	...	93.994	-36.4	4.857	5191	no
	...	93.994	-36.4	4.857	5191	no
	...	93.994	-36.4	4.857	5191	no
	...	93.994	-36.4	4.857	5191	no
	...	93.994	-36.4	4.857	5191	no
	...	93.994	-36.4	4.857	5191	no

[코드 7-43]의 결과로 일부만 표기되었다. 실제로는 더 세세한 표가 출력된다. [코드 7-43]처럼 코딩을 진행하여 특정 고윳값이 있는 데이터프레임만 별도로 추출할 수 있다. 이를 토대로 [코드 7-44]처럼 groupby 함수를 이용하여 직업별 고객 현황을 파악해보자.

코드 7-44 job 칼럼의 직업별 고객 수 출력하기

```
In    grouped = df.groupby('job')
      grouped.size()
Out   job
      admin.          10422
      blue-collar      9254
      entrepreneur     1456
      housemaid        1060
      management       2924
      retired          1720
      self-employed    1421
      services         3969
      student           875
      technician       6743
      unemployed       1014
      unknown           330
      dtype: int64
```

데이터프레임의 job 칼럼을 groupby 함수에 전달하고 이를 grouped 변수에 할당한다. 그리고 size 함수를 사용하여 직업별 고객의 수를 출력한다.

이제 직업별 고객 비율을 알아보자.

코드 7-45 job 칼럼의 직업별 고객 비율 출력하기

```
In    grouped.size() / grouped.size().sum()
```

```
Out   job
      admin.          0.253035
      blue-collar     0.224677
      entrepreneur    0.035350
      housemaid       0.025736
      management      0.070992
      retired         0.041760
      self-employed   0.034500
      services        0.096363
      student         0.021244
      technician      0.163713
      unemployed      0.024619
      unknown         0.008012
      dtype: float64
```

직업별 고객 수를 전체 고객 수로 나누면 직업별로 전체 고객 대비 상대적인 비율이 나온다.

코드 7-46 job 칼럼의 직업별 고객 비율 결과 시각화하기

```
In    grouped.size().sort_values().plot(kind='barh')
      plt.show()
```

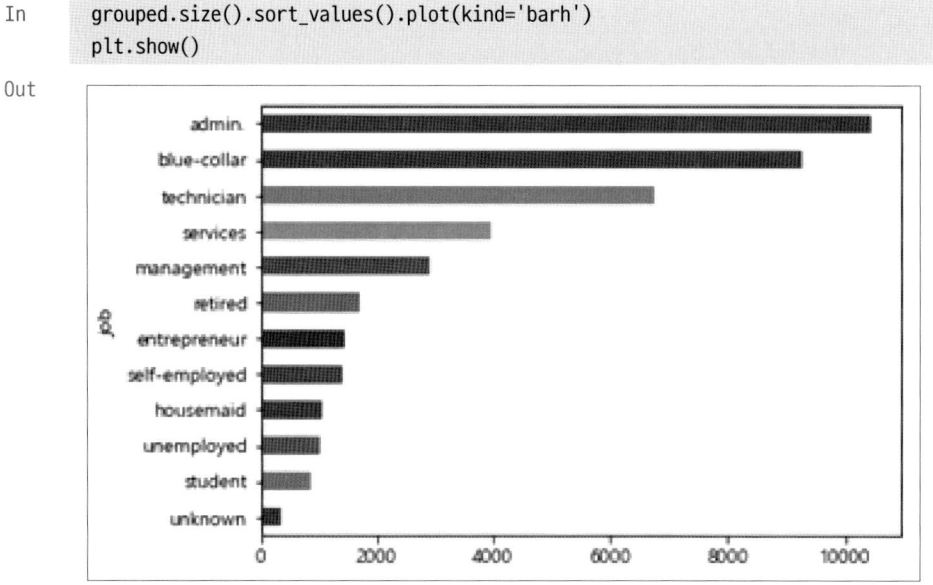

이 데이터를 바탕으로 시각화를 진행할 수 있다. 값은 알파벳순이므로 **sort_values** 함수를 사용해서 크기순으로 정렬해서 그래프를 그렸다.

7.3.3 요일별 가입자 및 비가입자 수 통계

groupby의 get_group 함수와 집계 함수를 함께 사용하여 요일별 가입자 수와 비가입자 수의 비율을 출력해보자.

먼저 [코드 7-47]을 보자.

코드 7-47 가입자 및 비가입자 추출하기

```
grouped = df.groupby('y')

df_y_group = grouped.get_group('yes')    # 가입 고객을 df_y_group으로 추출
df_n_group = grouped.get_group('no')     # 비가입 고객을 df_n_group으로 추출

df_y_day = df_y_group.groupby('day_of_week')    # 가입 고객 그룹의 day_of_week 칼럼 그룹화
df_n_day = df_n_group.groupby('day_of_week')    # 비가입 고객 그룹의 day_of_week 칼럼 그룹화
```

가입 고객과 비가입 고객을 추출하고 그룹화했다.

코드 7-48 요일별 가입자 수 추출하기

```
In   df_y_day.size()

Out  day_of_week
     fri      846
     mon      847
     thu     1045
     tue      953
     wed      949
     dtype: int64

In   df_n_day.size()

Out  day_of_week
     fri     6981
     mon     7667
     thu     7578
     tue     7137
     wed     7185
     dtype: int64
```

[코드 7-48]은 요일별 가입자 수(df_y_day)와 요일별 비가입자 수(df_n_day)를 알아보기 위해 코드를 작성해 출력했다.

코드 7-49 요일별 비율 산출하기

```
In    df_y_day.size() / df_y_day.size().sum()
Out   day_of_week
      fri    0.182328
      mon    0.182543
      thu    0.225216
      tue    0.205388
      wed    0.204526
      dtype: float64

In    df_n_day.size() / df_n_day.size().sum()
Out   day_of_week
      fri    0.191009
      mon    0.209779
      thu    0.207344
      tue    0.195277
      wed    0.196591
      dtype: float64
```

[코드 7-48]의 데이터에 전체 요일 데이터의 합을 각각 나누면 요일별 비율이 나온다. 위 코드는 요일별 가입자 비율이고, 아래 코드는 요일별 비가입자 비율이다.

하지만 데이터가 요일순으로 정렬되지 않았다. 요일순으로 정렬해보자.

코드 7-50 요일순으로 정렬하기

```
df_y_ratio = df_y_day.size() / df_y_day.size().sum()
df_n_ratio = df_n_day.size() / df_n_day.size().sum()

df_y_ratio = df_y_ratio.reindex(['mon','tue','wed','thu','fri'])
df_n_ratio = df_n_ratio.reindex(['mon','tue','wed','thu','fri'])
```

가입자와 비가입자 비율을 다룰 새로운 ratio를 각각 만들고 ratio 데이터프레임을 요일순으로 재인덱싱한다.

코드 7-51 데이터를 시각화하기

```
In    df_y_ratio.plot(kind='bar')
      plt.title('yes - day of week')
      plt.xticks(rotation=0)
      plt.show()
```

Out

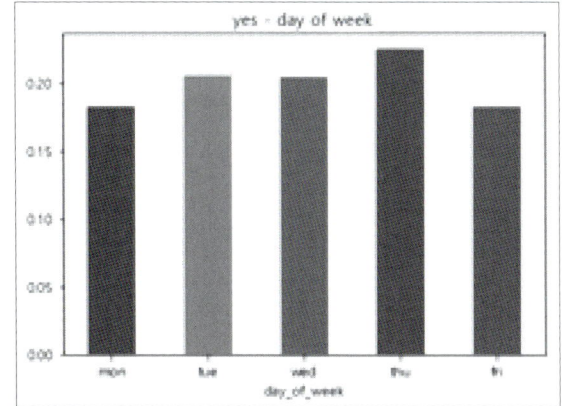

In
```
df_n_ratio.plot(kind='bar')
plt.title('no - day of week')
plt.xticks(rotation=0)
plt.show()
```

Out

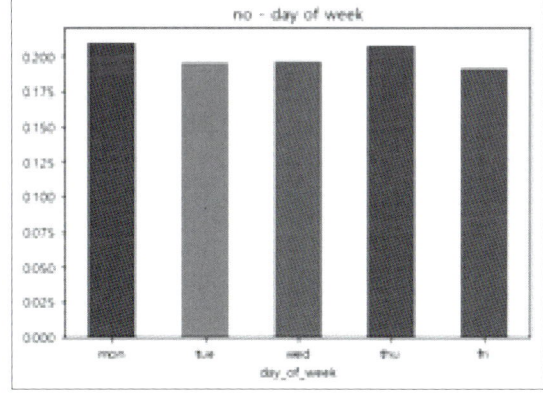

데이터를 세로형 막대그래프로 시각화했다. 위 코드는 요일별 가입자 그래프이며, 아래 코드는 비가입자 그래프이다.

7.3.4 가입 여부에 따른 평균 컨택 횟수 비교

이번 코딩에 사용되는 칼럼은 적으니 어떤 칼럼이 스스로 생각해보자. 가입 여부를 알려주는 칼럼과 컨택 횟수를 알려주는 campaign 칼럼만 있으면 된다.

코드 7-52 가입 여부를 알려주는 칼럼 불러오기

```
grouped = df.groupby('y')
```

이제 가입 여부를 알려주는 Y 칼럼을 불러온다.

각 데이터프레임에 칼럼명 인덱싱으로 campaign 칼럼을 선택한다. 선택된 칼럼은 시리즈 자료 구조가 되어 시리즈의 집계 함수 mean을 사용하여 평균 값을 추출할 수 있다.

코드 7-53 가입 고객의 컨택 횟수 평균

```
In    df_y_group = grouped.get_group('yes')
      df_y_group['campaign'].mean()
Out   2.0517241379310347
```

가입 고객의 데이터 프레임을 추출했다.

코드 7-54 비가입 고객의 컨택 횟수 평균

```
In    df_n_group = grouped.get_group('no')
      df_n_group['campaign'].mean()
Out   2.6330852577432418
```

비가입 고객만 있는 데이터프레임을 추출했다. 결과를 보면 가입할 사람일수록 광고에 적게 노출된다고 볼 수 있다. 즉 광고를 몇 번 보지 않고 가입을 결정한다.

7.3.5 연령대별 고객 통계

고객을 연령대별로 구분하는 것은 마케팅 활동에서 중요하게 사용되는 분석 중 하나다. 파이썬을 사용하여 고객에 대한 연령대별 통계를 추출해보자. 먼저 연령대를 구별하는 코딩이 필요하며 이러한 작업은 판다스의 cut 함수를 사용하여 진행할 수 있다.

1 판다스의 cut 함수

cut 함수는 분할하길 원하는 데이터 x와 분할하는 방법을 선택하는 bins으로 구성된다.

코드 7-55 cut 함수 기본 코드 형태

```
pandas.cut(x,bins)
```

bins는 두 가지 방법으로 사용될 수 있다. 먼저 '정수형 숫자를 전달하는 경우'이다.

코드 7-56 시리즈 데이터 만들기

In
```
data = Series(list(range(0,10)))
data
```

Out
```
0    0
1    1
2    2
3    3
4    4
5    5
6    6
7    7
8    8
9    9
dtype: int64
```

우선 시리즈 데이터를 만들었다.

코드 7-57 시리즈 데이터 5등분하기

In
```
pd.cut(data,5)
```

Out
```
0    (-0.009, 1.8]
1    (-0.009, 1.8]
2    (1.8, 3.6]
3    (1.8, 3.6]
4    (3.6, 5.4]
5    (3.6, 5.4]
6    (5.4, 7.2]
7    (5.4, 7.2]
8    (7.2, 9.0]
9    (7.2, 9.0]
dtype: category
Categories (5, interval[float64]): [(-0.009, 1.8] < (1.8, 3.6] < (3.6, 5.4]
< (5.4, 7.2] < (7.2, 9.0]]
```

0에서 9까지의 시리즈가 만들어졌다. 5등분하면 구간은 1.8이다. 그런데 결과가 약간 이상하게 출력된다. 0이 아니라 −0.009부터 시작한다. 괄호 모양에 주목해보자. 왼쪽은 소괄호 '('이고 오른쪽은 대괄호 ']'이다. 이는 0행의 구간은 −0.009 초과 1.8 이하임을 뜻한다. 0을 포함하기 위해 판다스가 −0.009로 표기했다고 해석된다. 1.8씩 균등해서 5개의 구간을 만들었다.

이제 5개의 구간 값을 카운트해보자.

코드 7-58 구간 값 카운트하기

```
In   pd.cut(data,5).value_counts()
Out  (7.2, 9.0]      2
     (5.4, 7.2]      2
     (3.6, 5.4]      2
     (1.8, 3.6]      2
     (-0.009, 1.8]   2
     dtype: int64
```

value_counts 함수를 함께 사용하면 그룹별 데이터의 수를 파악할 수 있다. 각 구간 값을 카운트해보면 두 개씩 있다는 것을 알 수 있다.

그룹명을 설정해보겠다.

코드 7-59 그룹명 설정하기

```
In   pd.cut(data,5,labels = ['1구간','2구간','3구간','4구간','5구간'])
Out  0    1구간
     1    1구간
     2    2구간
     3    2구간
     4    3구간
     5    3구간
     6    4구간
     7    4구간
     8    5구간
     9    5구간
     dtype: category
     Categories (5, object): [1구간 < 2구간 < 3구간 < 4구간 < 5구간]
```

labels 매개변수를 사용하여 각 그룹의 이름을 직접 설정했다.

참고로 판다스의 qcut 함수는 전체 데이터를 같은 개수의 구간으로 분류한다. cut 함수와 qcut 함수의 출력 결과를 비교해보자.

코드 7-60 cut와 qcut 함수 비교하기

```
In    data2 = [1,2,100]
      data2 = Series(data2)
      pd.cut(data2,3).value_counts()

Out   (0.901, 34.0]      2
      (67.0, 100.0]      1
      (34.0, 67.0]       0
      dtype: int64

In    pd.qcut(data2,3).value_counts()

Out   (34.667, 100.0]    1
      (1.667, 34.667]    1
      (0.999, 1.667]     1
      dtype: int64
```

cut의 각 구간은 33이지만 qcut의 구간은 0.6, 33, 66으로 크기가 가변적이다. 그런데 cut의 정렬 기준이 구간이 아니라 값의 개수를 기준으로 정렬했기에 헷갈릴 수 있다. 그럴 때는 다음의 두 번째 방법을 사용한다.

'cut 함수에 구간의 범위를 전달하는 경우'이다. 0부터 9까지의 숫자를 사용자가 임의로 지정한 0-2, 2-4, 4-6, 6-8, 8-10의 각 범위에 2개씩 총 5구간으로 그룹화하고자 한다. 앞서 [코드 7-55]에서 시리즈 데이터를 만들었으니 생략한다.

코드 7-61 리스트에 구간을 적용하기

```
In    bins = [0,2,4,6,8,10]
      pd.cut(data,bins)

Out   0         NaN
      1      (0, 2]
      2      (0, 2]
      3      (2, 4]
      4      (2, 4]
      5      (4, 6]
      6      (4, 6]
      7      (6, 8]
      8      (6, 8]
      9     (8, 10]
      dtype: category
      Categories (5, interval[int64]): [(0, 2] < (2, 4] < (4, 6] < (6, 8] < (8, 10]]
```

bins를 리스트로 만들어보고 cut 함수를 실행시켰다. 실행 결과를 보면 구간은 (0, 2] 〈 (2, 4] 〈 (4, 6] 〈 (6, 8] 〈 (8, 10]로 표기되었는데, 괄호에 있는 숫자는 미포함, 대괄호 숫자는 포함하여 그룹화한다는 의미이다. 기본적으로 판다스는 구간 왼쪽의 숫자는 미포함, 오른쪽의 숫자는 포함하여 그룹화한다. 따라서 숫자 0은 어느 그룹에도 포함되지 않는다. 그래서 0행의 구간은 NaN이 된 것이다.

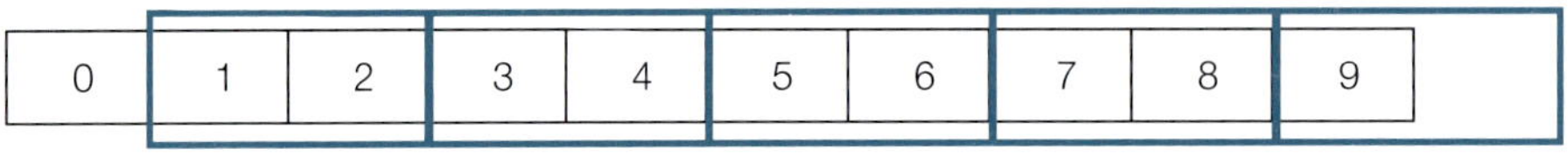

그림 7-6 데이터와 구간의 도식화

예시에서 사용된 데이터와 구간을 도식화하면 [그림 7-6]과 같다.

코드 7-62 괄호와 대괄호 위치 바꾸기

```
In    pd.cut(data,bins,right=False)
Out   0     [0, 2)
      1     [0, 2)
      2     [2, 4)
      3     [2, 4)
      4     [4, 6)
      5     [4, 6)
      6     [6, 8)
      7     [6, 8)
      8     [8, 10)
      9     [8, 10)
      dtype: category
      Categories (5, interval[int64]): [[0, 2) < [2, 4) < [4, 6) < [6, 8) < [8, 10)]
```

right=False 매개변수를 전달하여 포함 관계를 정의하는 괄호와 대괄호의 위치를 바꿀 수 있다. 괄호 모양이 바뀌면서 행의 구간 값이 변했음을 알 수 있다. 이를 통해 전체 데이터를 구간별로 그룹화하였다.

지금까지의 내용을 토대로 cut 함수를 사용하여 연령대별 고객 통계를 작성해보자. 다음의 코드를 보자.

코드 7-63 연령대 구간 범위 설정하기

```
In    bins = list(range(10,101,10))
      bins
Out   [10, 20, 30, 40, 50, 60, 70, 80, 90, 100]
```

10살에 100살까지 10살 단위로 연령대별 구간의 범위를 설정했다.

cut 함수에 age 칼럼과 구간을 함께 전달하여 연령별 그룹을 출력한다. 그런데 판다스는 옵션이 없으면 디폴트로 40살은 30대로 분류한다. 이를 막기 위해서는 right 매개변수에 False를 전달해야 한다.

코드 7-64 right = False 매개변수를 전달하기

```
In    pd.cut(df['age'],bins,right=False)
Out   0        [50, 60)
      1        [50, 60)
      2        [30, 40)
      3        [40, 50)
      4        [50, 60)
                 ...
      41183    [70, 80)
      41184    [40, 50)
      41185    [50, 60)
      41186    [40, 50)
      41187    [70, 80)
      Name: age, Length: 41188, dtype: category
      Categories (9, interval[int64]): [[10, 20) < [20, 30) < [30, 40) < [40, 50)
      ... [60, 70) < [70, 80) < [80, 90) < [90, 100)]
```

구간이 [30,40)으로 설정되었다. 30살 이상 40세 미만이 30대로 분류되도록 코딩되었다.

코드 7-65 연령대별 그룹 이름 설정하기

```
In    ages = ['10s','20s','30s','40s','50s','60s','70s','80s','90s']
      pd.cut(df['age'],bins,right=False,labels=ages)
Out   0        50s
      1        50s
      2        30s
                 ...
      41185    50s
      41186    40s
      41187    70s
```

```
Name: age, Length: 41188, dtype: category
Categories (9, object): [10s < 20s < 30s < 40s ... 60s < 70s < 80s < 90s]
```

이제 연령대 그룹 이름을 바꿨다. ages 리스트를 만들어 labels 매개변수에 전달해서 그룹 이름을 연령대별로 설정할 수 있다.

코드 7-66 연령대별 숫자 세기

In
```
pd.cut(df['age'],bins,right=False,labels=ages).value_counts()
```

Out
```
30s    16938
40s    10526
50s     6862
20s     5594
60s      724
70s      319
80s      140
10s       75
90s       10
Name: age, dtype: int64
```

연령대별로 얼만큼인지 숫자를 세어봤다. 숫자가 많은 수로 정렬되었다.

코드 7-67 연령순으로 도식화하기

In
```
pd.cut(df['age'],bins,right=False,labels=ages).value_counts().sort_index().
plot(kind='bar')
plt.show()
```

Out
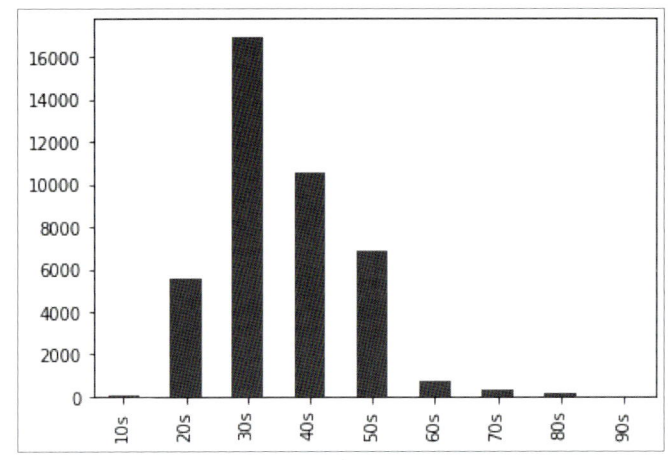

그래프를 그릴 때 연령순으로 배치하는 것이 이해하기 편할 것이다. sort_index() 함수를 사용한 후 그래프로 도식화했다.

7.3.6 같은 상품을 새로운 고객에게 마케팅하기

대부분 광고 매체는 타깃팅이 가능하다. 기본적으로 나이 타깃팅 기능이 제공되며 매체에 따라 직업 타깃팅도 할 수 있다. 따라서 기존 데이터를 바탕으로 연령과 직업에 따른 구매 전환을 체크해볼 수 있고, 앞으로의 광고 운영 계획에 반영할 수 있다. 연령과 상품 가입 여부, 직업을 함께 고려할 때 마케팅 전략을 변화시켜야 할 그룹을 찾아보겠다.

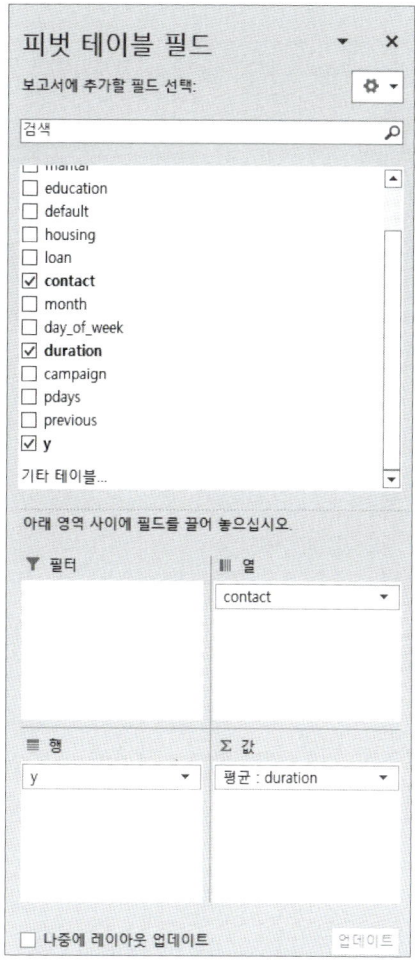

그림 7-7 현업에서 사용하는 엑셀의 피벗 테이블

엑셀의 피벗 테이블 기능은 필드를 행과 열에 재배치하여 데이터를 분석할 수 있는 도구다. 피벗 테이블은 마케터가 현업에서 자주 사용하는 기능 중 하나이다. 판다스에서 제공하는 pivot_table 함수를 사용하여 엑셀에서 피벗테이블을 이용하는 것과 동일하게 데이터를 다룰 수 있다.

현업에서 사용하는 엑셀의 피벗 테이블은 보통 다음의 과정을 따른다. 먼저 값, 행, 열 영역에 사용할 칼럼을 드래그&드롭한다. 값 영역을 클릭하여 값 필드 설정에 들어가서 데이터를 요약할 집계 함수를 선택하여 데이터를 출력한다.

판다스가 제공하는 pivot_table 함수는 엑셀에서 사용했던 피벗 테이블 기능을 동일하게 제공한다.

코드 7-68 pivot_table 함수 기본 코드 형태

```
pd.pivot_table(데이터프레임, values='값', index='행', columns='열', aggfunc='집계함수명')
```

코드의 형태도 엑셀에서 피벗 테이블을 만들기 위한 형태와 비슷하며 [코드 7-69]처럼 코딩하여 사용할 수 있다.

pivot_table 함수에 데이터프레임 변수를 전달하고 값, 행, 열의 위치에 대입할 칼럼을 전달한 뒤 집계 함수에 sum, min, max, mean, median, count, size, std, var와 같은 집계 함수를 전달하면 된다.

코드 7-69 데이터 불러오기

```
import matplotlib.pyplot as plt
import pandas as pd
from pandas import DataFrame
from pandas import Series

df = pd.read_csv('./bank-additional-full.csv',sep=';')
```

이번에 사용되는 데이터는 대용량 데이터다. 혹시 프로그램을 종료했다가 다시 이 책을 읽고 있다면 [코드 7-69]를 실행해 다시 bank-additional-full.csv 파일을 불러오자.

코드 7-70 피벗 테이블 만들기

In
```
pd.pivot_table(df,values='duration',index='y',columns='contact',aggfunc='mean')
```

Out

contact y	cellular	telephone
no	219.805661	222.469524
yes	516.476512	732.939009

기본 코드를 참고하여 피벗 테이블을 만들었다.

코드 7-71 매개변수 없이 피벗 테이블 만들기

In `pd.pivot_table(df,'duration','y','contact','mean')`

Out

contact y	cellular	telephone
no	219.805661	222.469524
yes	516.476512	732.939009

매개변수 없이 사용할 수도 있다. 즉 매개변수 values, index, columns을 작성할 필요 없이 순서대로 전달인자를 입력하여 `pivot_table` 함수를 사용할 수 있다.

코드 7-72 멀티 인덱스(행) 설정하기

In `pd.pivot_table(df,'duration',['y','poutcome'],'contact',aggfunc='mean')`

Out

y	contact poutcome	cellular	telephone
no	failure	212.936409	196.868421
	nonexistent	220.530431	222.936219
	success	242.067873	230.513514
yes	failure	467.41331	464.058824
	nonexistent	581.610024	773.995633
	success	357.270531	444.090909

멀티 인덱스(행)를 갖게 할 수도 있다. 함수의 index 매개변수에 리스트로 칼럼명을 전달하여 계층 구조를 갖는 인덱스를 설정할 수 있다.

코드 7-73 멀티 인덱스(열) 설정하기

In `pd.pivot_table(df,'duration',['y','poutcome'],['job','contact'],aggfunc='mean')`

Out		job	admin.		blue-collar		entrepreneur		...
		contact	cellular	telephone	cellular	telephone	cellular	telephone	...
y	poutcome								
no	failure		213.043023	212.939394	215.210458	174.431373	202.717557	158.416667	...
	nonexistent		215.507037	214.493395	233.208344	228.932044	235.242765	221.660036	...
	success		231.548872	156.888889	307.145455	394.6	233.076923	157	...
yes	failure		443.980263	470.615385	599.382353	658	611.636364	NaN	...
	nonexistent		553.533153	696.462963	723.891176	918.491124	652.289855	793.666667	...
	success		357.891791	452.111111	388.156863	528.5	382.111111	704.5	...

멀티 인덱스(열)도 가능하다. columns에 리스트로 칼럼명을 전달하여 계층 구조를 갖는 인덱스를 설정한다. 결과가 모두 표기되지는 않았지만 실제로는 unknown cellular와 telephone 칼럼까지 출력된다. 그런데 출력 결과를 보면 yes 그룹의 entrepreneur telephone 칼럼에 결측값이 생겼다.

코드 7-74 결측값 수정하기

In
```
pd.pivot_table(df,'duration',['y','poutcome'],['job','contact'],aggfunc='mean',fill_value = 0)
```

Out		job	admin.		blue-collar		entrepreneur		...
		contact	cellular	telephone	cellular	telephone	cellular	telephone	...
y	poutcome								
no	failure		213.043023	212.939394	215.210458	174.431373	202.717557	158.416667	...
	nonexistent		215.507037	214.493395	233.208344	228.932044	235.242765	221.660036	...
	success		231.548872	156.888889	307.145455	394.6	233.076923	157	...
yes	failure		443.980263	470.615385	599.382353	658	611.636364	0.000000	...
	nonexistent		553.533153	696.462963	723.891176	918.491124	652.289855	793.666667	...
	success		357.891791	452.111111	388.156863	528.5	382.111111	704.5	...

6 rows × 24 columns

분석할 때 오류가 날 수 있으니 0으로 처리했다. 역시 결과가 모두 표기되지는 않았지만 실제로는 unknown cellular와 telephone 칼럼까지 출력된다.

이제 본격적으로 pivot_table 함수를 사용한 데이터 분석 과정을 진행해보자. 직업과 연령에 따른 상품 가입 여부를 다룰 것이다.

코드 7-75 pivot_table 함수로 pt 변수에 할당하기

In
```
pt = pd.pivot_table(df,values='age',index='y',columns='job',aggfunc='mean')
pt
```

Out

job	admin.	blue-collar	entrepreneur	housemaid	management	retired	self-employed
y							
no	38.219846	39.582057	41.703453	44.705451	42.309707	59.926128	40.176887
yes	37.968935	39.200627	41.935484	52.650943	42.783537	68.253456	38.006711

pivot_table 함수를 사용하여 pt 변수에 할당한다. 결과가 모두 표기되지는 않았지만 실제로는 unknown 칼럼까지 출력된다.

코드 7-76 yes행과 no행의 차이 계산하기

In
```
pt.loc['yes'] - pt.loc['no']
```

Out
```
job
admin.          -0.250911
blue-collar     -0.381430
entrepreneur     0.232030
housemaid        7.945493
management       0.473829
retired          8.327329
self-employed   -2.170175
services        -2.012836
student         -1.596667
technician      -0.853458
unemployed      -0.782328
unknown          1.678627
dtype: float64
```

loc 인덱서를 사용하여 yes행과 no행의 차를 계산했다.

코드 7-77 diff행에 할당하기

In
```
pt.loc['diff'] = pt.loc['yes'] - pt.loc['no']
pt
```

Out

job	admin.	blue-collar	entrepreneur	housemaid	management	retired	self-employed
y							
no	38.219846	39.582057	41.703453	44.705451	42.309707	59.926128	40.176887
yes	37.968935	39.200627	41.935484	52.650943	42.783537	68.253456	38.006711
diff	-0.250911	-0.38143	0.23203	7.945493	0.473829	8.327329	-2.170175

[코드 7-76]의 출력 결과를 loc 인덱서를 사용하여 diff행에 할당한다. 역시 결과가 모두 표기되지는 않았지만 실제로는 unknown 칼럼까지 출력된다.

코드 7-78 통화시간 내림차순 정렬

In
```
pt = pt.sort_values('diff',axis=1,ascending=False)
pt
```

Out

job y	retired	housemaid	unknown	management	entrepreneur	admin.
no	59.926128	44.705451	45.375427	42.309707	41.703453	38.219846
yes	68.253456	52.650943	47.054054	42.783537	41.935484	37.968935
diff	8.327329	7.945493	1.678627	0.473829	0.23203	-0.250911

sort_values 함수를 사용하여 행 기준으로 내림차순 정렬한다. 기본적으로 열 기준이지만 axis 매개변수에 1을 전달하여 행 기준으로 정렬했다. 결과가 모두 표기되지는 않았지만 실제로는 self-employed 칼럼까지 출력된다.

코드 7-79 그래프로 그리기

In
```
loc['diff'].plot(kind='bar',figsize=[15,8])
plt.title('Result',fontsize=20)
plt.xticks(fontsize=12,rotation=45)
plt.yticks(fontsize=12)
plt.xlabel('job',fontsize=15)
plt.ylabel('diff',fontsize=15)
plt.show()
```

Out
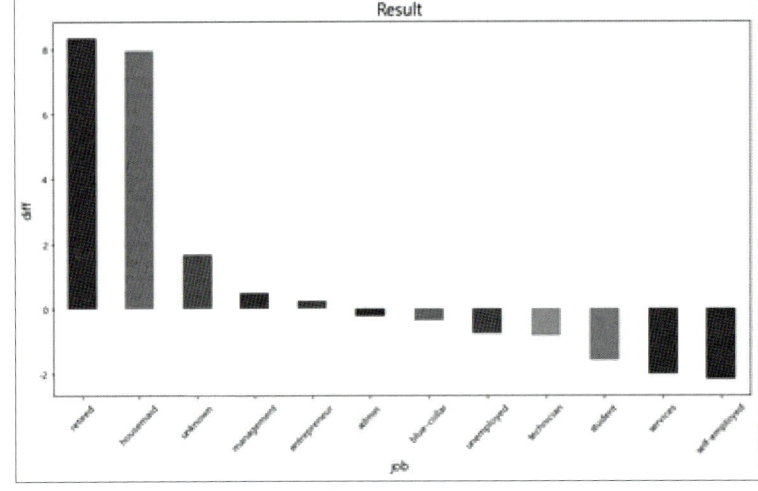

그래프가 더 쉽고 직관적으로 분석할 수 있다. 연령 차이 ['diff']를 세로형 막대그래프로 만들었다.

그래프를 보면 은퇴자retired와 가사도우미housemaid의 경우 가입한 고객과 가입하지 않은 고객의 연령이 큰 차이를 보인다. 다른 고객은 가입한 고객과 가입하지 않은 고객의 연령이 크게 차이를 보이지 않는다. 따라서 이 상품을 마케팅할 때 은퇴자와 가사도우미의 경우 타깃 고객의 나이를 높여서 마케팅 캠페인을 진행하는 것이 마케팅 캠페인의 성과를 증진할 수 있는 것으로 분석할 수 있다.

Chapter 08

네이버 오픈API 사용하기

8.1 네이버 오픈API란?

매일 네이버에서 자사나 클라이언트 뉴스, 블로그 현황을 서칭 및 보고서로 작성하는 업무를 담당하는 마케터가 많다. 네이버에서 제공하는 오픈API(Open Application Programming Interface)를 사용하여 뉴스, 블로그 검색 결과를 파이썬으로 어떻게 자동화할 수 있는지 살펴보자.

네이버 개발자센터(developers.naver.com)에서는 다음과 같이 오픈API를 정의한다.

> API 중에서 플랫폼의 기능 또는 콘텐츠를 외부에서 웹 프로토콜(HTTP)로 호출해 사용할 수 있게 개방(open)한 API를 의미합니다. 네이버 개발자센터에서 제공하고 있는 지도, 검색을 비롯 기계 번역, 캡차, 단축 URL 등 대부분 API는 HTTP로 호출할 수 있는 오픈 API에 해당합니다.

지금까지 인터넷 익스플로러, 크롬과 같은 브라우저로 네이버에 접속한 후 네이버에서 제공하는 여러 기능과 콘텐츠를 이용했지만 파이썬으로 네이버 오픈API를 프로토콜에 따라 호출하면 브라우저로 일일이 접속하지 않아도 된다. 파이썬으로 코딩해놓으면 블로그, 뉴스 정보를 불러올 수 있고 보고서 작성까지 자동화할 수 있다.

8.1.1 HTTP의 작동 방식

인터넷에서 프로토콜이란 클라이언트와 서버가 데이터를 송수신하기 위해 만들어 놓은 규약이다. 가장 잘 알려진 규약은 HTTP(HyperText Transfer Protocol)로 오늘날 웹의 기반이 되는 규약이다. 인터넷망은 반드시 HTTP만 사용하는 것이 아니다. 동영상, 메일, SNS 등 다양한 서비스가 여러 프로토콜에 의해 작동된다. 네이버 오픈API도 프로토콜에 따라 작동한다. 네이버 오픈API가 작동하는 방식을 이해하기 위해 프로토콜에 대해 간략히 소개한다. [그림 8-1]은 프로토콜 작동 방식을 나타내고 있다.

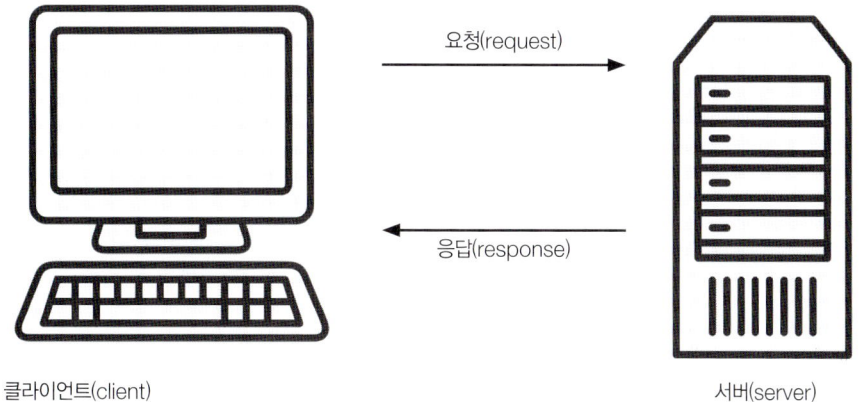

그림 8-1 프로토콜 작동 방식

프로토콜에는 클라이언트와 서버라는 개념이 등장한다. 클라이언트client란 서비스를 요청request하는 측(서비스를 요청하는 사람, 컴퓨터 혹은 인터넷 브라우저 등 서비스를 요청하는 행위에 대하여 포괄적인 의미로 사용)이며, 서버server란 클라이언트의 요청에 응답response하여 서비스를 제공하는 컴퓨터이다.

요청 방식(메서드)에는 GET(정보 조회), POST(정보 제출), PUT(정보 수정), DELETE(정보 삭제)와 같은 방식이 있다. 블로그, 뉴스 데이터를 가져오는 데 사용되는 네이버 오픈API는 GET 방식이다. 따라서 네이버 오픈API를 이용할 때 프로토콜의 규칙에 따라 코딩을 진행한다. 블로그, 뉴스 데이터를 GET 방식으로 요청하는 코드를 작성하여 네이버 오픈API 서버에 보내면 서버가 응답하여 되돌려준 데이터를 받을 수 있다.

8.1.2 네이버 오픈API 사용을 위한 사용자 등록 과정

네이버 오픈API에서 제공하는 검색 기능을 이용하기 위해 네이버 개발자센터에서 API 이용을 신청하고, API 이용 시 아이디와 비밀번호 역할을 하는 클라이언트 아이디Client ID와 클라이언트 시크릿Client Secret을 발급받아야 한다.

먼저 네이버에 로그인하자. 그리고 네이버 검색창에 '네이버 오픈API'를 입력한 후 네이버 개발자센터에 접속한다. 혹은 주소창에 직접 developers.naver.com을 입력하여 접속할 수 있다.

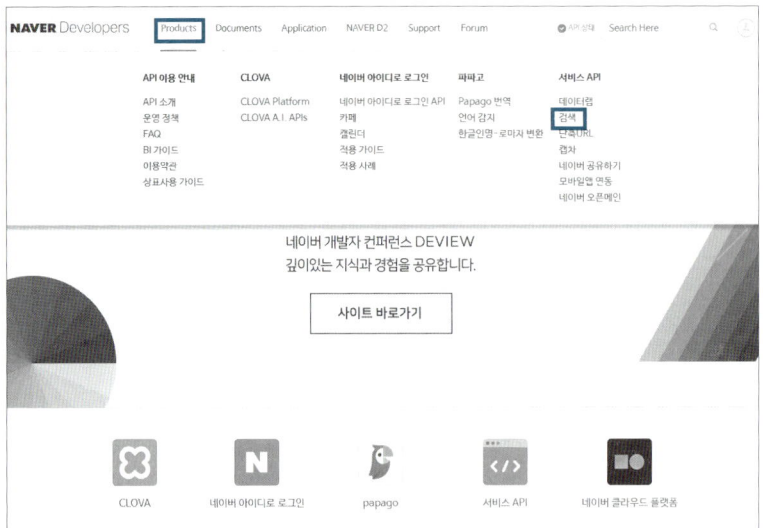

그림 8-2 네이버 오픈API 사용자 등록하기 ①

상단 메뉴에서 'Products'를 선택하면 나오는 하위 메뉴에서 '서비스 API 〉 검색'을 클릭해 다음 단계로 이동한다.

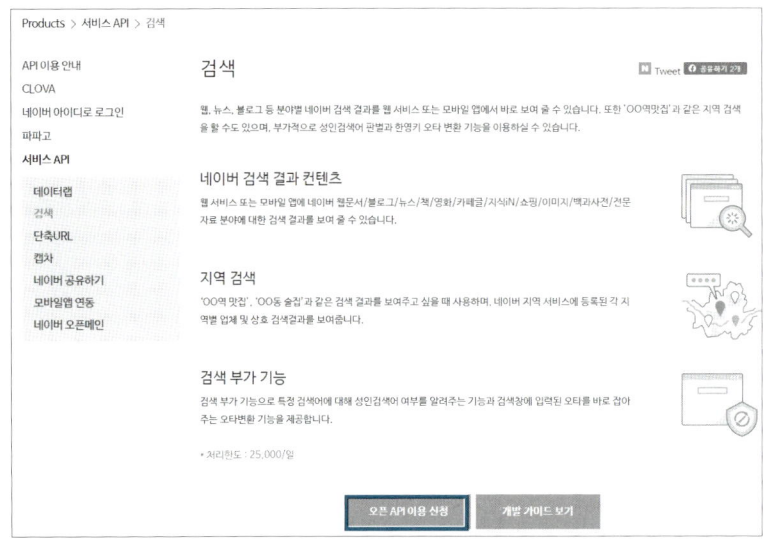

그림 8-3 네이버 오픈API 사용자 등록하기 ②

하단의 [오픈 API 이용 신청]을 클릭한다.

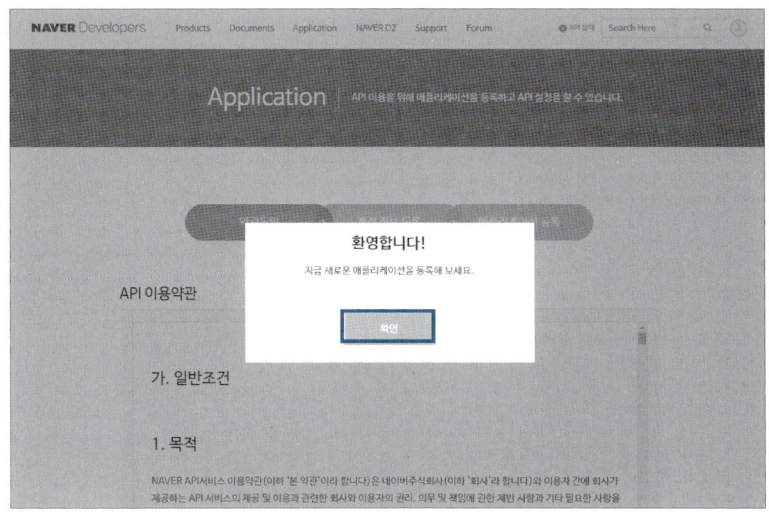

그림 8-4 네이버 오픈API 사용자 등록하기 ③

네이버 오픈API를 처음 이용한다면 '환영합니다! 지금 새로운 애플리케이션을 등록해 보세요.' 라는 메시지가 나타난다. [확인]을 눌러 진행하자.

그림 8-5 네이버 오픈API 사용자 등록하기 ④

이용 약관에 동의한 후 [확인]을 클릭해 계속 진행한다.

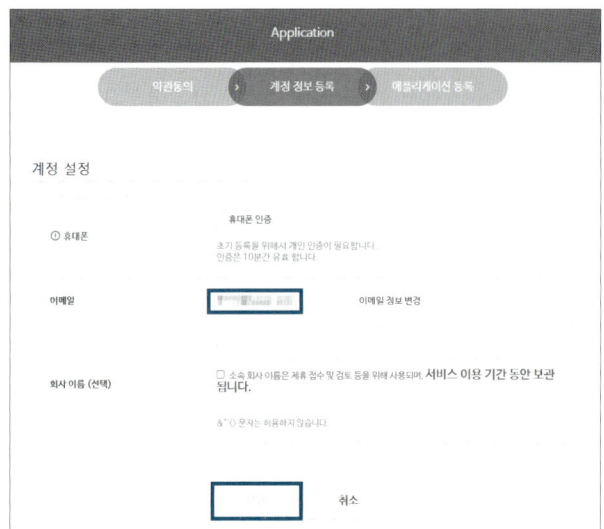

그림 8-6 네이버 오픈API 사용자 등록하기 ⑤

화면의 안내에 따라 휴대폰 인증 등의 계정 정보 등록을 진행한 후 [확인]을 클릭한다.

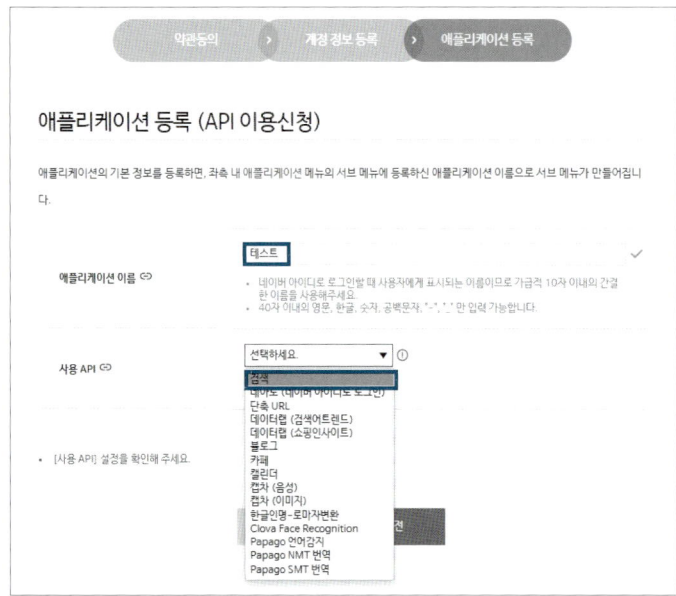

그림 8-7 네이버 오픈API 사용자 등록하기 ⑥

'애플리케이션 이름'에 원하는 이름을 입력하자. 이름은 무엇을 입력해도 상관없다. '사용API'에서는 '검색'을 선택한다.

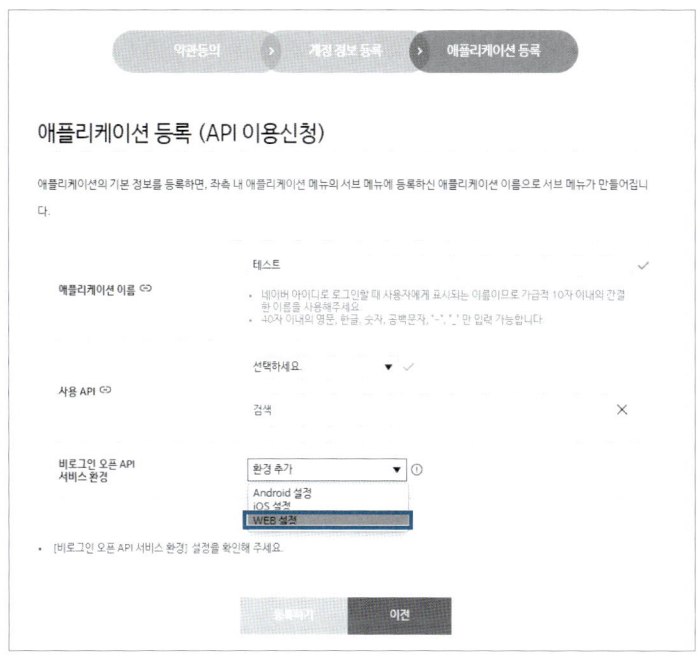

그림 8-8 네이버 오픈API 사용자 등록하기 ⑦

'비로그인 오픈 API 서비스 환경'에서는 'WEB 설정'을 선택한다.

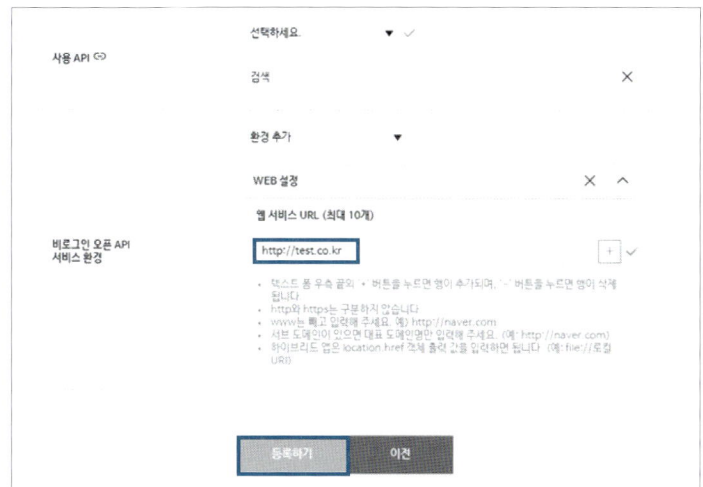

그림 8-9 네이버 오픈API 사용자 등록하기 ⑧

운영하는 웹사이트 주소를 입력한다. 최대 10개까지 입력할 수 있다. 하지만 운영 중인 웹사이트 주소를 입력하지 않아도 된다. 예시처럼 'http://test.co.kr' 혹은 'https://sample.com'처럼 인터넷 주소 형식을 빌려 입력해도 상관없다.

모든 입력이 완료되면 [등록하기]를 누른다.

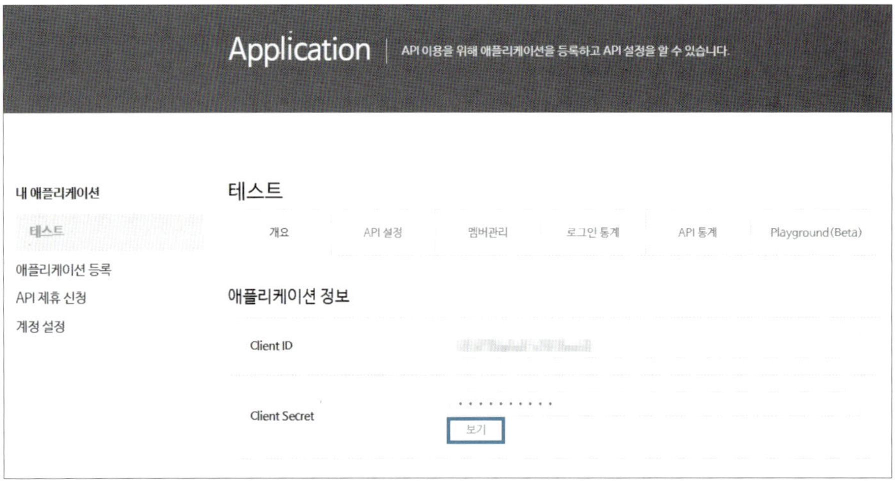

그림 8-10 네이버 오픈API 사용자 등록하기 ⑨

[보기] 버튼을 눌러 'Client Secret' 정보를 표시한 후 Client ID, Client Secret을 메모장에 따로 복사해놓자. 이때 [보기]를 한 번 누르면 [재발급]으로 바뀌는데 [재발급]을 누르면 사용해야 하는 Client Secret의 정보가 변경되므로 [재발급]은 누르지 않는 것을 권한다.

8.1.3 파이썬으로 네이버 오픈API 사용하기

본격적으로 네이버 오픈API를 사용해보자. 네이버 개발자센터에 나온 블로그 검색 API를 예로 설명하겠다. 자세한 설명은 책의 범위를 벗어나므로 코드의 전반부보다는 후반부를 유념해서 보자.

1 블로그 검색 API 살펴보기

네이버 개발자센터에서 예시로 든 블로그 검색 API의 예제를 실행해보기 앞서 블로그 검색 API는 무엇인지 간단하게 살펴보겠다.

그림 8-11 블로그 검색 API 살펴보기 ①

상단 메뉴의 'Documents'를 선택한 후 '서비스 API 〉 검색'을 클릭하자.

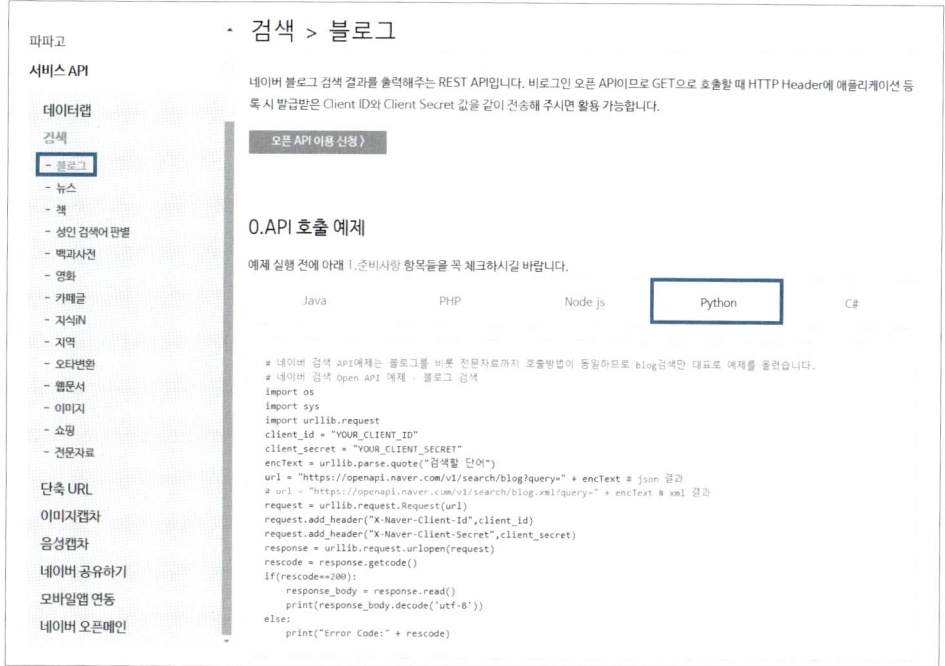

그림 8-12 블로그 검색 API 살펴보기 ②

좌측 메뉴 중 '블로그'를 선택한 후 오른쪽의 'API 호출 예제'에서 [Python]을 선택한다. 파이썬으로 코딩된 호출 예제가 출력된다.

코드 8-1 네이버 블로그 검색 오픈API 예제

```python
import os
import sys
import urllib.request
client_id = "YOUR_CLIENT_ID"
client_secret = "YOUR_CLIENT_SECRET"
encText = urllib.parse.quote("검색할 단어")
url = "https://openapi.naver.com/v1/search/blog?query=" + encText # json 결과
# url = "https://openapi.naver.com/v1/search/blog.xml?query=" + encText # xml 결과
request = urllib.request.Request(url)
request.add_header("X-Naver-Client-Id",client_id)
request.add_header("X-Naver-Client-Secret",client_secret)
response = urllib.request.urlopen(request)
rescode = response.getcode()
if(rescode == 200):
    response_body = response.read()
    print(response_body.decode('utf-8'))
else:
    print("Error Code:" + rescode)
```

화면에 출력된 샘플 예제를 모두 복사하여 주피터 노트북 셀에 붙여 넣자.

2. API 기본 정보

메서드	인증	요청 URL	출력 포맷
GET	-	https://openapi.naver.com/v1/search/blog.xml	XML
GET	-	https://openapi.naver.com/v1/search/blog.json	JSON

그림 8-13 블로그 검색 API 살펴보기 ③

화면의 하단 방향으로 스크롤하면 '2. API 기본 정보'가 있다. 여기에서는 해당 API가 어떻게 동작하는지 기본적인 정보를 알려준다.

- 'GET'이란 해당 API가 서버에 데이터를 조회하는 작업을 수행한다는 의미이다.
- 이 작업을 진행하기 위해 표기된 '요청 URL'을 사용하여 데이터를 요청해야 한다.
- 서버에서 클라이언트(요청자)의 요청에 응답하여 데이터를 전달할 때는 'XML' 혹은 'JSON' 형식으로 취한다.

3. 요청 변수

요청 변수	타입	필수 여부	기본값	설명
query	string	Y	-	검색을 원하는 문자열로서 UTF-8로 인코딩한다.
display	integer	N	10(기본값), 100(최대)	검색 결과 출력 건수 지정
start	integer	N	1(기본값), 1000(최대)	검색 시작 위치로 최대 1000까지 가능
sort	string	N	sim(기본값), date	정렬 옵션: sim (유사도순), date (날짜순)

그림 8-14 블로그 검색 API 살펴보기 ④

'요청 변수'는 서버에 요청할 때 함께 전송하는 값의 목록이다. 요청 변수를 별도로 입력하지 않았다면 해당 요청 변수는 [그림 8-13]에 표기된 것처럼 기본값으로 설정된다. 요청 변수를 입력할 때는 '요청 URL' 뒤에 ?(물음표)를 붙인 후 입력하면 되며, 요청 변수가 여러 개라면 &를 붙여 구별할 수 있다. 즉 요청URL?요청변수 = 값&요청변수 = 값 …의 형태로 요청 변수를 전달하면 된다.

2 네이버 검색 오픈API 사용하기

네이버 검색 오픈API의 예제를 하나씩 살펴보며 적용해보자.

코드 8-2 네이버 검색 오픈API 적용하기 ①

```
import os      # os, sys, urllib.request 모듈을 가져온다.
import sys
import urllib.request    # urllib.request 모듈은 URL을 여는 것과 관련된 함수가 정의되어 있다.
client_id = "*******************"    # 네이버에서 부여한 ID 입력한다.
client_secret = "**********"    # 네이버에서 부여한 비번을 입력한다.
```

urllib는 파이썬으로 URL을 다룰 수 있도록 해주는 라이브러리이며, urllib의 request 모듈은 URL을 열고 읽는 기능을 한다. 이 코드로 urllib.request 모듈과 os, sys 모듈을 불러온다. client_id에는 필자의 ID를, client_secret에는 비밀번호를 입력했다.

코드 8-3 네이버 검색 오픈API 적용하기 ③

```
encText = urllib.parse.quote("조거팬츠")    # 검색할 단어 입력
```

quote 함수에 "**조거팬츠**"를 입력했다. quote 함수는 퍼센트 인코딩(URL에 문자를 표현하는 방식)을 진행한 뒤 encText 변수에 할당한다. 기본적으로 URL에는 한글 사용이 제한된다. 그러나 대다수 네이버 사용자는 한국인이므로 검색 키워드가 한글이다. 예를 들어 네이버 검색창에 '조거팬츠'를 입력하고 검색을 해보자.

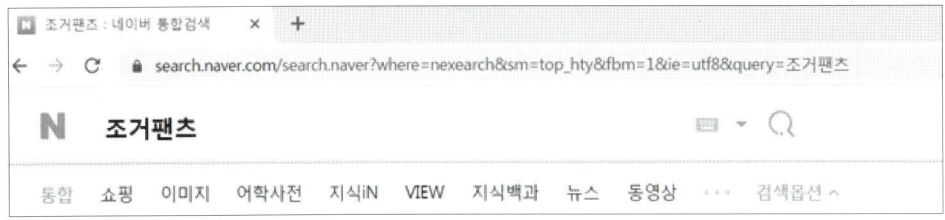

그림 8-15 검색창에 '조거팬츠' 검색하기

브라우저 주소창에는 '조거팬츠'가 입력된 것으로 나타난다. 이 주소를 복사해서 메모장에 붙여 보자.

  https://search.naver.com/search.naver?where=nexearch&sm=top_hty&fbm=1&ie=
  utf8&query=%EC%A1%B0%EA%B1%B0%ED%8C%AC%EC%B8%A0

'조거팬츠'가 알 수 없는 문자로 바뀌었다. 이 문자가 컴퓨터가 이해하는 문자다. quote 함수로 퍼센트 인코딩을 진행하면 이런 식으로 문자가 바뀌게 된다.

이제 URL과 관련된 [코드 8-4]를 보자.

코드 8-4 네이버 검색 오픈API 적용하기 ④

```
url = "https://openapi.naver.com/v1/search/blog?query=" + encText # json 결과
# url = "https://openapi.naver.com/v1/search/blog.xml?query=" + encText # xml 결과
```

요청 URL과 검색할 단어를 합쳐 서버로 전송할 전체 URL을 만든다. JSON 방식으로 전송하고 xml 방식은 주석으로 처리해 실행되지 않도록 했다.

request 함수를 사용하는 [코드 8-5]를 보자.

코드 8-5 네이버 검색 오픈API 적용하기 ⑤

```
request = urllib.request.Request(url)    # request 변수를 만든다.
request.add_header("X-Naver-Client-Id",client_id)    # 헤더 입력
request.add_header("X-Naver-Client-Secret",client_secret)    # 헤더 입력
```

request 함수를 사용하여 서버에 요청하기 위한 정보를 request 변수에 담는다. 이때 API 인증 정보가 담긴 header도 함께 보내야 하므로 add_header를 사용하여 클라이언트 아이디와 클라이언트 시크릿을 함께 입력한다.

코드 8-6 네이버 검색 오픈API 적용하기 ⑥

```
response = urllib.request.urlopen(request)    # urlopen을 사용하여 response를 받아온다.
```

urlopen 함수는 서버에 정보를 요청하고 서버가 돌려준 응답을 받는 역할을 한다. request 변수를 urlopen 함수의 전달인자로 입력하여 서버에 정보를 요청하면 서버가 이에 응답하여 전달한 정보는 response 변수에 할당된다.

코드 8-7 네이버 검색 오픈API 적용하기 ⑦

```
rescode = response.getcode()    # getcode() 함수를 사용하여 rescode에 할당
```

서버에서 응답한 정보 중 HTTP 상태코드HTTP status code를 rescode에 할당한다. HTTP 상태코드는 요청이 정상적으로 수행되었는지 여부를 알려준다.

코드 8-8 네이버 검색 오픈API 적용하기 ⑧

```
if(rescode == 200):    # 200이면 정상적으로 접속했다는 뜻
    response_body = response.read()    # 내용을 response_body에 저장
    print(response_body.decode('utf-8'))    # utf-8로 디코드
else:
    print("Error Code:" + rescode)    # 접속 오류가 발생했다면 rescode 반환
```

HTTP 상태코드가 200이면 정상적으로 요청이 진행된 경우이다. 이때 서버에서 보낸 정보를 읽고 이를 utf-8로 디코드하여 출력한다. HTTP 상태코드가 200이 아니면 오류 코드를 출력한다. 네이버 개발자센터의 'Documents 〉 API 공통 가이드 〉 오류 코드 〉 주요 오류 코드 developers.naver.com/docs/common/openapiguide/errorcode.md주요-오류-코드'에서 해당 오류 코드를 확인할 수 있다.

코드 8-9 네이버 검색 오픈API 적용한 결과

```
{
"lastBuildDate": "Wed, 07 Apr 2021 22:22:52  + 0900",
"total": 105615,
"start": 1,
"display": 10,
"items": [
{
"title": "모노비 데일리 액티브웨어로 쾌적하고 편하게! (크롭티, <b>조거팬츠</b>)",
"link": "https:\/\/blog.naver.com\/XXXX?Redirect = Log&logNo = 222295230396",
"description": "일단 통기성이 좋은 코튼 소재라 피부에 닿는 촉감도 좋고 저처럼 <b>조거
팬츠</b>뿐 아니라 레깅스와... 무조건 이렇게 발목 잡아주는 게 좋더라고요. 세트가 아닌데
이렇게 함께 입으니 상하의가 세트 같은 느낌이죠?... ",
"bloggername": "MAY.FALL MOMENT",
"bloggerlink": "https://blog.naver.com/XXXX",
"postdate": "20210405"

......

},
{
"title": "원마일웨어 꿀조합 C-TR 3.0 네파 <b>조거팬츠</b> &amp; 등산화",
"link": "https:\/\/blog.naver.com\/XXXX?Redirect = Log&logNo = 222278767102",
"description": "자켓과 <b>조거팬츠</b>, 레깅스, 등산화 등등 편안한 착용감을 베이스로 젊
고 힙한 패션성까지 가미한... 같은 팬츠는 불편할 것 같아 걱정이 많았는데, 네파 C-TR 3.0
라인을 준비했더니 카페 투어 같은 흔한 여행... ",
"bloggername": "깜썰,리준 그리고 깜리",
"bloggerlink": "https://blog.naver.com/XXXX",
"postdate": "20210317"

}
]
}
```

정상적으로 작동되면 [코드 8-9]와 같은 결과물을 출력한다. 여기서는 중간을 생략했지만 실제 결과는 아이템이 10개일 것이다.

8.1.4 네이버 오픈API로 일일 보고서 만들기

네이버 오픈 API를 통해 데이터를 받아왔지만 파이썬에서만 볼 수 있다. 이를 다른 사람과 공유하기 위해서는 일정한 프로세스가 필요하다. 먼저 사람이 읽기 쉽도록 데이터를 가공한 후 이

데이터를 적절한 파일 형식(엑셀이나 텍스트 문서)로 만드는 것이다. 데이터를 가공하는 단계가 난이도가 높고 파일형식을 난이도가 낮다. 이제 본격적으로 들어가보자.

1 블로그 현황 일일 보고서 만들기

네이버 서버에서 데이터를 전달해줄 때 다음과 같은 구조로 데이터를 전달한다.

코드 8-10 네이버 서버에서 전달해주는 데이터 구조

```
{
"title": "모노비 데일리 액티브웨어로 쾌적하고 편하게! (크롭티, <b>조거팬츠</b>)",
"link": "https:\/\/blog.naver.com\/XXXX?Redirect = Log&logNo = 222295230396",
"description": "일단 통기성이 좋은 코튼 소재라 피부에 닿는 촉감도 좋고 저처럼 <b>조거팬츠</b>뿐 아니라 레깅스와... 무조건 이렇게 발목 잡아주는 게 좋더라고요. 세트가 아닌데 이렇게 함께 입으니 상하의가 세트 같은 느낌이죠?... ",
"bloggername": "MAY.FALL MOMENT",
"bloggerlink": "https://blog.naver.com/XXXX",
"postdate": "20210405"

},
```

형태상으로 파이썬의 딕셔너리, 리스트와 같지만 엄밀히 말하면 JSON^{JavaScript Object Notation} 형식이다. JSON이란 최근 각광받는 데이터 교환 형식 중 하나로 오늘날 대부분 API에서 채택하고 있다. 네이버에서 보내준 JSON 형식의 데이터를 파이썬에서 사용하기 위해서는 파이썬 표준 라이브러리에서 제공하는 JSON 모듈을 사용하면 된다.

지금부터 JSON 모듈 사용과 함께 보고서를 만드는 과정까지 함께 진행해보겠다. 앞서 네이버 오픈API를 사용하는 과정에서 검색할 단어로 **"조거팬츠"**를 선택하여(`urllib.parse.quote`의 전달인자로 **"조거팬츠"** 입력) `response_body` 데이터를 전달받았다.

코드 8-11 블로그 현황 일일 보고서 만들기 ①

```
import json
data = json.loads(response_body)
```

JSON 모듈을 불러오고 `response_body`를 JSON 형식으로 만들어 데이터를 전달한다. 이 과정을 통해 JSON 형식의 데이터가 딕셔너리로 변환된다.

코드 8-12 블로그 현황 일일 보고서 만들기 ②

In
```
for key,value in data.items():
    print("{} : {}".format(key, value) )
    print('='*50)  # item을 구분하기 위해 = 로 선을 만든다.
```

Out
```
lastBuildDate : Wed, 07 Apr 2021 22:22:52  + 0900
==================================================
total : 105615
==================================================
start : 1
==================================================
display : 10
==================================================
items : [{'title': '모노비 데일리 액티브웨어로 쾌적하고 편하게! (크롭티, <b>
조거팬츠</b>)', 'link': 'https://blog.naver.com/XXXX?Redirect=Log&log
No=222295230396', 'description': '일단 통기성이 좋은 코튼 소재라 피부에 닿는
촉감도 좋고 저처럼 <b>조거 팬츠</b>뿐 아니라 레깅스와... 무조건 이렇게 발목 잡
아주는 게 좋더라고요. 세트가 아닌데 이렇게 함께 입으니 상하의가 세트 같은 느낌
이죠?... ', 'bloggername': 'MAY.FALL MOMENT', 'bloggerlink': 'https://blog.
naver.com/XXXX', 'postdate': '20210405'},

......

{'title': '아동목쇼핑몰 &lt;딩동 포닝<b>조거팬츠</b>&gt; 엄청 편한 유아<b>
조거팬츠</b>!!', 'link': 'https://blog.naver.com/XXXX?Redirect=Log&log
No=222289053051', 'description': '아동목쇼핑몰 &lt;딩동 포닝<b>조거팬츠</
b>&gt; 엄청 편한 유아<b>조거팬츠</b>!! 활동성이 엄청나게 늘어난 개구쟁이 아
들 빵빵이 배변훈련도 겸하고 있다보니 하루에 옷을 몇번이나 갈아입힐 때가 많아요
그러다보니 마냥... ', 'bloggername': '콩으니의 맛난일상 :)', 'bloggerlink':
'https://blog.naver.com/keoh1129', 'postdate': '20210327'}, {'title': '원마
일웨어 꿀조합 C-TR 3.0 네파 <b>조거팬츠</b> &amp; 등산화', 'link': 'https://
blog.naver.com/XXXX?Redirect=Log&logNo=222278767102', 'description': '자켓
과 <b>조거팬츠</b>, 레깅스, 등산화 등등 편안한 착용감을 베이스로 젊고 힙한 패션
성까지 가미한... 같은 팬츠는 불편할 것 같아 걱정이 많았는데, 네파 C-TR 3.0 라인
을 준비했더니 카페 투어 같은 흔한 여행...', 'bloggername': '깜썰,리준 그리고 깜
리', 'bloggerlink': 'https://blog.naver.com/XXXX', 'postdate': '20210317'}]
==================================================
```

[코드 8-12]를 입력하여 전체 내용을 확인해보자. 다양한 total, start, display, items 등 다양한 item이 있다. 출력된 결과(중간 결과는 생략)를 보면 필요한 블로그 데이터는 items 키key의 값value이라는 것을 확인할 수 있다.

코드 8-13 블로그 현황 일일 보고서 만들기 ③

```
In      data['items']

Out     [{'title': '모노비 데일리 액티브웨어로 쾌적하고 편하게! (크롭티, <b>조거팬츠</b>)',
         'link': 'https://blog.naver.com/XXXX?Redirect=Log&logNo=222295230396',
         'description': '일단 통기성이 좋은 코튼 소재라 피부에 닿는 촉감도 좋고 저처럼 <b>조거 팬츠</b>뿐 아니라 레깅스와... 무조건 이렇게 발목 잡아주는 게 좋더라고요. 세트가 아닌데 이렇게 함께 입으니 상하의가 세트 같은 느낌이죠?... ',
         'bloggername': 'MAY.FALL MOMENT',
         'bloggerlink': 'https://blog.naver.com/XXXX',
         'postdate': '20210405'},

        ......

        {'title': '원마일웨어 꿀조합 C-TR 3.0 네파 <b>조거팬츠</b> &amp; 등산화',
         'link': 'https://blog.naver.com/XXXX?Redirect=Log&logNo=222278767102',
         'description': '자켓과 <b>조거팬츠</b>, 레깅스, 등산화 등등 편안한 착용감을 베이스로 젊고 힙한 패션성까지 가미한... 같은 팬츠는 불편할 것 같아 걱정이 많았는데, 네파 C-TR 3.0 라인을 준비했더니 카페 투어 같은 흔한 여행... ',
         'bloggername': '깜썰,리준 그리고 깜리',
         'bloggerlink': 'https://blog.naver.com/XXXX',
         'postdate': '20210317'}]
```

그런데 items의 값은 딕셔너리 구조의 리스트이다. 데이터의 내용만 따로 출력해보자. 출력된 내용(중간 결과는 생략)을 살펴보면 리스트 하나에 열 개의 딕셔너리가 포함된 것을 확인할 수 있다.

이제 data['items']를 데이터프레임으로 가공해서 보고서를 만들어보겠다. 다음의 코드를 보자.

코드 8-14 블로그 현황 일일 보고서 만들기 ④

```
In      import pandas as pd
        from pandas import DataFrame
        from pandas import Series
        df = DataFrame(None,columns=data['items'][0].keys(),index=range(1,11))
        df
```

Out

	title	link	description	bloggername	bloggerlink	postdate
1	NaN	NaN	NaN	NaN	NaN	NaN
2	NaN	NaN	NaN	NaN	NaN	NaN
3	NaN	NaN	NaN	NaN	NaN	NaN
4	NaN	NaN	NaN	NaN	NaN	NaN
5	NaN	NaN	NaN	NaN	NaN	NaN
6	NaN	NaN	NaN	NaN	NaN	NaN
7	NaN	NaN	NaN	NaN	NaN	NaN
8	NaN	NaN	NaN	NaN	NaN	NaN
9	NaN	NaN	NaN	NaN	NaN	NaN
10	NaN	NaN	NaN	NaN	NaN	NaN

블로그 데이터를 담을 빈 데이터프레임을 만든다. 행 인덱스는 열 개이고, 칼럼은 items의 키 값인 데이터프레임이다. 중첩 딕셔너리이므로 items의 키 값을 추출하는 것이 가능하다.

이제 추출한 data(데이터)를 df(데이터프레임) 안에 복사하는 코딩이 필요하다. 칼럼별로 for문을 열 번씩 돌려서 복사하면 된다. 프로그램을 계속 반복시키는 것이다.

코드 8-15 블로그 현황 일일 보고서 만들기 ⑤

In
```
cols = list(data['items'][0].keys())
cols
```
Out
```
['title', 'link', 'description', 'bloggername', 'bloggerlink', 'postdate']
```

먼저 for문을 위한 리스트를 만들자. 앞서 데이터프레임을 만들 때 columns를 만들었던 것과 코드가 동일하다. 먼저 cols 리스트를 만들고 이 리스트를 데이터프레임에 전달하는 것을 떠올릴 수도 있다.

코드 8-16 블로그 현황 일일 보고서 만들기 ⑥

In
```
for x in range(0,10):
    for y in range(0,len(cols)):    # 칼럼의 숫자만큼 for문 수행
        df.iloc[x,y] = data['items'][x][cols[y]]
type(data['items'][0])
```
Out
```
dict
```

이제 데이터프레임에 블로그 데이터를 복사하자. 안쪽 for문에서 리스트의 크기로 범위를 정한

이유는 네이버가 제공 데이터를 추가로 변경할 가능성을 대비하기 위해서이다. 실제로 필자가 집필하는 동안 네이버는 제공 데이터를 변경했다.

여기서 가장 난해한 코드가 data['items'][x][cols[y]]일 것이다. data는 딕셔너리, data['items']는 리스트 data['items'][0]은 딕셔너리다. 따라서 최종 값을 전달하기 위해서는 data['items'][0]['title']의 형식으로 키가 표기되어야 해당 딕셔너리의 값이 전달된다. 참고로 검사해보면 최종 데이터의 자료형은 문자열이다.

코드 8-17 블로그 현황 일일 보고서 만들기 ⑦

In `df`

Out

	title	link	description	bloggername	bloggerlink	postdate
1	모노비 데일리 액티브 웨어로 쾌적하고 편하게! (크롭티, \<b>조거팬츠\</b>)	https://blog.naver.com/mj8396?Redirect = Log&log...	일단 통기성이 좋은 코튼 소재라 피부에 닿는 촉감도 좋고 저처럼 \<b>조거팬츠\</...	MAY.FALL MOMENT	https://blog.naver.com/XXXX	20210405
2	남자 \<b>조거팬츠\</b> 코디 8가지 스타일링 맛보기	https://blog.naver.com/darigile?Redirect = Log&l...	남자 \<b>조거팬츠\</b> 코디 8가지 스타일링 맛보기 어제 오늘 개인적으로 굉장히...	다리길이 SEASON2	https://blog.naver.com/XXXX	20210318
3	마인드브릿지 FOW 트렌디한 핏의 남자 야상 \<b>조거팬츠\</b> 세트	https://blog.naver.com/leesin8888?Redirect = Log...	핏 같은 경우 전체적으로 루즈한 '캐롯핏'의 카고 \<b>조거팬츠\</b>라고 할...	패션블로거 리군	https://blog.naver.com/XXXX	20210320
4	스트레치엔젤스 여성 바람막이자켓 우븐\<b>조거팬츠\</b> 라운지웨어	https://blog.naver.com/spdlqj9577?Redirect = Log...	그리고 요 제품은 왜 못 들은 척다 저처럼 레깅스랑도 찰떡처럼 어울렸고 새로나온 우...	아붐의 패션뷰티로그	https://blog.naver.com/XXXX	20210330
5	수지 운동화 K2 플라이하이크 큐브 여성 트레킹화 X \<b>조거팬츠\</b>...	https://blog.naver.com/dnjstpdms24?Redirect = Lo...	여자 \<b>조거팬츠\</b> 코디 WITH 플라이하이크 큐브 여...! #K2수지운동화 #여...	[Won & Only]	https://blog.naver.com/XXXX	20210328
6	마감] [motherjoo label] 이지\<b>조거팬츠\</b>, 리넨 100 집업...	https://blog.naver.com/p2943?Redirect = Log&logN...	이지\<b>조거팬츠\</b> 교복 갈아입을 시즌되었지요. 크 이번 조거는 보다 이지하...	마더주	https://blog.naver.com/XXXX	20210325
7	스트레치엔젤스 여성 바람막이 \<b>조거팬츠\</b> 조합의 트레이닝복 추천	https://blog.naver.com/juhye__?Redirect = Log&lo...	스트레치엔젤스 여성 바람막이 \<b>조거팬츠\</b> 조합의 트레이닝복 추천 by. 줴...	줴 :D 나만의 스타일	https://blog.naver.com/XXXX	20210323
8	런닝맨 송지효 \<b>조거팬츠\</b> 인지액티브 츄리닝 바지 편해보여	https://blog.naver.com/zldnld99?Redirect = Log&l...	송지효 \<b>조거팬츠\</b> 스타일이 너무 예뻤습니다 ♥ 특히 이번 회차에서 입고 ...	이상한 나라의 망고	https://blog.naver.com/XXXX	20210222

	title	link	description	bloggername	bloggerlink	postdate
9	아동목쇼핑몰 <딩동 포닝<b>조거팬츠</b>> 엄청 편한 유아 <b>조거팬...	https://blog.naver.com/keoh1129?Redirect=Log&l...	아동목쇼핑몰 <딩동 포닝<b>조거팬츠</b>> 엄청 편한 유아<b>조거팬...	콩으니의 맛난일상 :)	https://blog.naver.com/XXXX	20210327
10	원마일웨어 꿀조합 C-TR 3.0 네파 조거팬츠 & 등산화	https://blog.naver.com/jeongwon84?Redirect=Log...	자켓과 조거팬츠, 레깅스, 등산화 등등 편안한 착용감을 베이스로 젊고 ...	깜썰,리준 그리고 깜리	https://blog.naver.com/XXXX	20210317

이제 복사가 끝났다. df를 출력해보면 보기가 약간 불편하다. 보기 편하게 바꿔볼 수도 있다. 지금부터 천천히 따라해보자.

코드 8-18 블로그 현황 일일 보고서 형태 변경하기 ①

```
df = df[['title','description','link','postdate','bloggername','bloggerlink']]
```

칼럼순을 바꿨지만 초보자에게는 권장하지 않는다. 네이버가 제공 데이터를 바꾸면 다시 바꿔줘야 한다. 네이버가 얼마나 잦은 업데이트를 하는지 여러분도 익히 알고 있을 것이다. 물론 이 책의 내용을 잘 따라왔다면 바꿔도 된다.

코드 8-19 블로그 현황 일일 보고서 형태 변경하기 ②

```
df['postdate'] = df['postdate'].astype(int)
```

앞서 최종 데이터의 자료형이 문자열이라고 했다. 따라서 날짜도 문자열이다. 나중에 정렬을 생각한다면 숫자형으로 바꾸는 것이 좋다.

코드 8-20 결과에 출력된 html 태그 삭제하기

```
import re
tag = re.compile('<.*?>')
df['title'] = df['title'].str.replace(tag,'')
df['description'] = df['description'].str.replace(tag,'')
```

출력 결과를 보면 알겠지만 title과 description에는 html 태그도 그대로 복사된다. 태그를 제거하는 방법은 여러 가지 방법이 있지만 이미 고민을 끝낸 프로그래머들이 해결책이 되는 함수를 만들었다. 이를 활용하기만 하면 된다. 정규 표현식을 사용하여 title 칼럼과

description 칼럼에 있는 html 태그를 삭제한다. 정규 표현식은 이 책에서는 설명하지 않지만 GA와 파이썬을 함께 다루는 마케터라면 다른 도서나 강의, 인터넷을 활용해 익혀두는 것을 추천한다.

보기 편하게 바꾸는 가공이 끝났다. 이제 엑셀로 만들어서 저장하자. 앞서 다뤘지만 다시 한 번 해보자.

코드 8-21 보고서 저장하기 ①

```
import openpyxl
wb = openpyxl.load_workbook('./8장_blog.xlsx')
ws = wb['블로그']
```

[코드 8-21]처럼 코드를 입력하면 openpyxl을 사용하여 준비된 엑셀 보고서 예제를 파이썬으로 불러오게 된다.

코드 8-22 보고서 저장하기 ②

```
for row_idx in range(0,10):
    for col_idx in range(0,6):
        ws.cell(row = row_idx + 4,column = col_idx + 2).value = df.iloc[row_idx, col_idx]
```

이제 [코드 8-22]와 같이 입력해 중첩 for문을 사용하여 데이터프레임의 데이터를 엑셀 보고서에 입력한다.

코드 8-23 보고서 저장하기 ③

```
import datetime
now = datetime.datetime.now()
today = now.strftime('%m%d')
filename = 'blog_' + today + '.xlsx'
wb.save(filename)
```

오늘 날짜에 맞게 보고서 이름을 만들고 저장한다.

그림 8-16 블로그 현황 일일 보고서 엑셀 파일

코드를 실행하여 네이버 블로그 현황을 자동화했다. [그림 8-16]처럼 저장된 엑셀 파일을 확인할 수 있다.

2 뉴스 현황 일일 보고서 만들기

그날의 이슈와 업계의 동향을 살펴보는 것은 마케터에게 중요한 업무다. 이슈와 트렌드에 빨리 대응해야 하기 때문이다. 지금부터 뉴스 현황 보고서를 만드는 과정을 살펴보겠다. 차근차근 따라해보자.

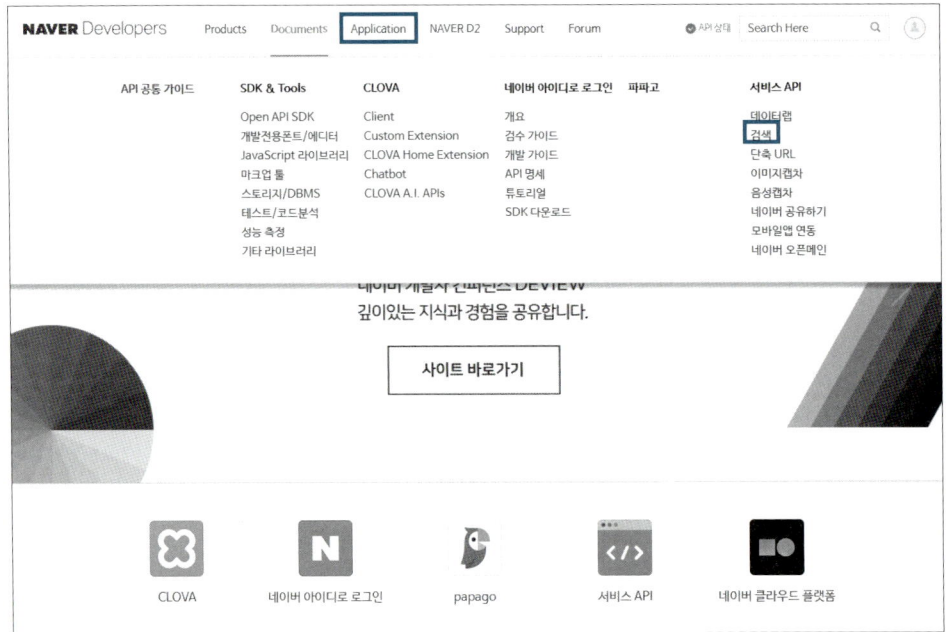

그림 8-17 뉴스 현황 일일 보고서 만들기 ①

이번에는 'Documents 〉 서비스 API 〉 검색'을 클릭하자.

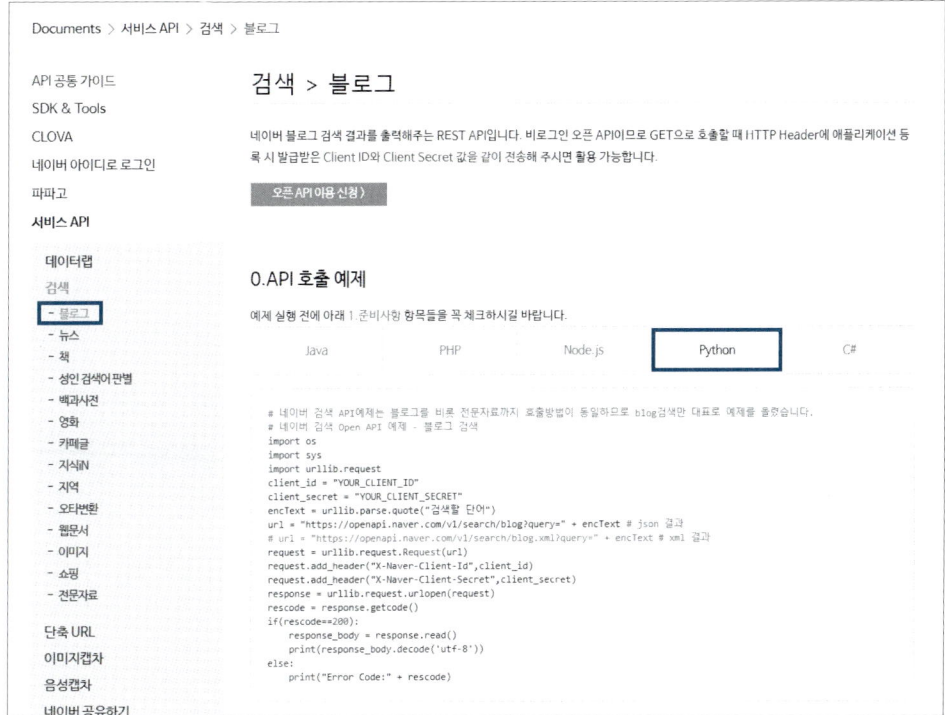

그림 8-18 뉴스 현황 일일 보고서 만들기 ②

좌측 메뉴 중 '블로그'를 선택한 후 오른쪽의 'API 호출 예제 〉 Python'을 선택한다. 파이썬으로 코딩된 호출 예제가 출력된다. 이 코드는 뉴스 검색 결과를 호출하는 데에도 사용된다.

코드 8-24 네이버 뉴스 검색 오픈API 예제

```
import os
import sys
import urllib.request
client_id = "YOUR_CLIENT_ID"
client_secret = "YOUR_CLIENT_SECRET"
encText = urllib.parse.quote("검색할 단어")
url = "https://openapi.naver.com/v1/search/blog?query=" + encText # json 결과
# url = "https://openapi.naver.com/v1/search/blog.xml?query=" + encText # xml 결과
request = urllib.request.Request(url)
request.add_header("X-Naver-Client-Id",client_id)
request.add_header("X-Naver-Client-Secret",client_secret)
response = urllib.request.urlopen(request)
```

```
rescode = response.getcode()
if(rescode == 200):
    response_body = response.read()
    print(response_body.decode('utf-8'))
else:
    print("Error Code:" + rescode)
```

모두 복사하여 주피터 노트북 셀에 붙여 넣자. 이 코드를 수정하면서 진행한다.

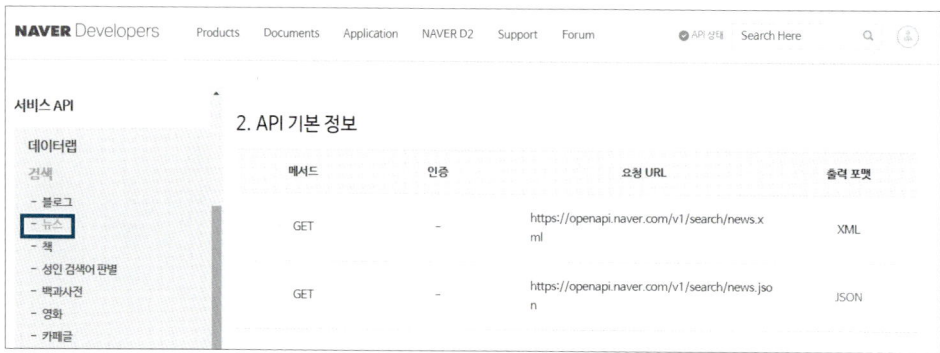

그림 8-19 블로그 검색 API 살펴보기

좌측 메뉴에서 '서비스 API 〉 검색 〉 뉴스'를 선택한다. 우측의 뉴스 검색 API의 기본 정보를 살펴보자. 살펴보면 블로그 검색 API와 뉴스 검색 API의 요청 URL이 서로 다르다는 것을 확인할 수 있다.

코드 8-25 뉴스 현황 일일 보고서 만들기 ①

```
import os  # os, sys, urllib.request 모듈을 가져온다.
import sys
import urllib.request  # urllib.request 모듈은 URL을 여는 것과 관련된 함수가 정의되어 있다.
client_id = "*******************"
client_secret = "**********"
encText = urllib.parse.quote("조거팬츠")  # 검색할 단어 입력
```

뉴스 검색 API를 사용하기 위해 요청 URL을 복사한 뒤 코드를 하나씩 수정하며 따라 진행하자. 앞서 했던 블로그와 거의 유사하다. `client_id`와 `client_secret`에는 본인의 ID와 비밀번호를 삽입하자.

코드 8-26 뉴스 현황 일일 보고서 만들기 ②

```
url = "https://openapi.naver.com/v1/search/news?&display=5sort=sim&query=" +
encText
request = urllib.request.Request(url)   # request 변수를 만든다.
request.add_header("X-Naver-Client-Id",client_id)   # 헤더 입력
request.add_header("X-Naver-Client-Secret",client_secret)   # 헤더 입력
response = urllib.request.urlopen(request)   # urlopen을 사용하여 response 받아온다.
rescode = response.getcode()   # getcode() 함수를 사용하여 rescode에 할당
if(rescode == 200):   # 200이면 정상적으로 접속했다는 뜻
    response_body = response.read()   # 내용을 response_body에 저장
    print(response_body.decode('utf-8'))   # utf-8로 디코드
else:
    print("Error Code:" + rescode)   #접속 오류가 발생했다면 rescode 반환
```

URL 변수에 할당되는 요청 URL을 뉴스 검색 결과를 요청하는 URL로 변경하자. 그 부분만 바꾸면 지루하니 이번에는 `display` 요청 변수에 5를 전달해보자. 현업에서 뉴스 매체의 효율성 체크를 위해 뉴스의 순위로 출력하는 것이 보통이므로 요청 변수에는 `sort = sim`을 입력하여 뉴스 출력 결과가 유사도한 순으로 출력될 수 있도록 하자.

코드 8-27 뉴스 현황 일일 보고서 만들기 ③

```
{
"lastBuildDate": "Wed, 07 Apr 2021 22:45:31 + 0900",
"total": 6124,
"start": 1,
"display": 5,
"items": [
{
"title": "'쇼챔' 써드아이, 'STALKER'로 컴백…명불허전 퍼포먼스돌",
"originallink": "http://isplus.live.joins.com/news/article/article.asp?total_
id=24030185",
"link": "https://news.naver.com/main/read.nhn?mode=LSD&mid=sec&sid1=106&oid=241&aid
=0003106480",
"description": "하은은 <b>조거 팬츠</b>로 트렌디하면서도 힙한 분위기를 더했다. 명불허전
퍼포먼스 돌의 면모를 드러내 눈길을 끌었다. 'STALKER'는 몽환적인 분위기와 강렬한 비트가
어우러진 일렉트로닉 팝 장르로, 욕망에 대한 솔직함과... ",
"pubDate": "Wed, 07 Apr 2021 21:06:00 + 0900"

},

......

{
```

```
"title": "의류·신발 등 석화업계 플라스틱 순환경제 확장",
"originallink": "http://www.fnnews.com/news/202104071753523009",
"link": "https://news.naver.com/main/read.nhn?mode=LSD&mid=sec&sid1=101&oid=014&aid
=0004616405",
"description": "이 제품은 일상 속에서 편하게 착용할 수 있는 애슬레저 중심의 후디, <b>조
거 팬츠</b>, 반바지 등 3종으로 구성됐다. 앞서 양사는 지난해 2월에는 제주삼다수 페트병을
재활용한 '리젠제주'로 만든 가방과 의류를 선보인 바 있다.... ",
"pubDate": "Wed, 07 Apr 2021 17:54:00  + 0900"

    }
  ]
}
```

중간 결과는 생략했으나 출력 결과를 보면 디스플레이가 다섯 개라고 표시된다. 이제 데이터프레임에 이 자료들을 복사하는 과정을 만들자.

코드 8-28 뉴스 현황 일일 보고서 만들기 ④

```
import json
news_data = json.loads(response_body)
```

먼저 json 모듈을 불러와서 딕셔너리를 data 변수에 할당한다.

코드 8-29 뉴스 현황 일일 보고서 만들기 ⑤

```
import pandas as pd
from pandas import DataFrame
from pandas import Series
```

판다스를 불러와 데이터프레임 시리즈 모듈을 불러온다.

코드 8-30 뉴스 현황 일일 보고서 만들기 ⑥

```
In    cols = list(news_data['items'][0].keys())
      cols
Out   ['title', 'originallink', 'link', 'description', 'pubDate']
```

이제 칼럼으로 데이터프레임을 만들면 된다. 그런데 네이버 블로그 데이터를 가공할 때 리스트와 칼럼을 두 번 반복한 것이 기억날 것이다. 이번에는 한 번만 만들어보자. 먼저 리스트를 만든

후 이 리스트를 데이터프레임을 만들 때 활용한다. 리스트의 길이는 5이다.

코드 8-31 뉴스 현황 일일 보고서 만들기 ⑦

In
```
df = DataFrame(None,columns=cols,index=range(1,6))
df
```

Out

	title	originallink	link	description	pubDate
1	NaN	NaN	NaN	NaN	NaN
2	NaN	NaN	NaN	NaN	NaN
3	NaN	NaN	NaN	NaN	NaN
4	NaN	NaN	NaN	NaN	NaN
5	NaN	NaN	NaN	NaN	NaN

빈 데이터프레임을 만든다. 다섯 개를 디스플레이했으므로 index는 5까지 만든다. columns 에는 cols 리스트가 전달되었다.

코드 8-32 뉴스 현황 일일 보고서 만들기 ⑧

In
```
for x in range(0,5):
    for y in range(0,len(cols)):
        df.iloc[x,y] = news_data['items'][x][cols[y]]
df
```

Out

	title	originallink	link	description	pubDate
1	'쇼챔' 써드아이, 'STALKER'로 컴백… 명불허전 퍼포먼스 돌	http://isplus.live. joins.com/news/ article/arti...	https:// news. naver.com/ main/read. nhn?mode = LSD&...	하은은 조거 팬츠로 트렌디하 면서도 힙한 분위기 를 더했다. 명불허 전 퍼포...	Wed, 07 Apr 2021 21:06:00 + 0900
2	'쇼챔' 써드아이, 완벽 칼군무	https://hankookilbo. com/News/Read/ A20210407202...	https:// news. naver.com/ main/read. nhn?mode = LSD&...	하은은 조거 팬츠로 트렌디하 면서도 힙한 분위기 를 뽐냈다. 써드아 이는 완...	Wed, 07 Apr 2021 20:38:00 + 0900
3	'쇼챔' 써드아이(3YE), 신곡 'STALKER' 컴백 무대. "명불허전 퍼포먼스...	http://sports.khan. co.kr/news/sk_index. html?ar...	https:// news. naver.com/ main/read. nhn?mode = LSD&...	하은은 조거 팬츠로 트렌디하 면서도 힙한 분위기 를 더했다. 써드아 이는 완...	Wed, 07 Apr 2021 18:55:00 + 0900
4	[오늘의 신상품] BYC, '2021년형 보디드라이' 출시	https://www.econovill. com/news/articleView. htm...	https://www. econovill. com/news/ articleView. htm...	이번 보디드라이는 아이스 패션티, 쿨 매쉬티, 쇼츠, 조거팬츠 등 애슬레...	Wed, 07 Apr 2021 18:05:00 + 0900

	title	originallink	link	description	pubDate
5	의류·신발 등 석화업계 플라스틱 순환경제 확장	http://www.fnnews.com/news/202104071753523009	https://news.naver.com/main/read.nhn?mode = LSD&...	이 제품은 일상 속에서 편하게 착용할 수 있는 애슬레저 중심의 후디, <b>조거 팬...	Wed, 07 Apr 2021 17:54:00 + 0900

중첩for문을 이용해서 데이터프레임에 news_data 값을 할당한다.

코드 8-33 뉴스 현황 일일 보고서 만들기 ⑨

In
```
df = df[['title','description','pubDate','link','originallink']]
df
```

Out

	title	description	pubDate	link	originallink
1	'쇼챔' 써드아이, 'STALKER'로 컴백…명불허전 퍼포먼스돌	하은은 <b>조거 팬츠</b>로 트렌디하면서도 힙한 분위기를 더했다. 명불허전 퍼포...	Wed, 07 Apr 2021 21:06:00 + 0900	https://news.naver.com/main/read.nhn?mode = LSD&...	http://isplus.live.joins.com/news/article/arti...
2	'쇼챔' 써드아이, 완벽 칼군무	하은은 <b>조거 팬츠</b>로 트렌디하면서도 힙한 분위기를 뽐냈다. 써드아이는 완...	Wed, 07 Apr 2021 20:38:00 + 0900	https://news.naver.com/main/read.nhn?mode = LSD&...	https://hankookilbo.com/News/Read/A20210407202...
3	'쇼챔' 써드아이(3YE), 신곡 'STALKER' 컴백 무대. "명불허전 퍼포먼스...	하은은 <b>조거 팬츠</b>로 트렌디하면서도 힙한 분위기를 더했다. 써드아이는 완...	Wed, 07 Apr 2021 18:55:00 + 0900	https://news.naver.com/main/read.nhn?mode = LSD&...	http://sports.khan.co.kr/news/sk_index.html?ar...
4	[오늘의 신상품] BYC, '2021년형 보디드라이' 출시	이번 보디드라이는 아이스 패션티, 쿨 매쉬티, 쇼츠, <b>조거팬츠</b> 등 애슬레...	Wed, 07 Apr 2021 18:05:00 + 0900	https://www.econovill.com/news/articleView.htm...	https://www.econovill.com/news/articleView.htm...
5	의류·신발 등 석화업계 플라스틱 순환경제 확장	이 제품은 일상 속에서 편하게 착용할 수 있는 애슬레저 중심의 후디, <b>조거 팬...	Wed, 07 Apr 2021 17:54:00 + 0900	https://news.naver.com/main/read.nhn?mode = LSD&...	http://www.fnnews.com/news/202104071753523009

데이터를 보기가 편하지 않으니 데이터 칼럼의 순서를 바꿨다.

코드 8-34 뉴스 현황 일일 보고서 만들기 ⑩

```
import re
tag=re.compile('<.*?>')
df['title']=df['title'].str.replace(tag,'')
df['description']=df['description'].str.replace(tag,'')
```

[코드 8-34]처럼 입력하여 타이틀과 설명의 html 태그를 모두 없앤다. 이제 데이터프레임을 다 채웠으니 엑셀 파일을 만들어 옮겨보자.

코드 8-35 뉴스 현황 일일 보고서 만들기 ⑪

```
import openpyxl
wb = openpyxl.load_workbook('./8장_news.xlsx')
ws = wb['뉴스']
```

openpyxl을 사용하여 준비된 엑셀 보고서 예제를 파이썬으로 불러온다.

코드 8-36 뉴스 현황 일일 보고서 만들기 ⑫

```
for row_idx in range(0,5):
    for col_idx in range(0,len(cols)):
        ws.cell(row = row_idx + 4,column = col_idx + 2).value = df.iloc[row_idx, col_idx]
```

엑셀 셀로 옮길 때 안쪽 for문에 리스트의 길이를 계산해서 범위를 지정했다. 바깥쪽 for문의 범위는 프로그래머가 임의로 정할 수 있다. 이를테면 `display`를 5로 하든 10으로 하든 프로그래머가 결정한다. 하지만 안쪽 for문의 범위는 네이버가 제공하는 칼럼의 형태를 변경할 수 있다. 따라서 외부적 요인으로 데이터 칼럼이나 인덱스가 변하는 경우 자동으로 대응할 수 있도록 코드를 설계하는 것이 좋다. 본서에서 소개하는 예제는 코드가 짧아 쉽게 코드를 고칠 수 있지만 코드가 길어지면 일일이 코드를 잡기도 번거롭고 간혹 빠트리면 오류가 발생할 수 있다.

코드 8-37 뉴스 현황 일일 보고서 만들기 ⑬

```
import datetime
now = datetime.datetime.now()
today = now.strftime('%m%d')
filename = 'news_' + today + '.xlsx'
wb.save(filename)
```

파일을 오늘 날짜로 저장했다.

순위	제목	요약	제공일시	네이버 주소	언론사 주소
1	'쇼짱' 써드아이, 'STALKER'로 컴백...명불허전 퍼포먼스를	드러내 눈길을 끌었다. 'STALKER'는	Wed, 07 Apr 2021 21:06:00 +09	hn?mode=LSD&mid=sec&sid	jsplus.live.joins.com/news/article/article.asp?total_id=2403
2	'쇼짱' 써드아이, 완벽 칼군무	퍼포먼스를다운 면모를 과시했다. 앰	Wed, 07 Apr 2021 20:38:00 +09	hn?mode=LSD&mid=sec&sid	hankookilbo.com/News/Read/A2021040720250003685?c
3	써드아이(3YE), 신곡 'STALKER' 컴백 무대, '명불허전 퍼포먼스로	'명불허전 퍼포먼스 '을'다운 면	Wed, 07 Apr 2021 18:55:00 +09	hn?mode=LSD&mid=sec&sid	o.kr/news/sk_index.html?art_id=202104071854003&sec_
4	[오늘의 신상품] BYC, '2021년형 보디드라이' 출시	확대했으며, 데일리 패션으로 함께 매	Wed, 07 Apr 2021 18:05:00 +09	ovill.com/news/articleView.htm	www.econovill.com/news/articleView.html?idxno=526
5	의류·신발 등 석화업계 플라스틱 순환경제 확장	중으로 구성됐다. 앞서 양사는 지난해	Wed, 07 Apr 2021 17:54:00 +09	hn?mode=LSD&mid=sec&sid	http://www.fnnews.com/news/202104071753523009

그림 8-20 뉴스 현황 일일 보고서 엑셀 파일

[그림 8-20]은 코드를 실행하여 출력한 뉴스 순위 현황이다. 엑셀 형식으로 정상 출력되었는지 확인해보도록 하자.

코딩의 C도 모르는 우리들을 위한 맞춤 프로그래밍 가이드
마케터의 파이썬

초판 1쇄 발행 | 2022년 1월 26일

지은이 | 정희석
펴낸이 | 이은성
편   집 | 최지은
교   정 | 김은미
디자인 | 백지선
마케팅 | 서홍열

펴낸곳 | e비즈북스
주   소 | 서울시 종로구 창덕궁길 29-38 4층, 5층
전   화 | (02) 883-9774
팩   스 | (02) 883-3496
이메일 | ebizbooks@hanmail.net
등록번호 | 제 2021-000133호

ISBN 979-11-5783-236-1 03000

e비즈북스는 푸른커뮤니케이션의 출판브랜드입니다.